八条院の世界

武家政権成立の時代と誇り高き王家の女性

永井晋
Nagai Susumu

山川出版社

鳥羽院政を継ぐ者

本書は、八条院《はちじょういん》とその母美福門院《びふくもんいん》、そして彼女たちを取り巻く群臣をめぐる平安時代末期から鎌倉時代前期の王家の物語を述べていく。

美福門院は、院政政権の全盛時代を築いた鳥羽院の相談相手がつとまる賢才である。鳥羽院崩御《ほうぎょ》後は、鳥羽院が指名した後継者二条天皇に王統をつないでいくべく、旧鳥羽院政派を美福門院御所に結集させ、後白河院《ごしらかわいん》の台頭を抑えた。その娘八条院は、二条天皇親政派に名前を変えた旧鳥羽院政派の後援者として、天皇親政を支えた。八条院と重代《じゅうだい》の廷臣とを結びつけていく強い絆の一つが、八条院領荘園として形成された王家領荘園群である。八条院を主人としている限り、八条院領荘園の領主をつとめる人々は後白河院の介入から所領を守ることができた。

高倉天皇即位によって、皇統が鳥羽嫡系から後白河院の系統に移ったのち、八条院のもとには父母に仕えた重代の廷臣たちが残った。後白河院から政治的に冷遇されても、八条院が八条院領の本家《ほんけ》として彼らの所領を守るので、経済的に困窮することはなかった。また、八条院がもつ人事の推挙権御給《ごきゅう》により、人数に限りはあるものの、公卿《くぎょう》の家として存続する位階まで昇進することができた。平氏と後白河院が対立して治承《じしょう》寿永《じゅえい》の内乱が始まっても、八条院はこの権力抗争の圏外にあり、独立した中立勢力を形成していた。八条院のもとに温存された有能な廷臣たちは、激しい権力抗争で失われていく人材の補充元となり、後白河院に冷遇された人々も朝廷の要職に復帰していった。

八条院本人は、周囲の人々から頭脳明晰な賢才と評価されていた。前半生は太政大臣藤原伊通《これみち》、後半生は関白九条兼実《くじょうかねざね》といった相談相手に恵まれたことも彼女が判断を誤らなかった理由と考えてよい。女房も、三位局《さんみのつぼね》・八条院少納言・八条院中納言といった有能な人を重く用いている。重代の廷臣や親交のある摂関家からはいってきた人材で周囲を固めているので、後白河院のように成り上がりの権臣がいない世界である。八条院本人は、文治《ぶんじ》の地震(文治元〈一一八五〉年)で御所八条殿《はちじょうどの》が被害をうけたとき以外に、困窮した経験をもたない。富裕な女院という評価は誤ってはいないが、それだけで、この人物を評価してはならない。

本書は、古代末期の動乱の時代に、中立を保ちながら、富裕な女院として過ごした八条院と、八条院御所に出仕した廷臣・女房のことを述べていく。そのつながりは母美福門院の時代から明確にみえてくる。始まりをたどっていくと、美福門院の祖父六条顕季《ろくじょうあきすえ》に行き着く。八条院重代の廷臣としてくくられる人々は、六条藤家《ろくじょうとうけ》(八条家)の人脈づくりの延長線上にいるためである。新しい王統をつくった後白河院との決定的な違いである。

美福門院も八条院も自らの日記や記録を残していないので、本人が書き残したものから考えを知ることは難しい。それでもこの母子の考えていたことが推しはかれるのは、美福門院・八条院と接点をもった人々が、さまざまなことを書き残したためである。本書は、そこから両者の人物像を構築している。

はじめの記録は、美福門院の叔父源師時《もろとき》の日記『長秋記《ちょうしゅうき》』である。美福門院の父藤原長実《ながざね》の晩年や、長実が美福門院をどのように考えていたかを伝える。左大臣藤原頼長《よりなが》は美福門院の政敵なので、頼長の日記『台記《たいき》』には悪意を含んだ記述が残されている。美福門院を周囲の人がどうみていたかは、『長秋記』によるべきなのである。

つぎに、摂関家と八条院に出仕した事務官平信範《のぶのり》の日記『兵範記《ひょうはんき》』である。鳥羽院・美福門院・八条院が家族として連れ立って行動していたこと、鳥羽院政から二条天皇親政にいたる朝廷の政務の記録をよく整理して書き残している。有能な事務官の日記からは、何が起きていたかがよくわかる。

つぎに、美福門院・八条院の重臣花山院忠雅《かざんいんただまさ》の弟中山忠親《なかやまただちか》の日記『山槐記《さんかいき》』である。朝廷の議定《ぎじょう》や儀式に参列し、朝廷の意思決定の過程を見聞きしている。八条院が支持した二条天皇親政派の後白河院はずしから、鎌倉幕府成立期まで朝廷の動向をよく書き残している。平信範が事務方なら、中山忠親は政務畑なので、二人の視点は違う。

つぎに、八条院の妹高松院《たかまついん》の乳母《めのと》の家から妻を迎え、八条院の腹心三位局を妻とし、その子良輔《よしすけ》を八条院の養子にした関白九条兼実の日記『玉葉《ぎょくよう》』である。日記を書き始めた当初から八条院と接点があるうえに、子の良輔を八条院の養子とした縁で、八条院に間近で接することのできた人物である。生身の八条院を記録する日記である。

つぎに、美福門院の乳母夫《めのと》(養君として養育)にして、暲子《しょうし》内親王庁《ないしんのうちょう》年預《ねんよ》をつとめた藤原親忠《ちかただ》の家の縁者として八条院上北面《じょうほくめん》から四位別当までつとめた藤原定家《さだいえ》の日記『明月記《めいげつき》』がある。藤原俊成《としなり》の縁と思われがちであるが、俊成は家を継ぐ嫡子成家《なりいえ》に関心が向かっていたので、定家の面倒は外舅の藤原親弘《ちかひろ》(親忠の子)や姉の八条院中納言がみていた。定家は八条院御所に上北面で出仕を始めるので、女院のそばに寄れる立場ではない。地位が低いので、八条院御所の仕事や、出入りしている人々の動向を書き残している。姉の八条院中納言は八条院のそばで仕事をし、八条院少納言が亡くなったのちは後宮《こうきゅう》を仕切る立場に立った。定家は、姉から八条院周辺のことを聞いている。八条院中納言の回想録『たまきはる』は、後鳥羽天皇即位の際の後白河院と八条院の会談の内容や、薨去《こうきょ》した八条院の遺骸を八条殿から蓮華心院《れんげしんいん》に送り出す場面などほかにない記述を残している。この姉弟の記録は、八条院の後半生をよく伝える。

美福門院・八条院母子の時代をみていくうえで、参考とすべき史料が天台《てんだい》座主《ざす》慈円《じえん》(九条兼実の弟)の史書『愚管抄《ぐかんしょう》』である。『愚管抄』は延暦寺《えんりゃくじ》青蓮院《しょうれんいん》に集まった情報、九条家で収集できる情報、慈円が接した人々から聞き取った情報をもとに、慈円の史観で書かれている。九条家の政治判断が前面に出てくるので、今日の歴史家の解釈とは相反する理解もあるが、『愚管抄』にしかない独自情報は少なくない。独自情報は、情報提供者が慈円と接点のある人物と推測できるので、現代の歴史家が、精査せずに史料性が低いと速断するのは間違いである。

ここにあげた人々は美福門院・八条院の周囲にいて、活動した人々である。本書は一〇〇年を超える歴史を叙述するので、美福門院・八条院の周囲で活動した人々は、三代・四代のつながりとなる。多くの人が登場するので、このような人々の整理を本文中でときどきおこなう。急ぐ方は先に進んでいただきたい。

本書は、右にあげた人々の目線から、順を追って叙述していくので、話者を変えながら後白河院という人物を語っていく井上靖の小説『後白河院』のような読み口となる。お読みいただいたあとで、平安時代後期から鎌倉時代前期の朝廷で重きをなした美福門院・八条院母子にみえていた世界をたどることができたと感じていただければ幸甚である。

目次

八条院の世界

武家政権成立の時代と誇り高き王家の女性

表1　位階とそれに対応する社会的地位

位　階	位階の特性	法定の待遇	公家社会における地位	院庁・女院庁の役職
正一位	贈位の対象。生前は少数	律令で「貴」と定める位階	公卿。正四位下で補任される参議も含む	大臣以上の人は，別当をつとめないのが通例なので，補任は例外
従一位	摂関家の上限			
正二位	議政官の上限			公卿別当。三宮（中宮・皇后・皇太后）の大夫・権大夫が相当
従二位	非参議の上限			
正三位				
従三位				
正四位上	越階。四位止まりの地下官人の上限	律令で「通貴」と定める位階。参議は，「貴」に属する。	殿上人は，四位の位階が相当。昇殿が認められれば殿上人，それ以外は四位の地下官人	四位別当。三宮の亮・権亮が相当
正四位下	参議の官位相当			
従四位上				
従四位下				
正五位上	越階。五位止まりの地下官人の上限		上北面は，五位の位階が相当。五位の位階にいる公卿の子弟「地下公達」や，五位の地下官人が属する	五位判官代。五位主典代。三宮の五位進・大夫属が相当。例外として，五位別当を認める
正五位下				
従五位上				
従五位下	叙位の儀の対象となる位階の下限。公卿・殿上人の初任の位階			
外従五位下	卑姓の官人のみ対象の位階		卑姓の地下官人のみ在級	制度上，主典代は補任可能。特定の家職をもつ家以外は，藤原等の「貴」・「通貴」の姓に改姓し，この位階を飛ばす
正六位上	除目の対象となる位階の下限。公卿・殿上人の初任の位階	律令で「卑」と定める位階	下北面。北面の武士と呼ばれた武者だけではない	六位判官代。女院蔵人。六位主典代。少数の実務担当者以外は名誉職
正六位下以下	除目の申請者の位階として，記録に残る		正六位下以下の官人はいるが，史料に出てくる人は少ない	記録を残す人々の視野にはいらない

第1章 鳥羽院政の後継者

1 鳥羽院の愛娘

美福門院の実家六条家

八条院《はちじょういん》（暲子内親王《しょうしないしんのう》）は、鳥羽天皇を父とし、美福門院《びふくもんいん》（藤原得子《とくし》、六条顕季《ろくじょうあきすえ》の孫）を母として保延三（一一三七）年四月八日に誕生した。中御門《なかみかどの》宗忠《むねただ》は、釈迦の生誕を祝う灌仏会《かんぶつえ》の日に誕生した姫宮を皆が言祝《ことほ》いでいたと書き残している（『中右記《ちゅうゆうき》』）。翌四年四月十四日に、暲子女王《にょおう》は内親王宣下をうけた。こののち、暲子内親王庁が開設され、中納言藤原伊通《これみち》（一〇九三〜一一六五年、母は六条顕季娘、美福門院別当《べっとう》）が勅《ちょく》別当に補任《ぶにん》された（「女院小伝」）。朝廷から、後見として指名された人物である。美福門院の伯父で、八条院の前半生に深くかかわることになる重臣である。

美福門院は、彼女を政敵とみなす左大臣藤原頼長《よりなが》が書き残した悪意を含む言葉が流布したことにより、後世の歴史家に大きな誤解を受けている。藤原頼長は『台記《たいき》』康治元（一一四二）年正月朔日条で、摂政藤原忠通《ただみち》が参内《さんだい》しなかった理由を推測し、美福門院を「（近衛《このえ》天皇の）母后ではあるが、諸大夫《しょだいぶ》の娘である」と記している。美福門院の実家は、和歌の家として家学を形成した非参議《ひさんぎ》六条藤家《ろくじょうとうけ》である。村上源氏の六条家と区別するため、「藤」の字をはさんでいる。美福門院の叔父六条顕輔《あきすけ》は、崇徳《すとく》天皇の命で勅撰集『詞花《しか》和歌集』の撰者となった。朝廷での地位は、国司を歴任して従三位に昇る非参議公卿《くぎょう》で、和歌を家学とする文人貴族である。太政官でおこなわれる会議に参加する参議以上の議政官《ぎせいかん》の公家《くげ》に対し、参列して発言する資格をもたない公家を非参議と呼んで区別する。非参議は、公卿の待遇をうけるが、政務にはかかわれない公家という意味である。

この一流は、白河《しらかわ》天皇の乳母《めのと》藤原親子《しんし》を母とする六条顕季を祖とする。藤原頼長は、顕季の孫藤原得子（美福門院）が鳥羽天皇の后として宮廷社会の中枢にはいったことを成り上がりと考え、白河院・鳥羽院の側近として政治的に影響力をもつこと、和歌を家学とする文人貴族として宮廷社会に人脈を広げていたことを見落としている。詩歌管弦（漢詩・和歌・雅楽）のいずれかの教養を必須とする宮廷社会のなかでは、和歌の家は和歌の会で人脈を広げていく。『台記』からわかる頼長の教養は、漢籍である。頼長は、和歌の家である六条藤家と接点が少ない。あとで詳述することになるが、頼長の記述には政敵に対する悪意から生じるゆがみがある。額面通りに受け取ることは危険である。六条顕季は、和歌に通じた文人貴族であると同時に、白河院が腹蔵なく話せた側近と認識する必要がある。

六条顕季という人

はじめに、この一流の祖となる六条顕季《ろくじょうあきすえ》（一〇五五～一一二三年）について述べていく。六条顕季の母従二位藤原親子は、白河天皇の乳母をつとめた。顕季は乳母子《めのとご》の立場から、白河院の側近として頭角をあらわしていった。説話集が伝える白河院と顕季の親密なやりとりは、このつながりをよくあらわしている。顕季は、白河院の祖母陽明門院《ようめいもんいん》にも出仕し、信頼を得ている。『公卿補任』に記された顕季の職歴をみると、讃岐守・丹波守・尾張守・伊予守・播磨守・美作守と六カ国の国司をつとめている。従五位下から従三位にいたる位階六階の昇進のうち、二階が陽明門院の御給《ごきゅう》、二階が御所造営の献金ないし役負担、一階が国司をつとめた功績、一階が年労《ねんろう》（年功序列）による昇進である。従三位に昇ったのが四〇歳であるから、白河院や陽明門院の引きで顕季が公卿に昇ったことは間違いない。白河院が、腹心として六条顕季に目をかけていることがわかる。

六条顕季のもつもう一つの顔が、宮廷社会に築いた歌人の人脈である。彼の和歌は「六条修理大夫集《しゅりだいぶ》」としてまとめられている。顕季は、公卿に昇って国司の仕事をつとめなくなったことで、白河院の側近として院のそば近くで活動するようになった。六条藤家が和歌の家としてつくり出した権威の一つ人丸影供《ひとまるえいぐ》は、顕季の背後に白河天皇のいることをみせつける意図があった。元永元（一一一八）年六月十六日に顕季が六条東洞院亭《ろくじょうひがしのとういんてい》で催した人丸影供の次第が、『古今著聞集《ここんちょもんじゅう》』第六「和歌」に収められている。このときに飾られた柿本人麻呂像は、白河天皇が宝蔵に納めていたものを顕季が懇望して賜ったと伝える。白河院から賜った宝物をみせつけることは、参加した公卿に対して威信を示す効果が大きかった。

六条藤家の和歌は、「顕季卿の一男中納言長実《ながざね》卿・二男参議家保《いえやす》卿この道にたへずして」（『十訓抄《じっきんしょう》』）と、顕輔が継承した理由を伝える。美福門院の父長実は歌人として和歌を残したが、官職は顕季を越えて権中納言まで昇った（『公卿補任』）。顕季は、家を継ぐ者と、家学を継ぐ者を分けたと考えてよい。文人貴族と議政官の公卿が両立するのかという問題である。和歌か漢詩を詠めることは、公家社会の社交のうえで重要な要素である。しかし、漢文に長じた儒者弁《じゅしゃのべん》（文章道《もんじょうどう》の専攻課程を修了した弁官）は事務官の中枢に必要だが、和歌の家にそういう官職はない。漢詩と和歌の違いはそこにある。和歌の専門家に用意されている地位は、非参議公卿である。

歌人が形成する人脈は、官位制度による秩序を越えて広がるところにおもしろみがある。白河院の腹心というだけではすまない六条顕季を敵にまわしたときの怖さが、このあたりからもうかがえる。

六条顕季と新羅三郎義光

顕季が富裕であったことを伝える説話が『古事談《こじだん》』第一巻七五段「顕季、義光《よしみつ》の所領を避くる事」である。六条顕季と河内源氏の新羅三郎《しんらさぶろう》義光（源義家《よしいえ》の弟）とのあいだに起きた所領相論の顚末が記されている。この説話では、白河院は「このままでいったら、弁の立たない武士が訴訟に負ける。顕季はいくつも所領をもち、国務を執っている。ここは、恩を売って、一所懸命の武士に譲ってはどうか」と譲歩を勧めた。白河院は、敗訴に恨みをもつことになる新羅三郎義光が六条顕季に危害を加えるのではないかと危惧していた。白河院の意向を理解した顕季が所領譲与の文書を作成して義光に渡したので、恩義を感じた義光は鳥羽から京都に戻る六条顕季の牛車《ぎっしゃ》に護衛の武士を派遣したと伝える。

この一段から、二つのことが読み取れる。白河院は六条顕季を手放せない部下と考えるので、わざわいの芽を未然に摘もうとしている。もう一つは、白河院も六条顕季も、河内源氏新羅義光を教養のない武士とみている。平忠盛《ただもり》や摂津源氏源仲正《なかまさ》・頼政《よりまさ》父子のように、歌人として交流をもつ武士とは違い、何をしでかすかわからないと警戒している。公家は、身分の上下を超えて交流する歌人の人脈のなかにはいらない武士を、護衛や警固など官位相応の仕事でしか接点をもたない交流の範囲外と認識している。平忠盛や源仲正が相手なら、暗殺までしかけてくるとは考えないし、和歌を送って意向を聞くことも考えるであろう。私文書の書状にも地位による作法書札礼《しょさつれい》を求める社会なので、詠むための作法や技術が地位より優先される和歌は、官位制の社会秩序を超えた交流の手段である。忠盛や仲正なら和歌を送って意向を確認できるが、義光にはできないという違いである。殿下乗合《てんがののりあい》の事件(嘉応二〈一一七〇〉年)で有名な平重盛《しげもり》も、嘲弄した尾張権守藤原佐実《すけざね》に報復した源仲正(天仁元〈一一〇八〉年)も、相手の髻《もとどり》を切って辱めるところで実力行使をやめている。京都で生きていくための許容範囲を理解する武士と、それを知らないで最後まで実行してしまう都の風習になじまない武士の違いである。和歌を詠むことを考えない河内源氏は、日常的な交流の外におかれた人々である。

美福門院に関する予兆

富家殿《ふけどの》藤原忠実《ただざね》から聞いたことを大外記《だいげき》中原師元《なかはらのもろもと》がまとめた『中外抄《ちゅうがいしょう》』上巻八八段に、美福門院に関する祥瑞《しょうずい》（吉徴《きっちょう》）が記されている。久安四（一一四八）年閏四月六日、六条顕季の館《やかた》で起きた怪異について、大外記中原師元は父師遠《もろとお》が勘文《かんもん》（非日常的なできごとの吉凶を調べた報告書）で、つぎのような報告をおこなったと聞いている。

白河院の御代、従二位藤原親子（白河院の乳母、六条顕季母）の白河堂（のちに顕季が菩提寺善勝寺《ぼだいじぜんしょうじ》に改めた）に足のある蛇が現れた。父師遠は、院宣をうけて怪異の説明と解釈をした勘文を作成した。局務中原氏（太政官外記局《げききょく》の下級官人を束ねる家）は明経博士《みょうぎょうはかせ》（儒学の専門家）を代々つとめる学者の家なので、漢籍を調べて意味を読み解いた勘文を書いた。師遠は、『本朝奇令《ほんちょうきりょう》』（散逸）を引用して「女子の祥瑞（吉徴）、最吉である」と有足の蛇が現れた意味を解釈して報告した。師元は、今、六条顕季の孫が皇后（藤原得子）になっている。女子の祥瑞とは、このことであろうと語っている。

藤原忠実は、私も足のある蛇の夢を見たと六条顕季から聞いたことがあると語っている。白河堂に足のある蛇が現れて犬に食われたことは、『百錬抄《ひゃくれんしょう》』保安三（一一二二）年五月十四日条に記されている。白河院が、文章道の藤原敦光《あつみつ》と明経道の中原師遠に怪異の意味を説明せよと勘文の提出を命じたと記しているので、師元は勘文を作成した父の話をしたことになる。

この一件を祥瑞と伝えられた六条顕季は、家門を繁栄させる天恵をうけた女子があらわれることを信じた。吉徴の示された御堂を修造し、菩提寺善勝寺に改めることにより、一族の人々やそこに出入りする人々が忘れないようにした。

有足の蛇が何だったのかは調べてもわからないし、それを調べることに意味はみいだせない。意味があるのは、当時の学者が六条顕季の家に吉徴が示されたと報告したことである。顕季は、それを信じて行動した。嫡子長実は権中納言まで昇進し、大臣まで昇る村上源氏から正室を迎えた。菩提寺善勝寺を継承する嫡流は、激動の時代を乗り切って、四条を通称とする議政官の公卿として定着した。

藤原頼長の父忠実は、吉徴によって出現が予告された女性を美福門院と判断している。忠実が美福門院を頼長のように見下さないのは、神仏の加護をうけた女性として接しなければならないと考えたためであろう。

美福門院の父藤原長実

美福門院(藤原得子《とくし》)の父藤原長実は、彼の創建した館《やかた》八条殿《はちじょうどの》から「八条」の通称で呼ばれる。八条殿は、のちに美福門院・八条院が御所として用いる館になる。長実は、父が創建した菩提寺善勝寺を継承した嫡流である。和歌を継承した顕輔は、非参議の正三位まで昇り、六条を通称とした。顕季の家は、議政官の地位を得た長実の八条家と、家学を継承した顕輔の六条家の二流に分かれていく。ただ、長実の栄達は一代で終わり、つぎの世代は非参議公卿に戻る。長実が昇った権中納言の家格と菩提寺善勝寺は、長実の弟家保《いえやす》の家が継承していく。

美福門院は、長実が正室に迎えた村上源氏源方子《まさこ》(一〇六六〜一一五二年)を母とする。兄弟は宿曜師《すくようじ》文賛の娘を母とする異母兄弟なので、源方子が考える家族の範囲にはいらない。方子が村上源氏の一族として考えるのは、得子だけである。長実・得子と村上源氏のつながりは、源方子の弟源師時《もろとき》の日記『長秋《ちょうしゅう》記《き》』が、信憑性の高い情報を伝える。『台記』より、『長秋記』に信をおくべきである。

美福門院は、長実の八条殿で永久五(一一一七)年に誕生した(『百錬抄』)。長実は、父と同じように国司を歴任して正四位下に昇り、内蔵頭《くらのかみ》を兼任して、保安三(一一二二)年に内蔵頭の労で従三位に昇った。

長実が自分のことをどう思っていたかは、『古事談』第二巻四五段「肥前守景家《かげいえ》の事」にあらわれている。長実が神崎里《かんざきのさと》で遊女と戯《たわむ》れていたときに、水干装束《すいかんしょうぞく》(地下官人《じげかんにん》の制服)を着て、似合うかと尋ねている。遊女は「お似合いですよ」と相槌を打つが、「一番似合うのは誰だ」と尋ね返されると、「肥前守景家」と答えている。話はそこからで、遊女は「景家は水干装束のときは無双《むそう》、布衣《ほい》(狩衣《かりぎぬ》、五位の制服)のときは田舎者、装束(正装)のときは笑われている」と答えた。景家の経歴はわからないが、六位の官人として実直に働き、晩年、五位(諸大夫)に昇って綾《あや》の狩衣(模様のはいった狩衣)を着ることができるようになったが着こなしているとはいえず、肥前守に補任されて着るようになった礼装は似合わなかったという話である。長実は、諸大夫の制服が似合わない景家を笑いの種としている。これが、富裕な公家の家に生まれた長実の意識である。

大治四(一一二九)年四月五日、長実は参議に補任された。参議源師時(方子の弟)・藤原宗輔《むねすけ》の二人が服喪を理由に長期休暇にはいったので欠員補充の人事である。長実の競争相手は、崇徳天皇に近い藤原経忠《つねただ》であった。鳥羽院は、村上源氏と結びついている長実を望ましいと判断した。長実は、この翌年に権中納言に昇進している。中御門宗忠は、『中右記』で長実を無才の人と評価した。八条家は中納言に昇った人がいないので、中納言の仕事に通じていない。長実が政務の場で不手際を曝すのを、有能な中御門宗忠が渋い顔で観察していたことは容易に想像がつく。議政官になると、国政運営に関する見識ある発言が求められ、朝廷がおこなう儀式の運営を指揮することになる。宗忠は、長実のことを国司や殿上人としては有能でも、議政官は不適任とみなし、身分違いという意味で諸大夫と表記したのであろう。長実の子供たちが非参議公卿で終わるのは、鳥羽院がこの家には議政官はつとまらないと判断したことによる可能性が高い。長実の妻源方子は、「(長実)鍾愛の女子は鳥羽院の寵がある。家門の面目ではあるが、兄弟骨肉は皆勘当されたような状態である。美福門院の兄三人のうち長輔《ながすけ》朝臣は鳥羽院の近習を停められ、長実がもっていた備後守・伯耆守の国務は停止された」(『長秋記』長承三年八月十四日条)と弟師時に、長実が亡くなったのちの家の衰微を嘆いている。

このときに、六条顕季が創建したこの家の菩提寺善勝寺の管理権が家保に移り、家保の家が嫡流となっていく。方子は、この家に嫡流をめぐる争いが起きていること、鳥羽院の意向が甥にあるので冷遇されていることを嘆いている。長実に中納言はつとまらないとみた鳥羽院は、甥の家成《いえなり》を抜擢していく。長実薨去後の嫡流争いに鳥羽院が介入し、藤原得子の異母兄弟を遠ざけ、家成に嫡流を継がせることを見越して家保にまず嫡流の待遇を与えたと理解すべきなのであろう。家保もまた顕保《あきやす》を嫡子と考えて官職を譲ろうとしたが、鳥羽院と家成の反対で阻まれ、顕保を公卿にあげられなかった。

鳥羽院は、議政官の公卿がつとまる藤原家成と、村上源氏の外孫美福門院を重用することを考えていた。長実のもっていた知行国《ちぎょうこく》は、美福門院の院宮分国《いんぐうぶんこく》として再構成された。美福門院分国の国司に推挙されたのが、長実の孫俊盛《としもり》・実清、乳母夫《めのと》の藤原親忠《ちかただ》と親忠の外孫藤原隆信《たかのぶ》である。藤原長実の持ち分をどうするかの相続争いに美福門院の異母兄弟は敗れたが、家としての持ち分に大きな変化はなかった。

八条院が誕生した頃

美福門院(藤原得子)が、長承三(一一三四)年には鳥羽院の寵愛をうけていたことは、『長秋記』に書き残されている。長実が最愛の娘として可愛がっていたことも、長実が薨去する一週間前の『長秋記』長承二(一一三三)年八月十三日条に書き残されている。『今鏡《いまかがみ》』第三段「すべらぎの下」も、「ただ人にはえゆるさじと、もてあつかひてなん」と記している。村上源氏源俊房《としふさ》の孫娘なので、並の公家には通わせないと厳しい目を光らせて育てたことを伝える。長実は、父から有足の蛇の話を聞いているであろうから、家門を興すことになる女子は得子をさすと考えていた可能性がある。非参議公卿の八条家からみれば、大臣まで昇る村上源氏は明確に差のある上席の公卿であり、正室を迎えて女子を儲けることができるとは考えもしなかったであろう。藤原道長《みちなが》が語った「をのこはめがら(男の格は婚家で決まる)」(『栄華《えいが》物語』)の社会である。長実には、源方子との結婚は望外のことであった。

長実は得子が後宮にはいる前に薨去したので、得子入内《じゅだい》を実現させたのは母源方子の実家村上源氏と考えてよい。村上源氏が藤原得子を推すのは、待賢門院《たいけんもんいん》璋子《しょうし》の兄弟太政大臣三条《さんじょう》実行《さねゆき》に対抗するためであろう。三条家は待賢門院を支持する立場であるが、実行の子公教《きみのり》は六条顕季の娘を母とする縁から、藤原得子を支持する側にまわった。三条公教は、鳥羽院・藤原得子から一目おかれる重臣となっていく。藤原頼長は、村上源氏や鳥羽院の側近藤原家成(得子の従兄弟)が支持する得子を「諸大夫の娘」(『台記』)と見下していたので、自らの理想の世界に住み、現実がみえていない人と考えられる。

保延元(一一三五)年十二月四日、鳥羽院と藤原得子の長女叡子《えいし》内親王が誕生した(『中右記』)。暲子内親王が誕生するのは、二年後の保延三年四月八日である。『今鏡』第三「すべらぎの下　むしのね」は、幼少期の八条院をつぎのように記している。

そのつぎの姫宮は、暲子内親王。八条院と申す人である。鳥羽院に、そのまま(誕生して間もなく)養われるようになった。(政務に忙しい日々のなかで)、朝夕のなぐさめ(気晴らし)となる存在であった。幼くて、物言いも可愛らしかった。(暲子内親王が)、「若宮(躰仁《なりひと》親王、即位して近衛天皇)は春宮《とうぐう》になりました。私は春宮の姉になりました」と仰せられたので、鳥羽院は「そのような官職があるのか」と(やりとりを)おもしろがられたという話を聞いている。

この逸話は躰仁親王立太子から即位のあいだ(一一三九〜四一年)なので、暲子内親王が三歳から五歳のあいだということになる。鳥羽院・美福門院・暲子内親王が行動を共にしていたことは、鳥羽院御幸《ごこう》や鳥羽院御所参院のことを記した公家の日記・記録に三人が列記される記事からも確認できる(『台記』・『兵《ひょう》範記《はんき》』)。鳥羽院が利発な暲子内親王を可愛がる姿を知る廷臣たちが、つぎの時代を担う春宮躰仁親王に影響力をもつことになる姉とみなすことは予想できる。美福門院を母とする家族を、つぎの時代の主流派と考えたであろう。

美福門院・八条院を取り巻く人々

つぎに、美福門院・暲子内親王母子の周囲で活動した人々について述べていく。脇役として本書に登場する人々なので、多くの人名が出てくるが、しばらくおつきあいいただきたい。

まず、美福門院・八条院の母方八条家の人々をみていこう。

美福門院・八条院の二代に仕えた甥が、八条三位藤原実清《さねきよ》(一一三九〜八五年)である。実清は、美福門院判官代《ほうがんだい》から八条院年預別当《ねんよべっとう》(庁務を執る事務方の長)までつとめた。美福門院・暲子内親王の家政にかかわった側近である。美福門院の時代は美福門院分国越前の国司として女院庁の財務に貢献した。越前・丹波・近江の国司を歴任したのち、内蔵頭を経て従三位に昇る院分受領《いんぶんずりょう》の経歴をたどっている。叙位をみると、近衛天皇臨時内給《りんじのないきゅう》・美福門院御給・八条院御給、および八条院がかかわる行事賞《ぎょうじのしょう》で従三位まで昇っている。後白河院の関与がなく、非参議公卿まで昇った人物である。後白河院が、美福門院に朝夕仕えて自分に挨拶をしない者とうらんでいた人々の一人であろう(『山槐記《さんかいき》』)。藤原実清の経歴は(表2)にまとめた。美福門院・八条院とその周辺の人々の推挙で位階をあげて公卿に昇る重代の廷臣の特徴をよく示している。公家の側からみると、院・女院・春宮・三宮《さんぐう》(中宮・皇后・皇太后)といった叙位の推挙権をもつ人々から御給を給わることは、昇進が早まるので、家の地位を維持するためには有利になる。公家や殿上人の経歴から叙位の履歴を整理すると、その人物が誰の側にいたかは明確にわかる。

村上源氏とのつながりは、美福門院の母正一位源方子の存在が大きい。従兄弟の源雅実《まさざね》の子雅定《まささだ》が皇后藤原得子の皇后宮大夫に補任されたことで、村上源氏とのつながりは公私を兼ねたものとなった。雅定の

表2　藤原実清経歴

年　月　日	西暦	位　階	経　　歴
仁平元年正月10日	1151	正六位上	六位蔵人補任，元美福門院判官代
元年正月15日	1151	従五位下	叙爵，臨時内給(近衛天皇)
3年4月6日	1153	従五位下	越前守補任(美福門院分国)
保元元年9月17日	1156	従五位下	左兵衛佐兼任
2年10月22日	1157	従五位上	承明門造宮賞
平治元年正月6日	1159	正五位下	美福門院御給
永暦元年4月7日	1160	正五位下	丹後守に遷る(元越前守)
元年12月29日	1160	正五位下	丹後守を止める
応保元年9月15日	1161	正五位下	近江守補任，左兵衛佐は兼任のまま
2年正月14日	1162	従四位下	朝覲行幸賞(八条院御給)
仁安元年8月27日	1166	従四位下	近江守を止める
元年12月14日	1166	従四位上	大嘗会叙位(八条院御給)
3年正月14日	1168	正四位下	八条院御給
治承元年正月24日	1177	正四位下	内蔵頭補任
元年11月12日	1177	従三位	八条院御所行幸，家賞(八条院御給)
寿永元年4月9日	1182	従三位	大宰大弐補任
2年正月5日	1183	正三位	叙位
2年11月28日	1183	正三位	大宰大弐解官
元暦元年3月27日	1184	正三位	大宰大弐に補任
元年12月21日	1184	正三位	病により出家
文治元年正月8日	1185		薨去，47歳

子雅通《まさみち》は、藤原伊通が大臣に昇格した後任として、暲子内親王の勅別当に補任された。暲子内親王の八条院院号宣下のときに、勅別当から女院別当に役職変更している。八条家の藤原実清は八条院庁の庁務を執る中枢の人であるが、雅通は八条院と高松院の別当を兼務している。美福門院の母方という立場から、院号を授けられた二人の娘の家政にかかわっている。

村上源氏は大臣まで昇る公家で、待賢門院の実家三条家と同格である。雅定が源方子の娘藤原得子を推したのは、待賢門院・三条家に対抗するためであろう。そこから、雅定・雅通・通資《みちすけ》・雅親《まさちか》と四代にわたってこの母子に仕えることは、予想もしていなかったであろう。

暲子内親王宣下の勅別当として家政を執ったのが、中納言藤原伊通である。藤原伊通は、保延四(一一三八)年四月十四日に暲子女王が内親王宣下をうけると、暲子内親王庁の勅《ちょく》別当《べっとう》に選ばれた。兄弟には、信通《のぶみち》・季通《すえみち》・成通《なりみち》・重通《しげみち》がいる。六条顕季の娘を母とするので、美福門院の従兄弟である。鳥羽院政から二条天皇親政の時期にかけて、美福門院の従兄弟が朝廷の要職をつとめている。六条顕季がつくりあげた人脈の凄さである。伊通は、大宮・九条を通称とした。和歌では、「大宮太政大臣」と作者名が書かれる。招婿婚の時代なので、公家の家は一代ごとに居所の変わる人が多い。一族の拠点として代々使い続ける館があれば早くに固定するが、公家は都市住民であり、公家の館は事務所なので、市街地内や京都近郊の所領、菩提寺周辺などに複数の館をもつ人もいる。伊通の場合は、特定の家名はまだ定まっていない。本書では藤原で通していく。以下、特定の家名で固定される人物は家名で記すが、そうでない人は藤原・源など姓《かばね》で記す。

伊通の弟成通は、源雅定の後任として藤原得子の皇后宮大夫をつとめ、美福門院院号宣下のときに美福門院別当に役職変更した。鳥羽院政派のなかに、美福門院とその従兄弟たちと呼ぶのがふさわしい集団が形成されていく。伊通も、同母兄弟が美福門院を推すことで協調する。伊通は、二条天皇に対して訓戒の書『大槐秘抄《たいかいひしょう》』を奏上するなど、賢臣として名を残した。伊通の妹が近衛天皇中宮藤原呈子《ていし》(九条院《くじょういん》)、季通の子が以仁王《もちひとおう》に王者の相があると観相《かんそう》(人相占い)した相《そう》少納言藤原伊長《これなが》(宗綱《むねつな》)である。この一族は、美福門院の時代から以仁王事件の頃まで、美福門院・八条院の周辺で活動がみられる。

桓武平氏は、藤原得子の皇后時代、平忠盛が皇后宮亮《すけ》、平頼盛《よりもり》が皇后宮権《ごんの》少進《しょうしん》をつとめたことが、接点となった。忠盛は、白河院判官代・鳥羽院別当をつとめた受領国司《ずりょうこくし》の一人である。この時期の国司は、院宮《いんぐう》（院・女院・三宮）や権門貴族が身内や部下を国守に推挙して国衙《こくが》経営の実権を握る院宮分国《ぶんこく》や知行国《こく》の国司をつとめることを地位相応の仕事とする受領国司、朝廷の仕事を長くつとめた功労として下級官《かん》人《にん》を国司に補任する巡年《じゅんねん》に大きく分かれる。忠盛は受領国司をつとめることで、殿上人《てんじょうびと》に名を連ねた。また、忠盛は伊賀・伊勢国に勢力圏をもつ在京する武家で、院の武力という側面をもっていた。それとともに、『金葉《きんよう》和歌集』以後の勅撰和歌集に入集した歌人で、和歌を通じて公家と交流していた。私家集「忠盛集」も、今日に伝わっている。美福門院が院号宣下をうけた久安五（一一四九）年八月三日、忠盛は皇后宮亮から年預別当に役職が変わり、美福門院庁の庁務を執ることになった。「忠盛集」の詞書《ことばがき》には「顕輔卿家にて」・「右京大夫顕輔卿家歌合」などの文言があり、六条藤家に出入りしていたことがわかる。

忠盛の嫡子清盛《きよもり》もまた鳥羽院別当や八条院別当をつとめた。八条院別当には清盛・重盛・頼盛がみえるので、鳥羽院・美福門院・八条院に仕えることで頭角をあらわした武家である。頼盛は、八条院の乳母子を妻に迎えた縁で八条院の腹心として残るが、平清盛は義妹滋子《じし》（建春門院《けんしゅんもんいん》）が後白河院の皇子憲仁《のりひと》親王（高倉天皇）の母となったことで、清盛以下主流の人々は後白河院政派に移っていく。これが、平氏の内部に亀裂を走らせる要因となっていく。頼盛の家と所領は、『久我《こが》家文書』・『朽木《くつきけ》家文書』からその後も追える。彼の所領の多くは、八条院を本家としていた。

源氏は、摂津源氏源頼政と美濃源氏土岐《とき》氏が美福門院・八条院に出仕している。摂津源氏は、源頼光《よりみつ》以来辟邪《へきじゃ》（魔除け）の武で公家社会に知られていた（『今昔《こんじゃく》物語集』）。頼政もまた、二条天皇のところに現れた物怪《もののけ》鵺《ぬえ》を退治している（『平家物語』）。源仲正は勅撰集『金葉和歌集』に入集し、頼政も『詞花《しか》和歌集』以後の勅撰集に入集した武家歌人である。この家は、「仲正集」・「頼政集」・「二条院讃岐集」などの私歌集が今日に伝わる。和歌を詠む伝統は、頼政の嫡子仲綱《なかつな》が引き継いでいた（『古今著聞集』）が、以仁王事件（治承四〈一一八〇〉年）で父子ともに討ち死にし、そこで絶えている。仲正は地下《じげ》の歌人であったが、頼政は保元《ほうげん》の乱（保元元〈一一五六〉年）の前年に美福門院殿上人となり、八条院に出仕する人々と歌会などで接していた（「頼政集」）。

　土岐氏は、鳥羽院最後の寵姫《ちょうき》女房土佐（『愚管抄《ぐかんしょう》』）や、土岐光保《みつやす》の娘が二条天皇の乳母をつとめた縁で、二条天皇の殿上人となった（『禁秘抄《きんぴしょう》考証《こうしょう》』）。摂津源氏・美濃源氏は、二条天皇・八条院の武力となることで、平治《へいじ》の乱（平治元〈一一五九〉年）後も京都で活動を続けていく。後白河院に仕える平清盛・多田行綱《ただゆきつな》、二条天皇・八条院に仕える平頼盛・源頼政・土岐一族という構図になるのであろう。

　美福門院の乳母夫《めのと》藤原親忠の家は、美福門院の院宮分国の国司を歴任した地下官人の家である。親忠は、この地位を外孫の藤原隆信に譲っている。美福門院の財務を支えた家で、女院御所の公の空間の昇殿はゆるされていないが、北対《きたのたい》など女院の私的空間で身近に仕えた側近である。儀式や政務に姿をみせることはないが、日常的な家政を動かす家である。また、『洞院廿巻部類《とういんにじゅっかんぶるい》』は八条院庁年預（下級官人を束ねて庁務を執る役職）と進物所預《しんもつどころあずかり》を兼務したと記している。親忠は八条院院号宣下前に亡くなっているので、暲子内親王庁年預を誤認したか、親忠の子・孫を誤記したかのいずれかと考える。八条院御所で使用される日用品・食膳を担当する役職で、京都周辺の土地に住む生産者とはつながりをもち、八条院御所の日々の運営を管理する役職をつとめた。八条院の腹心となる判官代藤原親行《ちかゆき》は、親忠の孫である。藤原親行は八条院の庁務に関する書状を残しているので、八条院領荘園の現場を管理していた人々とやりとりしていたことがわかる。八条院領遠江国初倉庄《はつくらのしょう》が、この家の所領と確認されている。美福門院・八条院の家務をつとめ、八条院領に所領をもつ家である。地位は低いが、重要な家である。

近衛天皇即位

保延二（一一三六）年四月十九日、藤原得子は従三位に叙された（『院号定部類記《いんごうさだめぶるいき》』）。嫡子となる近衛天皇（躰仁《なりひと》親王）は、同五年五月十八日に誕生した（『百錬抄』）。暲子内親王より二歳年下の弟である。鳥羽院は待望の男子誕生を喜び、三カ月後の八月十七日には立太子した。一〇日後の八月二十七日には、得子を女御《にょうご》とした。天皇の母となる女性の地位を、後追いであげたことになる。十一月二十二日、暲子内親王の着袴儀《はかまぎ》がおこなわれた。三歳の先例として、記録されている（「安倍孝重朝臣記」）。

翌保延六年九月二日、崇徳天皇の第一皇子重仁《しげひと》親王が誕生した。藤原得子は重仁親王を養子として、家族に加えた。重仁親王の乳母は、鳥羽院別当でのちに美福門院年預別当となる平忠盛の妻宗子《そうし》（池禅尼《いけのぜんに》）がつとめた。確認される宗子の所領は、八条院領常陸国志太庄《しだのしょう》である。美福門院と接点のある女性であろう。『保元物語』は平忠盛が重仁親王を養君《やしないぎみ》に迎えたと伝えるので、重仁親王の周囲は、鳥羽院・美福門院の人脈で固められていたと考えてよい。

永治元（一一四二）年は、忙しい年であった。三月三日、鳥羽院・女御藤原得子・暲子内親王の三人は、得子が白河に創建した御願寺歓喜光院《ごがんじかんきこういん》に設けた御堂御所にはいった。鳥羽院と藤原得子が同車し、数えで五歳の暲子内親王は別の車でうしろに続いたと記されている。三月七日には、得子が准后《じゅごう》の宣旨をうけている(『仙洞御移徙部類記《せんとうおんいしぶるいき》』)。

三月十一日、鳥羽上皇《じょうこう》が出家を遂げて、法皇《ほうおう》となった。八月二十四日には、鳥羽法皇から譲られた女御藤原得子の所領九カ所、暲子内親王の所領一二カ所の課役免除を求める申請を認める宣下が下されている。このとき、「無品《むほん》暲子内親王家」として申請の書類が提出された(『百錬抄』)。勅別当藤原伊通が手続きを進めたのであろう。十二月二日、崇徳天皇の王子重仁王が、親王宣下をうけた。

十二月七日、崇徳天皇から近衛天皇への譲位がおこなわれた。この譲位の宣命《せんみょう》には、「皇太弟」に譲ると書かれていたと『愚管抄』や『百錬抄』が記している。院政は長期政権となるので、天皇が交代することにとくに問題はない。退位した天皇は「新院《しんいん》」となり、院政政権を主導する本院とは区別される。弟に譲るという表記は、崇徳天皇が近衛天皇を養子としていなかったことを示している。天皇となるべく教育をうけて英邁《えいまい》の君《きみ》(天皇としての所作や作法が優美な君で、英雄という意味はない)といわれた崇徳天皇であるが、鳥羽院は藤原得子の子に皇統を継がせる考えであった。この宣命は、近衛天皇が嫡流であることを示したものであった。重仁親王が即位したとしても、藤原得子の養子になっているので、すでに鳥羽院・藤原得子側に取り込まれている。後見も鳥羽院・美福門院に兼参する平忠盛の妻である。忠盛が養君として育てるなら、崇徳上皇が口をはさめる余地は限られている。重仁親王が即位しても、待賢門院・崇徳上皇側が政権を主導できる可能性は低い。

十二月二十七日、藤原得子が皇后となった。皇后宮職が開設され、藤原得子は朝廷の人事で任命された直属の部下をもつことになった(表3)。家と家のつきあいから形成される人脈に、職務として仕える部下が加わったことで、藤原得子の人脈は拡大していく。今まで接点の少なかった朝廷の事務官や有能な下級官人が、得子の部下に加わったことの意味は大きい。彼らのなかからも、重代の廷臣や女院庁の日々の運営をつとめる職員があらわれてくる。

2　美福門院院号宣下

美福門院院号宣下

近衛天皇の治世が始まってまもない康治元(一一四二)年正月十九日、待賢門院《たいけんもんいん》に仕える源盛行《もりゆき》・津守《つもりの》嶋子《しまこ》夫妻が、皇后藤原得子《とくし》を呪詛《じゅそ》した罪で土佐国に配流《はいる》となった(『百錬抄《ひゃくれんしょう》』)。この事件の影響をうけて、二月二十六日に待賢門院が仁和寺《にんなじ》で出家した。尼寺にはいらない在俗出家ではあるが、政治から退くことを意味した。鳥羽《とば》院は、待賢門院とその縁者に対して呪詛を理由とした追及をせず、事件の拡大をはからなかった。三年後の久安元(一一四五)年八月二十二日に待賢門院が薨去《こうきょ》し、藤原得子の全盛時代が始まる。

翌久安二年四月十六日、暲子《しょうし》内親王《ないしんのう》は准三宮《じゅさんぐう》(中宮・皇后・皇太后に准ずる待遇を与える)となった。役所を構えて職員をもつ立場ではないが、中宮の待遇をうけることができる。三宮の職員は、藤原得子皇后宮職(表3)をみていただきたい。

転出の年月日と理由	西暦	備　　考	出　　典
久安５年７月28日	1149	内大臣昇進による離任	公卿補任・顕時卿記
久安５年８月３日	1149	院号宣下による改組	公卿補任・顕時卿記
久安５年８月２日	1149	雅定昇進による大夫昇格	公卿補任・顕時卿記
久安５年８月３日	1149	院号宣下による改組	公卿補任・顕時卿記
久安５年８月２日	1149	雅定昇進による権大夫昇格	公卿補任・顕時卿記
久安５年８月２日	1149	雅定昇進による亮補任	顕時卿記
久安５年８月３日	1149	院号宣下による改組	公卿補任
			本朝世紀(初出)
久安３年３月27日	1147		本朝世紀・台記
久安５年８月３日	1149	院号宣下による改組	台記・顕時卿記
久安５年８月３日	1149	院号宣下による改組	公卿補任・顕時卿記
久安５年８月３日	1149	院号宣下による改組	公卿補任・顕時卿記
			本朝世紀(初出)
			本朝世紀(初出)
久安５年８月３日	1149	院号宣下による改組	本朝世紀・顕時卿記
康治２年１月18日	1143		台記
久安５年８月３日	1149		公卿補任・顕時卿記
			本朝世紀(初出)
久安４年10月８日	1148		本朝世紀・台記
久安５年８月３日	1149		本朝世紀・顕時卿記
久安５年８月３日	1149		本朝世紀・顕時卿記
久安５年８月３日	1149	院号宣下による改組	本朝世紀・顕時卿記
久安５年８月３日	1149	解散の日に在任確認	顕時卿記
久安５年８月３日	1149	院号宣下による改組	顕時卿記

久安二年十月四日、源方子《まさこ》に近衛天皇の外祖母として正一位が贈られた(『本朝世紀《ほんちょうせいき》』)。現任の摂政・関白で、従一位である。没後の贈位はあるが、生前の叙位は異例である。

崇徳《すとく》上皇の弟雅仁《まさひと》親王(のちの後白河《ごしらかわ》天皇)は、皇位継承の可能性が低いとみなされていたので、朝廷の儀式や作法を学ぶ有職故実《ゆうそくこじつ》に熱心でなく、今様《いまよう》を吟じたり(『梁塵秘抄《りょうじんひしょう》』)、御所に桟敷《さじき》を構えて京中を往来する人々を見物していたり(『愚管抄《ぐかんしょう》』)と、王家の人らしからぬ気ままな行動をしていた。周囲の人々も気にしていなかったので、

表3　藤原得子皇后宮職

補任・初出の年月日	西暦	官　職	名　前	官　職	藤原得子との関係
永治元年12月27日	1141	大夫	源雅定	権大納言	母方縁者
久安5年8月2日	1149	大夫	藤原成通	権中納言	美福門院叔父藤原伊通の弟
永治元年12月27日	1141	権大夫	藤原成通	権中納言	美福門院叔父藤原伊通の弟
久安5年8月2日	1149	権大夫	藤原忠隆	大蔵卿	
永治元年12月27日	1141	亮	藤原忠隆	播磨守	
久安5年8月2日	1149	亮	平忠盛	内蔵頭	平頼盛父
永治元年12月27日	1141	権亮	源雅通	左少将	源雅定の嫡子
康治2年1月3日	1143	大進	高階泰兼		
康治2年1月3日	1143	大進	高階為基		
久安3年1月19日	1147	大進	藤原憲方		
永治元年12月27日	1141	権大進	藤原顕時		
永治元年12月27日	1141	権大進	藤原惟方	越前守	
康治2年1月3日	1143	少進	藤原為経		
康治2年4月1日	1143	少進	藤原藤親		
久安3年1月5日	1147	少進	高階盛章		
康治元年8月5日	1142	権少進	藤原憲親		
久安2年4月11日	1146	権少進	平頼盛	初任の官	
久安2年3月6日	1146	権少進	藤原為親		統子内親王家年給で従五位下に叙す
久安3年12月21日	1147	権少進	高階為頼		
久安5年4月14日	1149	権少進	平信国		
久安5年3月18日	1149	大属	大江以平		
康治2年4月1日	1143	権大属	中原景兼		鳥羽院主典代
久安5年8月3日	1149	少属	菅野頼経		
久安5年8月3日	1149	少属	紀清輔		

乳母夫《めのと》（乳母の夫、後見人）の信《しん》西《ぜい》入道（藤原通憲《みちのり》）以外に厳しく言う人もいなかったであろう。漢籍に通じた信西入道は、後白河天皇を「愚」と評価していた（『玉葉《ぎょくよう》』）。天皇にふさわしい教養を身につけていない人という意味である。この規格外の人物が、治承寿永《じしょうじゅえい》の内乱を乗り切る異才として平安時代末期政治史で重要な役割を果たすことになる。美福門院《びふくもんいん》も鳥羽院の廷臣も、後白河天皇がもつ異才とその乳母夫信西入道の政治手腕をまだ知らない。政治に関心の薄い皇子で、後見の信西入道も鳥羽院判官代《ほうがんだい》（『本朝世紀』）とい

表4　美福門院院司

年　月　日	西暦	役職	名　前	官　職	美福門院との関係	出　典
久安5年8月3日	1149	別当	藤原伊通	権大納言	美福門院従兄弟	*
久安5年8月3日	1149	別当	藤原成通	権大納言	皇后宮大夫・従兄弟	*
久安5年8月3日	1149	別当	藤原忠隆	大蔵卿	皇后宮権大夫	*
久安5年8月3日	1149	別当	三条公教	中納言	美福門院伯父	*
久安5年8月3日	1149	別当	平忠盛	内蔵頭	皇后宮亮	*
久安5年8月3日	1149	別当	藤原伊実	左近衛中将	藤原伊通の子	*
久安5年10月2日	1149	別当	藤原重通	中納言	美福門院従兄弟	*
久安5年10月2日	1149	別当	藤原清隆	権中納言	近衛天皇乳母藤原家子の夫	*
久安5年10月2日	1149	別当	藤原兼長	三位中将		*
久安5年10月2日	1149	別当	藤原為通	頭中将	藤原伊通の子	*
久安5年10月2日	1149	別当	源師行	長門守	源方子の甥	*
久安5年10月2日	1149	別当	源師仲	左近衛中将	源方子の甥	*
久安5年10月2日	1149	別当	藤原朝隆	左中弁	皇后宮権大進藤原顕時の叔父	*
久安5年10月2日	1149	別当	藤原季行	武蔵守	美福門院従兄弟	*
久安5年10月2日	1149	別当	藤原実長	左近衛少将	三条公教の甥	*
久安5年10月2日	1149	別当	葉室光頼	権右中弁	藤原伊通の甥	*
久安5年10月2日	1149	別当	藤原憲方	右衛門権佐	皇后宮大進	*
久寿元年11月12日	1154	別当	藤原俊盛	越前守	美福門院甥	兵範記
久寿元年11月12日	1154	別当	藤原光隆	備中守	藤原清隆の子	兵範記
久寿2年4月14日	1155	別当	藤原信輔	右馬頭	姉妹が藤原家成正室	兵範記
久寿2年5月5日	1155	別当	平範家	権右中弁		兵範記
久寿2年5月5日	1155	別当	藤原顕時	左中弁	皇后宮権大進・判官代から昇進	兵範記
仁平2年1月1日	1152	別当	源雅通	参議	皇后宮権亮・皇后宮大夫雅定の子	宇槐記抄
仁平2年3月8日	1152	別当	藤原経宗	参議	美福門院の従兄弟	公卿補任
仁平2年11月22日	1152	別当	高階盛章	伊予守	皇后宮少進	兵範記
永暦元年2月13日	1160	別当	藤原親隆	正三位	母が関白藤原忠通乳母	平安遺文3052
久安5年8月3日	1149	判官代	藤原顕時	甲斐守	皇后宮権大進	*
久安5年8月3日	1149	判官代	藤原惟方	遠江守	皇后宮権大進・二条天皇乳母子	*

久安5年8月3日	1149	判官代	高階清章	皇后宮権少進	皇后宮権少進	＊
久安5年10月2日	1149	判官代	藤原清成	若狭守	藤原清隆の子	＊
久寿元年12月8日	1154	判官代	藤原成憲	右近大夫将監		兵範記
久寿2年1月12日	1155	判官代	藤原雅隆		叔母が美福門院女房少将局	兵範記
久寿2年5月5日	1155	判官代	平親範	伯耆守	平範家の子	兵範記
久寿2年5月5日	1155	判官代	藤原朝方	近江守	藤原朝隆の子	兵範記
久寿2年5月5日	1155	判官代	藤原為綱	散位		兵範記
仁平元年1月10日	1151	判官代	藤原実清	六位蔵人	美福門院甥	公卿補任
仁平2年5月17日	1152	判官代	藤原信盛	上野介	美福門院甥	兵範記
平治元年11月5日	1159	判官代	藤原資隆	散位		平安遺文3036
久安5年8月3日	1149	主典代	中原景兼	皇后権大属	元皇后権大属	＊
久安5年10月2日	1149	主典代	紀清輔	皇后宮少属	元皇后宮少属	＊
保元元年12月21日	1156	主典代	大江佐平			兵範紀
平治元年4月	1159	主典代	大江盛信	右少史	美福門院主典代と太政官官掌を兼務	洞院廿巻部類
永暦元年2月13日	1160	主典代	大江以平	主計権助	元皇后宮大属	平安遺文3052

出典：＊＝顕時卿記・惟方卿記（『歴代残闕日記』）

う認識しかもっていなかった。このことが、その後の政局を左右する大きな判断ミスの原点となる。

皇后藤原得子は、久安五年八月三日に院号宣下をうけて美福門院となった。女院の院司《いんじ》・殿上人《てんじょうびと》は、二段階で選抜される。八月三日、皇后宮職が廃止となり、新たに美福門院庁が開設されるので、皇后宮職員を院司に移行させる任用替えがおこなわれた。美福門院庁としての増員は、十月二日の殿上始《はじめ》でおこなわれた。殿上始で追加された院司は一一人、殿上簡《ふだ》を給わった殿上人は五五人である（『院号定部類記《いんごうさだめぶるいき》』・『兵範記《ひょうけんき》』）。院司のみであるが、（表4）をご覧いただきたい。摂政・関白や大臣を含まないので、鳥羽院政を支持する人々の多くが、鳥羽院と美福門院の兼務になった。鳥羽院崩御によって鳥羽院庁が廃止されたのち、美福門院庁が鳥羽院政派の拠点となる理由がここにある。新たに開かれた美福門院庁の年預別当《ねんよべっとう》（院務の中心となる別当）は、皇后宮亮《すけ》から役職変更した平忠盛《ただもり》がつとめた。美福門院と平忠盛の結びつきの強さを読み取ってよいであろう(『惟方卿記《これかたきょうき》』)。

美福門院庁は、鳥羽院政派の人々が鳥羽院・美福門院両方の御所に出仕して話をする場所となる。朝廷や鳥羽院御所は多くの人が出入りするので、院政派の人々が集まる美福門院庁のほうがいろいろと話しやすい。美福門院御所は、美福門院が鳥羽院の考え方を理解して行動を共にする相方として必要な情報が集まる場である。

摂関家の内訌と藤原頼長の暴走

鳥羽院は多数派を形成したうえで、独自の勢力として家を再構築しようと努力する摂関家の家長藤原忠《ただ》実《ざね》(一〇七八～一一六二年)との対話を重んじた。鳥羽院は、自派に属さない人々を、追い詰めるようなことはしない。鳥羽院・美福門院の側が優勢を確保した状態で、政局を安定させようと考えていたのであろう。

この安定を崩していくのが、摂関家の内訌《ないこう》である。富家殿《ふけどの》と呼ばれた藤原忠実は、関白の職を譲った嫡子忠通《ただみち》(一〇九七～一一六四年)に跡継ぎが誕生しないことから、天治二(一一二五)年に忠通の弟頼長《よりなが》(一一二〇～五六年)を猶子《ゆうし》に迎えることで家督継承に混乱が生じない手配をした。頼長を左大臣まであげていくのも、忠通に不慮のことがあった場合、摂政に就ける官位に昇っていないと後任として推せないためである。周囲の人々も、摂関家が忠通・頼長の兄弟相続になるという見通しをもって動いていたと思われる。ところが、康治二(一一四三)年、忠通と権中納言源国信《くにのぶ》娘とのあいだに後継者となる男子(基実《もとざね》)が誕生した。頼長に継がせる方針を示してしまった忠実と、基実に継がせたい忠通とのあいだで確執が生じることになる。この問題が摂関家の家内紛争でおさまれば、波及する範囲は小さい。しかし、忠実が摂関の地位を頼長に譲るよう忠通に求め続けたことで対立が深刻化し、忠通は鳥羽院・美福門院の支持を得ることで地位を維持しようとした。摂関家が、分裂したのである。

このことは、摂関家に仕える武士として地位を維持してきた河内源氏にも影響を与えた。源為義《ためよし》が頼賢《よりかた》を後継者に考えていたことに不満をもつ庶長子義朝《よしとも》が、鳥羽院殿上人藤原季範《すえのり》(熱田社大宮司《あつたしゃだいぐうじ》職は季範の所領)の娘を正室に迎えた縁で、鳥羽院政側に移ったのである。

暴発する藤原頼長と沈静化をはかる藤原忠実

久安六(一一五〇)年、藤原頼長の養女多子《たし》(徳大寺公能《きんよし》の娘)が近衛天皇の后として入内《じゅだい》した。しかし、権大納言藤原伊通《これみち》の娘呈子《ていし》(のちの九条院《くじょういん》、美福門院養女)が関白藤原忠通の養女として入内する話も進んでいたことには驚きを隠せなかった。藤原伊通は、美福門院の伯父で、暲子内親王の勅別当《ちょくべっとう》である。美福門院は呈子を推す立場にあり、関白を譲らぬ兄との競合になっていた頼長は、いらだちと憤懣《ふんまん》を抑えられなかった。藤原忠実は、頼長に対して美福門院に書状を送って多子を皇后にたてることを説明する機会をもつよう説得したが、頼長は美福門院に頭を下げて頼みごとはできないと反発した。忠実は美福門院は国母《こくも》なのだから重んじろと重ねて説いたので、頼長はしぶしぶと美福門院に書状を送ったところ、美福門院は鳥羽院に書状を取り次いだので、多子立后も動き始めた(『台記《たいき》』)。美福門院は呈子を推す立場にあるが、多子が立后されることをさえぎるつもりもない。藤原多子は、三月十四日に皇后となった。美福門院がさえぎっているのか、藤原忠通がさえぎっているのかと一人思案で疑念を深めた頼長の判断に問題があった。

仁平元(一一五一)年七月十二日、左衛門督藤原家成《いえなり》(家保《いえやす》の子)の家人《けにん》が、藤原頼長の雑色《ぞうしき》を陵辱《りょうじょく》する事件が起きた(『本朝世紀』)。家成は、鳥羽院の寵臣で、美福門院の従兄弟にあたる(『台記』・『本朝世紀』)。美福門院は、議政官《ぎせいかん》のつとまる縁者は重く用いた。僧文賛《ぶんさん》の娘を母とする異母兄弟は、廷臣としては有能でも、朝廷の会議に招かれない非参議公卿《くぎょう》である。中納言をつとめる従兄弟の家成や、祖父六条顕季《ろくじょうあきすえ》の娘婿となった上流貴族が、美福門院が信頼をおいた人々であった。村上源氏からみると、美福門院は外孫である。鳥羽院の廷臣は村上源氏を意識しながら、美福門院と交流したと考えてよいのであろう。

このとき、鳥羽院や藤原忠実、六条藤家《とうけ》の姻戚となった人々が、美福門院を天与の幸を授かった女性と考えたかどうかはわからない。『中外抄』に記された吉徴《きっちょう》から、藤原忠実が美福門院を争ってはならない相手と考えた可能性は推測してよい。神仏の威が信じられた時代の人々の行動を、宗教や呪術を非科学的と排除した戦後歴史学の考え方で推しはかると判断を誤る。将来がわからない状態で判断をしなければならない政治は、正しいと思われる結論が一つではないし、結果が出るまでどの選択が正しかったのかわからない世界である。結果を知っている現代の歴史学者が、結果を正解としてそこにいたる過程を直線的に説明するのは慎むべきである。

藤原頼長は、藤原家成との衝突に続いて、頼長の従者と平忠盛の有力な家人平信兼《のぶかね》が闘乱に発展する衝突を起こしている（『本朝世紀』）。忠盛は、鳥羽院・美福門院の別当であり、かつ鳥羽院に忠実な武家として振る舞っている。藤原頼長は、鳥羽院政の重要人物とつぎつぎと衝突を起こしている。

近衛天皇が、藤原頼長が自分の母と親しくしている人々と衝突を繰り返し、母を「諸大夫《しょだいぶ》の娘」と侮蔑していることを知らないとは考えがたい。藤原忠通が鳥羽院・美福門院の側に移っているので、摂関家の内部情報は近衛天皇に伝わっていると考えたほうがよい。仁平二年十月一日の御方違《おんかたたがえ》行幸《ぎょうこう》で、輿《こし》から降りようとする近衛天皇の裾《すそ》を頼長が取ろうとしたところ、近衛天皇が自ら裾を持って降りる態度をとったのは、頼長に対する不快を明確に示したものである。藤原頼長は「これは、私を憎むゆえである。関白（忠通）の讒言によるものであろうか。天皇が自ら裾を取って降りたことは、今までに聞いたことがない」（『宇槐記抄《うかいきしょう》』）と書き残している。頼長には、自分が近衛天皇の母を見下していることに対する近衛天皇の憤りがわからないのであろう。この事件は、近衛天皇が左大臣藤原頼長を見限っていることを、儀式の場で示すことになった。このような状況になっても事態が衝突へと発展しないのは、鳥羽院と藤原忠実のねばりづよい対話により、沈静化がはかられていたためである。

久寿元（一一五四）年八月二十一日、平信範《のぶのり》は新たに右近衛大将に補任された藤原兼長《かねなが》の拝賀に随行し、この日の次第を『兵範記』に書き残した。この日、兼長は美福門院と暲子内親王にも挨拶に赴いている。兼長来訪の申次《もうしつ》ぎは、美福門院別当藤原俊盛《としもり》（兄顕盛《あきもり》の子）がつとめた。兼長は藤原頼長の子であるが、美福門院殿上始で別当に補任されていた。美福門院に対して、慶賀の儀礼を守っている。父頼長ほど、狷介な人物ではないのであろう。礼をつくすことは、相手に礼を守るように求めることができる。兼長もまた、頼長が孤立しないように守っている。

鳥羽院・美福門院・暲子内親王の三人が連れ立って

この時期から、朝廷の有能な事務官平信範の日記『兵範記』が残っている。『兵範記』には、鳥羽院・美福門院・暲子内親王が連れ立って行動するので、鳥羽院の動向を記録するときに三人連記となること、信範が御所に参上したときは三人のところに挨拶に行ったことが書き残されている。鳥羽院が暲子内親王を手元において育てたというのは『今鏡《いまかがみ》』からうかがえるし、『仙洞御移徙部類記《せんとうおんいしぶるいき》』に記録された鳥羽院新造歓喜光院御幸《かんきこういんごこう》の事例から、暲子内親王が幼いときから三人が行動を共にしていたことがうかがえる。

『愚管抄』は、鳥羽院晩年の寵姫《ちょうき》を美濃源氏土岐光保《ときみつやす》の娘女房土佐と書き残している。美福門院は、土佐局を警戒すべき存在とみていない。この縁から、土岐光保は鳥羽院政・二条天皇親政を支持する武家として重く用いられていく。政権を動かす側からみると、京都に近く、短い時間で軍勢をそろえて入京できる畿内や近江・美濃の武家は手放すことのできない存在である。伊賀・伊勢国の平忠盛、美濃国の源頼《より》政《まさ》・土岐一族、摂津国の多田行綱《ただゆきつな》といった武家がそれである。そのほかに、在京する武家として郎党《ろうとう》を率いて京都に駐屯する人々がいた。鎌倉を本拠地とする源義朝や、八条院領下野国足利庄の領主足利氏といった人々である。この人々の多くを鳥羽院の時代と同様に傘下におさめているところが、美福門院の抜け目のなさである。のちに、平清盛が後白河院政支持に立場を変えたとき、源頼政や土岐一族は二条天皇親政派の有力な武家として残り、均衡を維持する役割を果たした。

仁平二(一一五二)年三月五日、鳥羽院・美福門院・暲子内親王(八条院)・統子《とうし》内親王(上西門院《じょうさいもんいん》)が、鳥羽北殿から鳥羽の美福門院御所に移っている(『兵範記』)。母と一緒に行動することの多い暲子内親王は、鳥羽院のそばで過ごす時間が長かった。三月十九日には、鳥羽院・美福門院・暲子内親王の三人が連れ立って、熊野詣《くまのもうで》をおこなった(『兵範記』)。

翌仁平三年正月二日、美福門院御給《ごきゅう》として上野介藤原信盛《のぶもり》、暲子内親王御給として加賀守藤原定隆《さだなか》を正五位下に叙した(『兵範記』)。信盛は美福門院判官代として仕える甥、これが公卿に列することを家の名誉とする父の家に対する処遇である。上野国は親王が名誉職として国守をつとめる親王任国なので、上野介が国務を執る。暲子内親王分の推挙を鳥羽院・美福門院がおこなったのか、暲子内親王勅別当藤原伊通がおこなったのかは明らかでない。藤原定隆は、近衛天皇乳母夫藤原清隆《きよたか》の子である。鳥羽院周辺の人物の昇進に使われたことは間違いがない。

九月十八日、平信範は所用で鳥羽殿を訪れたとき、鳥羽院・美福門院・暲子内親王の三人に参上して挨拶をした。このようなことは、信範だけに限らないであろう。政務に関する話は鳥羽院・美福門院とすればよいので、暲子内親王に対してはご機嫌伺いである。信範は、のちに八条院別当となる。幼少のときからそばにいた廷臣として、信頼を得ていた。

天皇の候補となった暲子内親王

久寿二(一一五五)年七月二十三日、近衛天皇が崩御した。一七歳である。鳥羽院・美福門院鍾愛《しょうあい》の男子であり、二人の悲嘆は大きかった。近衛天皇は嫡男がいないうえに、春宮《とうぐう》を定めていなかった。誰をつぎの天皇にするかは早急に決めなければならない課題である。

それだけでも問題の大きいところに、藤原頼長には近衛天皇を呪詛したという風聞《ふうぶん》があり、愛宕山《あたごやま》に派遣された実検使は呪詛の痕跡を報告している（『台記』）。呪詛がおこなわれた事実は確認されたが、藤原頼長がおこなったというのは風聞である。呪詛を理由に配流《はいる》に発展しないのは、頼長と断定する証拠がないためであろう。しかし、この風聞が広まっていくことで、頼長は孤立へと追い込まれていった。

鳥羽院は、前年出家した前右大臣源雅定《まささだ》と権大納言三条公教《さんじょうきみのり》を御前に召し、関白藤原忠通には書状を送ってやりとりし、翌二十四日には雅仁親王（のちの後白河天皇、待賢門院の皇子、崇徳上皇弟）を即位させることで決定した（『台記』・『古事談《こじだん》』・『愚管抄』）。現職の関白、近衛天皇の事実上の外戚（美福門院の母方）、崇徳天皇の外戚（実質は美福門院院司）の意向を聞いた形式をとるのは、鳥羽院らしい均衡のとり方である。このなかから、重仁《しげひと》親王を推す声が出ない。考慮の対象外である。鳥羽院・美福門院は、当初、暲子内親王（ときに一九歳）を女帝として即位させ、美福門院の養子守仁《もりひと》親王（のちの二条天皇）を春宮にするのがよいという考えを示した。後任が本命と決まっている中継ぎであり、暲子内親王ならば鳥羽院政派の主導する政治体制が揺らぐ心配はない。一番の安全策である。

藤原忠通も源雅定も、父親の雅仁親王を飛び越して守仁親王に継がせるのはよくないと諫《いさ》め、雅仁親王の即位を勧めた。重仁親王も守仁親王も待賢門院の孫であり、美福門院が養子に迎えた点では同じである。崇徳上皇を皇位に近づかせないことが、鳥羽院政派の考えである。その考え方にたてば、暲子内親王が女帝として即位するのは最良の選択肢であった。

後白河天皇即位

源雅定が諫めて推すまで、鳥羽院の意中に雅仁親王はなかった。指摘されてはじめて、その人選もあるのかと考えたのであろう。雅仁親王の乳母夫信西入道は、藤原南家の学者である。『古今著聞集《ここんちょもんじゅう》』和歌第六「鳥羽法皇御歌を諸臣に賜ふ事」には、久寿元(一一五四)年二月十五日に鳥羽院と美福門院が鳥羽東殿から勝光明院まで牛車《ぎっしゃ》に同車して移動し、桜狩(観桜会)を催したことが記されている。そのとき、鳥羽院は詠んだ和歌を徳大寺実能と三条公教に送った。その使者が信西入道である。信西入道は、出家する前は鳥羽院判官代であった。上総国 橘 社《たちばなしゃ》(のちの橘木庄《たちばなのしょう》)を保延六(一一四〇)年に鳥羽の安楽寿院《あんらくじゅいん》(美福門院領荘園群)に寄進し、預 所《あずかりどころ》となった(『平安遺文』三一二〇号)。鳥羽院が出家後も信西入道を院司扱いするのは、信西入道が在俗出家で世俗を離れず、本家と預所という経済的つながりが継続しているからである。

鳥羽院は、信西入道が保元《ほうげん》の乱(保元元〈一一五六〉年)ののちに美福門院と相談しながら政権を動かす才能を発揮するとは想像もしていない。また、雅仁親王は美福門院が仁和寺から戻して養子とした守仁親王への中継ぎとして条件をそろえている。何よりも、今様に熱中している文人で、政治に関心が薄いと考えている(『梁塵秘抄』)。雅仁親王が、心のなかに狂気を秘めた冷徹な政治家であることを、まだ知らない。この時期にみせていた雅仁親王の逸脱は、今様の世界や都の大路を往来する庶民の日常をみることに向かっていて、政治に関心をもつとは思われていなかった。

翌久寿二年七月二十四日、後白河天皇の践祚《せんそ》がおこなわれた。関白藤原忠通は留任、左大臣藤原頼長の内覧《ないらん》(天皇に奏上する文書を事前に閲覧して内容確認する役)が止められ、忠通に戻された。九月二十三日には、守仁親王の立太子がおこなわれ、鳥羽院政の後継者が守仁親王であることが示された。この重要な意思決定の過程で、崇徳上皇は完全に除外されていた。藤原忠実が頼長に家督を譲らせるために打った布石も、崩された。崇徳上皇とともに、藤原頼長も政権での立場を失ったことが明確になった。近衛天皇呪詛の噂、鳥羽院政の中枢にいる廷臣との衝突など、二人には孤立する要素がそろっていた。政局は、崇徳上皇と藤原頼長をどのように引退に追い込んでいくかの段階に進んでいった。

第2章　保元・平治の乱

1　保元の乱

鳥羽院崩御

　鳥羽院《とばいん》は、保元元（一一五六）年の元旦を鳥羽殿《とばどの》で過ごした。この日は、殿上人《てんじょうびと》などの参院を禁じ、側近のみ祗候《しこう》を許して暲子内親王《しょうしないしんのう》の節供《せっく》を祝った（『兵範記《ひょうはんき》』）。これが、鍾愛《しょうあい》の娘と過ごす最後の正月となった。

　三月五日、美福門院《びふくもんいん》の娘姝子《しゅし》内親王（のちの高松院《たかまついん》）が春宮守仁《とうぐうもりひと》親王の后として春宮御所にはいった。美福門院は、守仁親王即位まで春宮守仁親王支持派（旧鳥羽院政派）の結束を揺るぎないものとする準備を進めていた。

四月六日の臨時除目《じもく》では、暲子内親王御給《ごきゅう》により、源雅通《まさみち》の子通資《みちすけ》が従五位下に叙された。のちに、八条院庁の庁務を主導することになる重臣が宮仕えを始めた。五月十九日、土岐光長《ときみつなが》が春宮主馬首《しゅめのかみ》に補任《ぶにん》された(『兵範記』)。土岐一族を春宮守仁親王の側につけておくための補任である。

平信範《のぶのり》は、鳥羽院の病状が五月二十二日から悪化していったと『兵範記』に書き残している。この頃から、鳥羽院葬送の準備と、鳥羽院崩御《ほうぎょ》後の政局を見据えた画策が始まったのであろう。源頼政《よりまさ》は、仁平三(一一五三)年二月に美福門院殿上人に名を連ねていた(『公卿補任《くぎょうぶにん》』)。美福門院は、鳥羽院政派の武力として平清盛《きよもり》(忠盛《ただもり》の嫡子)・源頼政・土岐一族を味方につけ、河内源氏の内訌《ないこう》で鳥羽院政側に移った源義朝《よしとも》を受け入れていた。富家殿《ふけどの》藤原忠実《ただざね》には河内源氏の惣領源為義《ためよし》が仕えているが、優劣ははっきりしている。

六月十二日、美福門院は鳥羽の成菩提院《じょうぼだいいん》で出家を遂げた(『兵範記』・『保元物語《ほうげんものがたり》』)。鳥羽院崩御を覚悟した出家である。七月二日、鳥羽院が安楽寿院《あんらくじゅいん》で崩御した。五四歳であった。『愚管抄《ぐかんしょう》』は、大納言中御門《なかみかどの》宗能《むねよし》が鳥羽院の最後の言葉を聞いたと書き残している。宗能は腹心ではないが、その場に居合わせたので聞くことになったと伝える。

この日、崇徳《すとく》上皇は鳥羽殿を訪れたが、招き入れる人がなかったので、簾前《れんぜん》で退去した(『兵範記』・『愚管抄』)。鳥羽院は、葉室惟方《はむろこれかた》に対して崇徳上皇に遺骸をみせるなと命じたと伝える(『古事談《こじだん》』)。『古事談』のこの段に、鳥羽院が崇徳上皇を「叔父子《おじし》」と呼んでいた逸話が載せられている。白河院と待賢門院との関係や叔父子の風聞《ふうぶん》は、崇徳上皇を挑発するために流された嫌がらせという可能性は否定できない。「不可説(説くべからず)」と日記によく表記されるたぐいの話題であり、白河院の側にいた人々は書き残さな

鳥羽離宮復元イメージ図　京都市考古資料館が発掘調査をもとに作成した。

鳥羽天皇安楽寿院御陵《ごりょう》(現，京都市伏見区)　鳥羽にある社寺は八条院を本所とするものが多くなり，鳥羽院崩御後は八条院が実質的に管理者となった。そのため，八条院が死を意識した時，鳥羽の街を維持するための所領群を後鳥羽天皇に譲る手続きをした。安楽寿院は，八条院を供養する寺院として現在も存続している。写真の鳥羽天皇陵は，安楽寿院のすぐ西側にある。

いであろう。真偽は確認しようのない問題なので、この風聞を聞いた人がどう判断して動くかという政治の局面に限定したほうがよい。

崇徳上皇は強引に参上しようとして美福門院判官代《ほうがんだい》平親範《ちかのり》ともみ合いとなり、目に怪我を負わせた。親範はこのことを周囲に伝えたので、女房土佐(土岐光保《みつやす》娘)が鳥羽院に耳打ちしたと『愚管抄』は伝える。鳥羽院・美福門院のそば近く仕える人々は鳥羽に集まっており、臨終から葬送の準備を進めていた。土岐光保は鳥羽の警固についていたので、京都の合戦に参加しなかった。土岐氏は、娘を通じた縁で鳥羽院の信頼を得た武家と考えてよいであろう。

崇徳上皇挙兵の噂

鳥羽院崩御から三日後の七月五日には、鳥羽に武士が参集した。崇徳上皇と藤原頼長《よりなが》が同心して兵を挙げるとの風聞が広まったので、武家は美福門院側と崇徳上皇側のどちらにつくか、動向を明らかにしなければならなくなった。緊迫した状況のなかで、七月八日に鳥羽院の初七日法要がおこなわれた。この法要は、美福門院が仕切っている。この日、崇徳上皇の参列はなかった。九日、鳥羽にいられなくなった崇徳上皇は、田中殿(鳥羽)を離れ、法要のために鳥羽にきている妹の前斎院統子《とうし》内親王(のちの上西門院《じょうさいもんいん》)の白川御所(京都)に移った(『兵範記』)。

鳥羽院の崩御で、兵乱が起こると公家が予想した根拠は何なのであろう。後白河天皇即位を考えた主流派と重仁《しげひと》親王即位を考えた崇徳上皇の対立という図式はわかりやすいが、事実からかけ離れた理解になっている。まず、鳥羽院初七日を取り仕切ったのは美福門院である。鳥羽院崩御によって生じた政治的空白を埋める存在は、春宮守仁親王即位を目標として鳥羽院政派の人々を引き継いだ美福門院である。後白河天皇即位を決めたのは鳥羽院から諮問をうけた重臣三人で、彼らは美福門院を支持する立場をとっている。信西《しんぜい》入道(藤原通憲《みちのり》)が頭角をあらわすのは、保元の乱で示した現場処理能力の高さが認められたあとと、考えたほうがよい。

鳥羽院崩御ののち、後白河天皇とともに京都にいるのは朝政を継続させるために残留した人々である。鳥羽院の身近にいた人々は、葬儀のため鳥羽に集まっている。その人々を束ねているのが、美福門院である。

崇徳上皇が京都に移ったことで、朝政を滞りなく運営するために京都に残っていた人々とのあいだに、保元の乱が起きた。鳥羽にいられなくなった人々と京都の留守を預かっていた人々との合戦である。ただ、首都で合戦が起きたことの衝撃は大きかった。この時期、朝廷の意思決定をおこなう人々は、鳥羽と京都を往来して政務を動かしている。美福門院が鳥羽を離れられなかったことが、信西入道に活躍する機会を与えたことになった。

保元の乱の本質は、どこにあるのであろうか。重仁親王は美福門院の養子となり、乳母《めのと》は鳥羽院・美福門院の別当《べっとう》を兼務した平忠盛の後室池禅尼《いけのぜんに》(藤原宗子《そうし》)がつとめた。平氏は忠盛から清盛に代替わりしているが、清盛・頼盛《よりもり》は美福門院の側にいる。宗子は、八条院領常陸国志太庄《しだのしょう》を所領としている。重仁親王は、美福門院の影響下にある。崇徳上皇が美福門院御所を拠り所とする鳥羽院の旧臣を排除できるのであろうか。

鳥羽院政を支えた公家・武家は、春宮守仁親王(二条天皇)を支える美福門院支持の側にいる。後白河天皇から守仁親王への継承が既定の路線と定まっているところで、何が問題とされたのであろう。崇徳上皇を失脚させることで、重仁親王が皇位を継ぐ可能性が皆無であることを世に示したい。主流派からみると、それぐらいしか思いつけない。

この美福門院周辺の動きに関白藤原忠通《ただみち》が相乗りし、左大臣藤原頼長を潰《つぶ》しにかかった。頼長からみると、美福門院が推す守仁親王よりも、対象からはずされた重仁親王のほうが望ましい。ここに、崇徳上皇と連携する接点が生まれる。両者が、以前から親しくしていたとは考えがたい。守仁親王に譲ることを前提とした後白河天皇即位は、美福門院の権勢が変わらないことを意味する。美福門院が関白藤原忠通を支持する限り、忠実・頼長父子が考える関白の交替はない。近衛天皇呪詛《じゅそ》の風聞により、頼長を表立ってかばうのは父藤原忠実ぐらいという孤立した状態である(『台記《たいき》』)。待賢門院の親族として崇徳天皇を支持した三条家は三条公教《きみのり》が美福門院を支持しており、後白河天皇は政治的に稚拙な兄崇徳上皇を見限っている。美福門院と関白藤原忠通は、左大臣藤原頼長抜きで朝政を動かし始めている。鳥羽院の崩御により、藤原忠実は対話の相手を失ったのである。

崇徳上皇と藤原頼長にとどめを刺すように流れたのが、軍勢を集めて謀反《むほん》を企てているという噂である(『兵範記』)。先行して広まった噂に、崇徳上皇と藤原頼長を見殺しにできないと考えた人々が参集したのが、崇徳上皇側の勢力の実態なのであろう。

保元の乱

白河殿に集まった武士は、崇徳上皇に仕える平家弘《いえひろ》や摂関家に仕える源為義・平忠正《ただまさ》といった人々である。藤原氏の氏寺興福寺《こうふくじ》の縁で摂関家側についたと推測される大和源氏宇野氏は上洛を試みたが、合流に失敗している(『兵範記』・『保元物語』)。崇徳上皇側は、京都の白河殿に集まれる人のみが参集したという実態であろう。『兵範記』は、七月十日に平家弘と源為義が崇徳院判官代に補任されたと記している。崇徳院庁の人事が朝廷の事務官平信範に情報として伝わるのであるから、白河殿の情報は後白河天皇をいただく人々に筒抜けである。

後白河天皇のいる高松殿には源義朝・足利義康《あしかがよしやす》・源頼政・平清盛・源重成《しげなり》(美濃源氏)・源頼盛《よりもり》・平信兼《のぶかね》(伊勢平氏)などの人々が集まり、鳥羽殿は土岐光保の軍勢が守っている。二手に分けても京都にいる軍勢が優勢なのであるから、崇徳上皇側の勝算は極めて低い状況である。平清盛は鳥羽院・美福門院の別当を兼ねた平忠盛の子、源頼政は美福門院殿上人である。美濃源氏源重成は源義朝の従兄弟で、鳥羽院下北面《げほくめん》をつとめていた(『台記』久安四〈一一四八〉年十一月二十日条)。足利義康は、鳥羽院殿上人藤原季範《すえのり》の養女を正室とする。中世文学で藤原季範は熱田社大宮司《あつたしゃだいぐうじ》として語られるが、鳥羽院殿上人が彼の地位で、熱田社大宮司職は所領である。足利氏の本拠地下野国足利庄が美福門院を本家とする安楽寿院領(のちの八条院領)であることから、義康は美福門院と接点をもっている。源義朝は為義に対抗するために旧鳥羽院政側にいる。平信兼は平忠盛・清盛の重代家人、たまたま在京している時期に保元の乱が起き、共に上洛した伊勢国の武士を率いたと推測される。『保元物語』は、美福門院の声かけがあったと伝える。鳥羽院・美福門院の人脈で説明できる武家なので、彼らを束ねられる人物は美福門院と理解してよい。

保元の乱の前後、美福門院と暲子内親王がどこにいたのかを明記する記録はないが、夫と父が亡くなったので、服忌令《ぶっきりょう》(社寺が定める禁忌)の定める服喪の期間である。鳥羽の御所で慎み(外出禁止)をし、供養をおこなっていたと考えてよい。後白河天皇には政務があるので、陰陽師《おんようじ》の解除《げじょ》(祓《はらえ》によって穢《けが》れを取り除いて、通常の状態に戻すこと)をおこない、通常業務に戻っている。しかし、京都の後白河天皇御所で決定されることについて、美福門院の関与がないとは考えられない。ここに集まった武家の結節点は、鳥羽院の遺志を継ぐ美福門院である。

後白河天皇のいる東三条殿(高松殿から渡御《とぎょ》)に旧鳥羽院政派が集結し、白河殿に崇徳上皇・藤原頼長を支持する人々が集結して対峙している状況は、いずれ決着をつけなければならないことを意味する。公家には合戦の機微がわからないので、後白河天皇の乳母夫《めのと》(後見人)の立場で動く信西入道が博識と事務処理能力の高さで武家に対応し、合戦を勝利に導いたと『保元物語』は伝える。

『保元物語』は、夜戦の始まる十日夜に、双方の武士が今夜が戦機であると感じ、夜襲を主張したと記している。このあたりは戦場の肌感覚なので、武人にしかわからない。『保元物語』に記された藤原頼長の発言が彼の考え方を反映しているとすれば、頼長は正統性の認められる戦いで政権をとる必要があると考えている。それが、夜が明けるのを待って正面から戦いをしかける王者の戦いである。漢籍を教養とする公家らしい発想である。一方、同じ文章道《もんじょうどう》の学者信西入道は現実主義の立場から武士の主張が正しいと認め、夜襲を決定する。さらに、攻めあぐんだ源義朝に対し、藤原家成《いえなり》(美福門院の従兄弟)亭に火を放って東三条殿に延焼させるよう指示したと記されている。鳥羽にいる美福門院に使者を派遣する時間的余裕はないので、東三条殿にいる人々で決定したと考えてよいであろう。信西入道の才能が評価された最初の場が、このときと思われる。

保元の乱ののち、重仁親王は仁和寺《にんなじ》にはいり、寛暁《かんぎょう》僧正のもとで出家した。春宮守仁親王にとって、最も危険な人物が排除されたのである。

2　二条天皇即位

鳥羽院の供養と京都の政権

保元《ほうげん》の乱が終わったのちの状況を、今一度整理してみよう。『兵範記《ひょうはんき》』を読んでいくと、解決しなければならない課題がつぎつぎと処理されていったことはわかる。しかし、平信範《のぶのり》は中堅事務官なのでおこなうべき施策に関することは記しているが、政権がおこなった意思決定の過程を記していない。意思決定に関する情報を記すのは、九条兼実《くじょうかねざね》の日記『玉葉《ぎょくよう》』や中山忠親《ただちか》(花山院忠雅《かざんいんただまさ》の弟)の日記『山槐記《さんかいき》』といった参議以上の議政官《ぎせいかん》の公卿《くぎょう》の日記である。この時期は、議政官の日記が残っていない。

政治の形態は後白河天皇親政なので、後白河天皇とその命令をうけた太政官官人の名前で公文書が作成される。また、鳥羽院葬送の行事所《ぎょうじどころ》(特定の事業を実施するために臨時編成する作業集団)が編成されていて、権中納言花山院忠雅(美福門院《びふくもんいん》の従兄弟)が上卿《しょうけい》をつとめている。鳥羽院の葬礼は、鳥羽の安楽寿院本御塔でおこなわれた(『百錬抄《ひゃくれんしょう》』・『兵範記』)。花山院忠雅は在京し、京都から指示を出している。この時期、後白河《ごしらかわ》天皇と忠雅の名前で、つぎつぎと書類が動いている。文書に記された内容を、誰が判断していたのかが問題である。この時代の政治を信西《しんぜい》政権とする考え方があるが、「仏(美福門院)と仏(信西入道)」の話し合いによって後白河天皇の譲位が決まったと平信範は『兵範記』に記している。後白河天皇親政が二条天皇即位までのつなぎと位置づけられた経緯を考えれば、きたるべき二条天皇親政を主導する人々の代表として美福門院の合意を得る前提で、後白河天皇親政が機能していたと考えたほうがよい。多くの廷臣が、二条天皇親政となることを前提に動いていたことを見落としてはいけない。

鳥羽にいる人々

保元の乱が終わった頃、美福門院と暲子内親王《しょうしないしんのう》は親族として鳥羽でおこなわれる法事に参列していた。鳥羽院二七日法要は七月十四日におこなわれている。美福門院が京都に戻ったことがわかるのは、白河宝荘厳院《ほうそうごんいん》でおこなわれた鳥羽法皇六七日法要に参列するために御幸《ごこう》したと記す『兵範記』保元元年八月十三日条である。五七日は八月六日に鳥羽安楽寿院でおこなわれているので、この一週間のあいだに京都に移動したのであろう。四十九日法要は、八月二十日である。美福門院が日常的なことにかかわり始めるのは、九月二十五日である(『兵範記』)。

美福門院と行動を共にしていた暲子内親王も、ようやくこの日から名前が出てくるようになる。この二人は、鳥羽院四十九日法要までのあいだ、供養を中心とした日々を過ごしていたので、保元の乱前後の政局に対しては鳥羽に送られてくる報告に対して指示をしていたとみるべきなのであろう。鳥羽の警固は、土岐光保《ときみつやす》が率いる美濃源氏がつとめている。美福門院が最も信頼をおく武家は、土岐氏であろう。

保元の乱の戦後処理

『保元物語』は、保元の乱とその戦後処理に、信西入道(藤原通憲《みちのり》)の判断が大きな影響を与えていると伝える。ただ、信西入道は後白河天皇の乳母夫として影響力を発揮できても、出家以前の官職は五位の少納言であり、出家した身で朝廷の組織を動かすことはできない。自分の名前で組織を動かせないことは、活動に限界がある。

関白藤原忠通《ただみち》は、謀反《むほん》の嫌疑が父忠実と藤原氏の氏寺興福寺《こうふくじ》にも及んでいるので、摂関家の保全をはかりながら、忠実から家長を継承しなければならない綱渡りをしていた。忠通には、保元の乱の後始末に積極的にかかわる余裕がない。

保元の乱の後始末が進んでいくにあたり、信西入道の考えは後白河天皇の命令というかたちで出される。花山院忠雅は、美福門院の従兄弟で、のちに二条天皇親政派の重臣となる人物である。美福門院が鳥羽を離れられない時期、在京する忠雅は後白河天皇と美福門院を結ぶ中継点となり、上卿としてつとめなければならない鳥羽院の葬送以上の仕事を京都で受け持っていたと推測される。

この時期、何が起きていたのかを、時系列にそって確認しておきたい。七月十一日は、忙しい日であった。保元の乱の論功行賞が除目《じもく》でおこなわれ、平清盛《きよもり》が播磨守、源義朝《よしとも》が右馬権頭に補任《ぶにん》された。同日、源義朝と足利義康《あしかがよしやす》の昇殿がゆるされた。河内源氏の昇殿は、承徳二(一〇九八)年十月に源義家《よしいえ》が白河院昇殿をゆるされて以来のことであった。昇殿すると殿上の間《ま》に着座することができ、在勤・不在を示す殿《てん》上簡《じょうのふだ》がつくられた。官人《かんにん》であれば、御所の建物にはいって仕事をすることはできるが、地位によって着座する部屋が分けられる。常駐する部屋をどこに指定されるかが宮廷社会における社会階層の表示である。源義朝・足利義康の昇殿がゆるされるまで、河内源氏は桓武平氏平清盛・摂津源氏源頼政《よりまさ》・美濃源氏土岐光保よりも地位の低い地下官人《じげかんにん》の扱いをうけていた。父平忠盛《ただもり》の代から殿上人に列した清盛は一段高い官位にあるとしても、鳥羽院・美福門院の信任を得ていた摂津源氏や美濃源氏より下位の武家である。この除目の上卿をつとめた中納言藤原重通《しげみち》は、美福門院の従兄弟である(『兵範記』)。藤原重通が、美福門院や旧鳥羽院政派が下級官人の武官以上の評価をしていたとは考えがたい源義朝を後白河天皇の決裁を仰いで殿上人に加えたのは、保元の乱で示した功績に対する評価である。ただし、地下官人のまま官位をあげるだけでも十分である。昇殿は社会階層をあげることを意味するので、重通が鳥羽にいる美福門院の意向を確認していないとは考えがたい。信西入道は、源義朝を自分より下の階層の者とみているので婿の話を断っている(『愚管抄《ぐかんしょう》』)。義朝の昇殿が、信西入道の考えでないことは確かである。

この日、官宣旨《かんせんじ》(右弁官下文《うべんかんくだしぶみ》)が発給され、鳥羽院崩御《ほうぎょ》による喪服の着用を本日以後停止する通達が出された。この通達は、官人が通常業務に戻ることを意味する。この官宣旨は、花山院忠雅が後白河天皇の命令として出した。この日は、保元の乱で中断していた鳥羽院葬送に関する命令がつぎつぎと出されている。このあたりは、美福門院の意向であろう。

翌十二日から、崇徳《すとく》上皇の残党追捕に関する情報が『兵範記』に記される。十四日には、鳥羽院二七日法要が鳥羽でおこなわれたが、通常業務に戻った平信範は鳥羽に行く余裕がなかった。七月十九日、関白藤原忠通は大殿藤原忠実から氏長者《うじのちょうじゃ》を譲りうけ、藤原氏を代表する者の立場を手に入れた。氏長者は、藤原氏の氏寺興福寺を管理する権限を含むので、社会的な影響は大きい。ようやく、摂関家の内訌に決着がつき、忠通は政務に力を入れられる状態に戻った。

七月二十三日、崇徳上皇が配流《はいる》先の讃岐国に向けて出発した。鳥羽までは源重成《しげなり》が警固し、鳥羽で乗船したのちは讃岐守藤原季行《すえゆき》の責任で配流地に護送することになっていた(『兵範記』)。二十七日には罪名宣《せん》下《げ》がおこなわれ、保元の乱の罪人を確定した。村上源氏の源雅頼《まさより》が、五位蔵人《ごいのくろうど》として宣下の手続きを進めている。ここまでの経緯をみて明らかであるが、後白河天皇の命令として手続きが進められたことは間違いない。しかし、担当者は美福門院周辺の人物である。後白河天皇親政で影響力を発揮したい信西入道以下の人々と、二条天皇親政への布石として活動する人々の思惑が一致しているので滞りなく動いているが、後白河天皇の名前で出される命令の担当者は、美福門院の側近である。後白河天皇親政の実態をあらわしている。

後白河天皇は、好悪の落差が大きく、冷徹という意味で激しい人である。後見をつとめる信西入道も、有能かつ苛烈な人で、真面目であるがゆえにやりすぎる傾向がある。この二人の影響力により、七月二十八日の平忠正《ただまさ》以下の斬首、七月三十日の平家弘《いえひろ》・源為義《ためよし》以下の斬首へと進んでいったと推測としてよい。信西入道主導と明記するのは、『百錬抄』である。鳥羽院政の全盛時代を体現した王朝文化の気風から、漢籍を教養とする信西入道の文章《もんじょう》経国《けいこく》による政治（漢詩文を重んじた平安時代前期の政治）への揺り返しが一時的に起こったとみるべきである。保元の乱までは、天皇の後見といえども、出家をした五位の院司《いんじ》に過ぎないと思われていた人物が、国政に対して定見をもつとは誰も思わなかった。京都にいた人々は、合戦の日の手際のよさで信西入道が逸材であることにはじめて気づいたと思われる。しかし、鳥羽にいた人々の認識が変わるのに時間がかかったということなのであろう。

3　鳥羽院の遺志を継ぐ者

新しい時代の始まり

保元《ほうげん》の乱が終わってみると、美福門院《びふくもんいん》も鳥羽院政を動かしてきた廷臣たちも、後白河《ごしらかわ》天皇と信西《しんぜい》入道が思い通りに動かせる人ではないと認識するようになった。保元の乱で生じた欠員補充と恩賞の叙位《じょい》・除目《じもく》がおこなわれるなかで、美福門院の推す人々と後白河天皇・信西入道の推す人々が昇進していったので、後白河親政から後白河院政へと続いていく流れが形成され始めている。

保元元（一一五六）年九月十三日におこなわれた左大臣藤原頼長《よりなが》死去の欠員補充をおこなう除目で、暲子《しょうし》内親王《ないしんのう》の勅別当《ちょくべっとう》藤原伊通《これみち》が大納言から内大臣に昇進し、美福門院の従兄弟藤原成通《なりみち》と義兄中御門《なかみかど》宗能《むねよし》が権大納言から大納言に昇進した。権大納言には藤原伊通の弟重通《しげみち》が中納言から昇進している。年功序列の要素も含むが、朝廷の上層部は美福門院の縁者で固められている（『公卿補任《くぎょうぶにん》』）。伊通が内大臣に昇ったことで、暲子内親王庁の勅別当は源雅通《まさみち》に交替した。

続いて、九月十七日におこなわれた除目では、信西入道の子貞憲《さだのり》が少納言、俊憲《としのり》が右少弁に補任された。少納言は、漢詩文や歴史を専門とする文章道博士家《もんじょうどうはかせけ》がつとめる技官の職である。学者の家を継ぐ者につとめさせたい官職である。右少弁は、蔵人頭《くろうどのとう》を兼任して参議に昇る議政官《ぎせいかん》の公卿の昇進コースであり、蔵人頭を兼任できなくても右大弁に昇ると従三位の位階が授けられる。嫡子俊憲が公卿に昇る官職に補任されたことは、五位の少納言で終わった信西入道の功績に対する破格の厚遇である（『兵範記《ひょうはんき》』）。しかし、信西入道はこれで満足せず、後白河天皇の後見として朝政を動かすことを考えていた。

閏九月十七日、保元新制《しんせい》が発布された（『兵範記』）。「九州の地（日本国）は、一人（天皇）の有なり、王命の外、なんぞ、私威を施《ほどこ》さんや」の有名な一文をもつ新制である。新制は儒教の天人相関説《てんじんそうかんせつ》にもとづいて、徳政《とくせい》（徳のある政治、徳政令とは別物）をおこなうことを神仏に示す儀礼の一つで、今までの政治を反省して改めることを天に示すために発布された。法律ではあるが、神仏に対して誓いをたてる儀礼の文章として定型化された条文が並んでいる。純粋に法律文として読んでしまうと、ニュアンスがずれることになる。国民という概念はまだなく、神仏に対する意思表示として書かれた文章だからである。通常は、神仏を敬い、社寺を興隆する条文を冒頭にもってくる。ほかにも、過差《かさ》（贅沢）を慎むこと、治安や風紀の乱れを糺すことなどが条文に並ぶ。このような定型的な条文のなかに、そのときどきの状況に応じて発令された条文が混じっている。その点、保元新制は極めて異例である。日本国は天皇の領土であり、天皇以外に誰が威を施すのであろうかと第一条で言い切る。保元新制の発布にあたり、関白藤原忠通《ただみち》には何の相談もなかったのか、『兵範記』には新制の条文が記録されるのみである。誰が文章を練り、どのような話し合いのもとに条文が作成されたかの情報は、摂関家の政所家司《まんどころけいし》として情報の得られる平信範《のぶのり》に伝わってこなかった。『愚管抄《ぐかんしょう》』は、「信西入道世ヲトリテアリケレバ」と、信西入道が政務を主導し始めたと記している。文章道の学者信西入道とその周辺の人々がこの文案を練り上げたのであれば、神仏の加護によって国家を栄えさせると説く王法仏法相依論《おうぼうぶっぽうそうえろん》による神仏興隆を第一条にもってくる従来の形式をとらず、中国の皇帝権力をなぞらえた天皇の統治を説く条文を第一条にもってくる可能性は高い。法家《ほうか》の思想である。

保元元年九月、後白河天皇を支持する公卿は朝廷の上層部にいない。天皇が即位すると代替わりの新制が発布されるので、右少弁藤原俊憲が担当として奏上したのであろう。美福門院の側にも『大槐秘抄《たいかいひしょう》』を二条天皇に贈った賢臣内大臣藤原伊通がいるが、伊通の教養は平安時代中後期の伝統的な漢籍受容と考えてよい。信西入道が示した方針は、幼帝を親族が後見する摂関期・院政期の政治とは違うものである。後白河天皇親政も、美福門院がめざす二条天皇親政も天皇親政という形態に変わりはないが、信西入道が打ち出した天皇の権限強化の方針は、美福門院や鳥羽院政主流派の人々が考える政事《まつりごと》（神事や儀式）を主催する祭祀王としての天皇を守るため、世俗《せぞく》のこと（現代の感覚でいう政治）は養母美福門院や摂関家および王家の姻戚としての権臣が動かしていく政治形態とは相容れないものである。保元新制にみえる信西入道の方針と、美福門院を中心とする旧鳥羽院政派（のちの二条天皇親政派）が考える政治の方向性のずれは、いずれ分裂することになる。政治的に手腕を発揮し始めた信西入道は、美福門院の側からみると将来的に切り捨てなければならない存在となった。保元の乱後の政局は、この軸線から考えていく必要がある。

保元の内裏造営

保元元年十月十三日、朝廷は保元新制で定めた荘園整理を実施するため、記録荘園券契所《きろくしょうえんけんけいじょ》(記録所)を組織した(『兵範記』)。寄人《よりうど》と呼ばれる調査官には、文章道(漢詩文と歴史)・明経道《みょうぎょうどう》(儒学)・明法道《みょうぼうどう》(法学)・算道《さんどう》(数学と財務)などを大学寮《だいがくりょう》で学んだ技官が選ばれ、荘園領主が提出する書類を点検して権利関係が適切か、不正や疎漏がないかを確認し、書類不備や不適切な状態で経営する荘園は廃止して国司が管理する国衙領《こくがりょう》に戻し、荘園の領域を越えて耕作する出作《でづく》りを国衙領に戻すなど、権利関係と荘園の境界線を明確にする作業が始められた。公家《くげ》や寺社がもつ荘園を削り、国庫に税を納める国衙領を増やす政策である。記録所の開設は、右少弁藤原俊憲が延久の先例に倣っておこなうよう提言したと『愚管抄』は伝える。信西入道は朝廷の組織を動かせる縁者を上層部にもたないので、朝廷の政務の中枢となる太政官弁官局にはいった嫡子俊憲を通じて奏上することになる。『愚管抄』は、後白河天皇を後見する信西入道が、自らの意向を政権運営に反映させる方法を伝える。

美福門院は、保元二年二月二十三日に東宮御所にはいった姝子《しゅし》内親王を准三宮《じゅさんぐう》とした(『院号定部類記』)。二条天皇即位の際に、三宮(中宮・皇后・皇太后)となる準備である。五月十八日、暲子内親王は、鳥羽で落飾《らくしょく》した(『院号定部類記《いんごうさだめぶるいき》』)。場所は明記されていないが、安楽寿院《あんらくじゅいん》を推測してよいのであろう。妹が二条天皇の后となるため、皇位継承問題に絡まない立場であることを示す在俗出家である。この未婚の内親王が、のちに鳥羽院・美福門院の遺産を継承した王家領荘園八条院領の管理者となる。

保元二年十月二十二日、造内裏役《ぞうだいりやく》の行事賞《ぎょうじのしょう》として叙位がおこなわれた。この一覧で、誰が何を担当したかが、明確になる(『兵範記』)。鳥羽院は内裏造営を考えていたが、実施にいたらなかったと『愚管抄』は伝える。鳥羽院の遺志であれば、美福門院はこの事業を動かす信西入道を支持する。『愚管抄』は、信西入道の働きを「サハサハト、タダ二年ガ程ニツクリ出シタリ、ソノ間、手ヅカラ終夜算ヲオキケル」と記している。信西入道は財務管理のために算木《さんぎ》を手離すことなく、時間があれば収支の計算をしていたという精勤ぶりである。信西入道の専門は文章道、漢詩文や歴史が専門分野なので、太白経天《たいはくけいてん》(朝に金星が天を渡るように明るく見えること)の天変をみて自分の未来を悟ったことが『平治物語』に記されている。文章道や明経道は漢代儒学の経書《けいしょ》を読むので、そこに記された神秘思想(讖緯《しんい》思想)による注釈も読んでいる。正史には天文志があるので、天変の先例と注釈も読んでいる。文章道や明経道から天文を兼学する学者が出てくる理由である。信西入道も天文道《てんもんどう》(陰陽道《おんようどう》の一部)を媒介として算通の簿記まで教養の幅を広げていた可能性が高い。算木を使った経理の計算ができたと考えてよいのであろう。内裏造営の事業を完遂するためには、朝廷の組織を動かす必要がある。信西入道は計画を立案し、破綻なく経営する頭脳の役割をつとめることはできても、運営主体は臨時編成された内裏造営の行事所となる。造内裏役行事賞の人名をみていくと、事務局と殿舎造営を割り振られた人が明確に分かれる。事務局として昇進したのは、参議左大弁藤原雅教《まさのり》・右中弁葉室惟方《はむろこれかた》・権右中弁源雅頼《まさより》・右大史小槻永業《おづきながなり》である。官務《かんむ》家小槻氏は太政官の下級官人《かんにん》を束ねる重代《じゅうだい》の事務官として中立であるが、ほかは美福門院の人脈、ないし美福門院の意向に協力した人々とみてよい。上卿《しょうけい》と外記《げき》がみえないのは、「追って申請すべし」の慣例を使って叙位の申請権を後日に留保したためと考えられる。弁官が二人加わっているところに、事務局の規模の大きさがわかる。

この五日後、小槻永業は左大史《さだいし》に転任し、算博士《さんのはかせ》を兼任する。専門家が事務局にいるにもかかわらず、自ら算木を離さずに計算したのは、仕事を抱え込んで手放せない信西入道の人柄を示している。

朝廷の上層部は、美福門院・春宮守仁親王《とうぐうもりひと》のもとに集まる旧鳥羽院政派の人々が要職を占める状態が続いていた。信西入道の親族の栄達は著しかったが、後白河天皇のために動く人がどれだけいるのかは未知数という状態である。

保元三年八月四日、平信範は『兵範記』に意味深重なことを書いている。「御譲位についてのことという、ここ数日、急に其の話が動き出した。ただ、仏(美福門院)と仏(信西入道)の評定、他の人はこの沙汰に関与していないという」である。ある程度情報はつかんでいるが、書かないのであろう。この一週間後、後白河天皇から二条天皇への譲位がおこなわれた。その決定は、美福門院と信西入道の話し合いで決められたということになる。保元年間の政治は、美福門院の支持を前提として、信西入道の発案による政策が、旧鳥羽院政派の人々の手によって進められたということであろう。

4　二条天皇即位と平治の乱

二条天皇即位と後白河院庁成立

『百錬抄《ひゃくれんしょう》』は、二条天皇の時代を「およそ、御在位の間、天下の政務は一向執り行う。上皇に奏せず、関白(忠通《ただみち》・基実《もとざね》)に仰せ合わさるばかりなり」と記している。『百錬抄』編纂のもとになった史料は、朝

表5　姝子内親王中宮職

年　月　日	役　職	名　前	官　職	姝子内親王との関係
平治元年2月21日	大夫	藤原重通	大納言	勅別当
元年2月21日	権大夫	藤原信頼	権中納言	
元年2月21日	亮	藤原季行	従三位	乳母夫
元年2月21日	権亮	藤原宗家	左中将	
元年2月21日	大進	藤原成頼	五位蔵人	
元年2月21日	権大進	藤原行隆	治部大輔	
元年2月21日	権大進	藤原光方	勘解由次官	
元年2月21日	少進	源朝長		
元年2月21日	大属	中原景兼	大蔵大輔	

出典：「山槐記除目部類」平治元(1159)年2月21日条

廷の事務官を代々つとめた勧修寺流《かじゅうじりゅう》藤原氏の人々が残した日記や記録なので、情報源は良質である。

美福門院は、平治元（一一五九）年二月二十一日に姝子内親王《しゅしないしんのう》（美福《びふく》門院《もんいん》の娘、暲子《しょうし》内親王の妹、のちの高松院《たかまついん》）を二条天皇の中宮《ちゅうぐう》として立后させた。それとともに中宮職《しき》が設置され、中宮大夫《たいふ》には権大納言藤原重通《しげみち》（伊通《これみち》の弟）が補任《ぶにん》された（表5）。美福門院は、きたるべき二条天皇親政の時代に向け、天皇の周囲を美福門院の親しい人々で固めている。注目すべきは、中宮権大夫藤原信頼《のぶより》である。

後白河院《ごしらかわいん》も、譲位《じょうい》とともに院庁が開設され、蔵人所《くろうどどころ》と所管の役所から選抜された人々が後白河院司《いんじ》として補任された。後白河院殿上人《てんじょうびと》は後白河天皇御所に出仕していた殿上人から選抜するのが慣例であるが、記録は残っていない。同年二月十九日には上西門院殿上始《じょうさいもんいんてんじょうはじめ》がおこなわれ、上西門院院司の補任がおこなわれた。しかし、美福門院殿上始が二度に分けておこなわれたのに対し、上西門院は皇后宮職から女院庁職員への役職変更と殿上人を定めた小規模なものであった。公《く》卿《ぎょう》も徳大寺実定《とくだいじさねさだ》や藤原信頼など少数である（『山槐記《さんかいき》』）。殿上人には、藤原俊憲《としのり》以下信西《しんぜい》入道の子が名を連ねており、上西門院庁は徳大寺家と信西入道の子供たちが中心にすえられ、吉田経房《つねふさ》や地下官人安倍氏など中立的な事務官が加えられている。重代《じゅうだい》の家として家業の継承を重視する官人は、現政権に仕えることに徹するので、政権交代に関係なく、官人として仕事をして昇進していった。政権交代が激しくても朝廷の政務が継続的に続けられるのは、能吏に徹する優秀な官人が業務を継承していくためである。

信西入道と藤原信頼

平治元年四月六日、信西入道の嫡子俊憲が正四位下で参議《さんぎ》に補任された。信西入道の功労に報いる抜擢である。平治《へいじ》の乱の一方の主役藤原信頼は、平治元年に二九歳で権中納言に昇っている。これは、父藤原忠隆《ただたか》の行事賞譲《ぎょうじのしょうゆずり》(忠隆が給わった行事賞で信頼を昇進させること)による叙位《じょい》が三回、鳥羽院の推挙、美福門院の推挙、暲子内親王の推挙による叙位がそれぞれ一回ある。国司の歴任も、父忠隆の土佐守推挙に始まるので、信頼の経歴は鳥羽院政を支えた受領国司《ずりょうこくし》そのものである。信頼が二条天皇の即位を機に頭角をあらわし出したのを、信西入道が危ぶんで昇進を抑えようとしたことが、平治の乱の発端になったと『平治物語』は記している。『愚管抄《ぐかんしょう》』は、両者の軋轢を信頼が才覚のある信西入道の後継者が公卿に名を連ねたことを妬んだためと伝える。非参議公卿の家に生まれた藤原信頼は、五位の技官の家である信西入道の家を見下していたが、頭を抑えられたうえに、並ばれる可能性が高くなったことに焦りを覚えたと考えてよいのであろう。『平治物語』は後白河天皇が信頼を「無双の寵臣」として鍾愛《しょうあい》したと記しているが、信頼がこの地位まで昇ったのは父忠隆と鳥羽院周辺の人々の推挙である。『平治物語』が成立した鎌倉時代中期には、近衛《このえ》の皇統が絶えて久しく、八条院もすでに薨去《こうきょ》している。鳥羽嫡系の派閥が名前を変えながら存続していたことが、忘れ去られているのであろう。美福門院の側が、信西入道とその縁者以外の後白河天皇側近に一目おいたかは、まったく定かでない。

『愚管抄』は、源義朝《よしとも》は信西入道に対し藤原是憲《これのり》を婿にしたいと申し込んだが、断られたことに遺恨をもっていたと伝える。ただ、姝子内親王の中宮職に源朝長《ともなが》が中宮権少進としてはいっているので、義朝の河内源氏が冷遇されているわけではない。平治の乱を起こさなければ、高松院の側で官位をあげていく道は用意されていた。『平治物語』は鎌倉幕府成立後の作品なので、嫡子頼朝というのは、あとからつくられた設定の可能性もある。

信西入道排除の時期を見計らっていた美福門院と二条天皇親政派(二条天皇即位により、派閥の名前が変わる)の人々からみると、誰もその危険な役を引き受けたくないと牽制しているところに、藤原信頼が名乗り出てきたというのが成り行きなのではないだろうか。この経緯を頭におくと、平治の乱が前半と後半が違う構図をもっていることが理解しやすくなる。

平治の乱の始まり

平治元年十二月九日、藤原信頼は美福門院と二条天皇親政派の支持を取り付けた前提で、信西入道排除のクーデターを起こした。問題は、信西入道排除は計算された行動であったが、信西入道排除後の政権運営を考えていなかったことである。藤原信頼は信西入道に激しい妬《ねた》みと憎しみをもっているが、信西入道は悪政をおこなっていない。排除をしたことの信認を得るためには、信西入道より善政をおこなわなければならない。藤原信頼も信西入道の家も新たな議政官《ぎせいかん》の公卿の家として成立したので、議政官の公家《くげ》は新たに加わった競争相手として警戒している。六条顕季《ろくじょうあきすえ》のように公卿の待遇に満足する非参議ではなく、朝政にはいってこようとしている。二条天皇親政派は信西入道一派を失脚させればよいので、滅ぼす必要性を感じていない。藤原信頼の一党が、信西入道と縁者の解任でやめなかったことにやり過ぎという批判が起きてくる要因である。『平治物語』で語られる信西入道縁者の悲嘆は、鳥羽院政の栄華を支えてきた廷臣が手荒なことを望んでいなかったことを伝える。武士の感性だけで『平治物語』を読んではいけない。

十二月十七日、熊野詣《くまのもうで》に出ていた平清盛《きよもり》は軍勢を率いて六波羅亭《ろくはらてい》に戻り、籠居の構えをみせた。二日後の十二月十九日の公卿僉議《せんぎ》で、藤原信頼は上席の公卿左衛門督葉室光頼《はむろみつより》に一座《いちのざ》(最上位)に座られたことに対し、座長をつとめるので席を譲るようにと伝えられなかった。日付を考えれば、平清盛をどのように処遇するかが議題であることは容易に想像がつく。信頼は、会議で清盛を朝敵として討つと決められなかったのである。

帰趨を定めた葉室家の動き

葉室家は、二条天皇乳母《めのと》の家である。信西入道を追い落とす政変には反対しないものの、藤原信頼が二条天皇を擁しておこなおうとしている政権運営が見通しのたたないことに、明確な不満を示したと読める。葉室家の圧力で、平清盛をどう処遇するかの公卿僉議は何も決められなかった。この情報が周囲に伝わると、人々は藤原信頼を軽くみるようになったと伝える（『平治物語』）。藤原信頼の舅で鳥羽院の重臣だった中納言藤原顕時《あきとき》は、御所の風紀が弛緩していると葉室光頼に伝えている。縁者として支持する立場にある藤原顕時も、藤原信頼を見限っていた。この日が、二条天皇親政派が藤原信頼・源義朝を見限った政局の転機となる。信頼のしかけた政変は、失敗が明らかになった。

藤原信頼を切り捨てた二条天皇親政派の葉室惟方《これかた》（葉室光頼の弟）と大炊御門経宗《おおいのみかどつねむね》（二条天皇の外戚）は、十二月二十五日に天皇と中宮（のちの高松院）を平清盛の六波羅亭に脱出させた。翌二十六日、この政変に決着をつける合戦がおこなわれることになる。

この事件は、複雑である。最初の段階である信西入道の追い落としは、藤原信頼一派と二条天皇親政派の連携でおこなわれた。はじめに動いた軍勢は源義朝と土岐光保《ときみつやす》なので、二条天皇親政派の武家も協力している。このとき、平清盛への対応をどうするかは決まっていないと考えたほうがよい。美福門院や二条天皇親政派の公家が、平清盛を切り捨てるとは考えられないためである。十二月十七日に六波羅亭に戻った清盛を討たないのは、藤原信頼や源義朝が主張しても二条天皇親政派が認めないためと考えてよい。強行すれば、義朝単独の出陣になる可能性がある。同じ十七日、土岐光保が発見した信西入道の首をさらした。信西入道は保元の乱で崇徳《すとく》上皇側についた武家の斬首を命じたので、父の命を断つことになった源義朝が信西入道をゆるせないと考えるのは当然である。だが、それは、二条天皇親政派の公家の望むことではなかった。

公家の日記が残っていないので詳しいことはわからないが、政権を掌握している期間に藤原信頼がおこなったのは定例の秋除目《あきのじもく》で、論功行賞をあわせておこなったことが確認できるぐらいである。藤原信頼が主導した秋除目は定例人事なので、公式のものと認められている(『公卿補任』)。公卿を集めて会議をおこなっていたと『平治物語』は記すが、何が話し合われたのかは伝わっていない。『平治物語』は、二条天皇親政派の重臣藤原伊通の縁者に作者がいると推測されている(『新日本古典文学大系　保元物語・平治物語・承久記』解題)。この推測に従えば、『平治物語』は二条天皇親政派中枢の視点で原型が書かれたことになる。

平治の乱に対する既存の理解の誤り

平治の乱で、後白河院は柱石ともいうべき重臣信西入道と朝廷の会議に出席できる公卿藤原信頼を失い、発言権が著しく弱くなった一方で、平清盛は白河院・鳥羽院と二代にわたって仕えてきた院政に、不信感をもつようになった。

結果として、平清盛は逃れてきた二条天皇を保護し、官軍として動く立場を得ることができた。しかし、六波羅亭に戻ってからの一〇日間は、いつ討たれるかわからない恐怖を味わい続けたことも事実である。清盛は栄達していくが、二条天皇親政派の武家として重みを増した源頼政《よりまさ》や土岐光保と決定的に違うのは、二条天皇親政派を信用していたのかわからない点である。『愚管抄』が「あなたこなた」と清盛の態度が揺れ動いていたと表現するのも、平治の乱で味わった苦渋の体験を考えれば理解しやすい。

平治の乱で、内裏にいた中宮姝子内親王が二条天皇とともに六波羅亭に移ったことは『百錬抄』・『平治

「京都駅　昔　むかし　八條院および八條第跡」説明板　美福門院・八条院・春華門院三代の御所となった八条殿は，現在の京都駅八条口のあたりである。古代学協会が設置した説明板は，現在，JR京都駅八条口新幹線忘れ物案内所内に移されている。

物語』に書かれている。この間、美福門院と暲子内親王の動向はまったくわからない。藤原信頼の一派は内裏にいる天皇と中宮を拘束することで政権を掌握できると考え、八条《はちじょう》殿《どの》にいた可能性の高いこの母子を拘束しようとは考えなかったのであろうか。『平治物語』は、源頼政と土岐光基《みつもと》が二条天皇とともに御所にいたと記している。この二人は、二条天皇が六波羅亭に移ると、天皇を守るべく六波羅亭に移り、十二月二十六日の合戦では六波羅亭に北側から向かう渡河点の五条河原に布陣して合戦をしている。土岐氏の嫡流土岐光保の名前は、平治の乱の合戦に出てこない。美福門院・暲子内親王・

土岐光保が、一緒に八条殿や鳥羽にいた可能性を考えてよい。土岐光保は保元の乱でも美福門院の警固で鳥羽を守っている。美福門院の側に土岐の本隊、二条天皇の側に源頼政と土岐の分隊と考えれば、二条天皇親政派の武家の配置はわかりやすい。

二条天皇親政派の武家は、二条天皇親政派と藤原信頼が手を結んでいるあいだは源義朝と行動を共にする。二条天皇親政派が藤原信頼を見限って平清盛と結べば、清盛と行動を共にする。平治の乱は、二条天皇親政派・後白河院・藤原信頼・平清盛の四者の力関係で考えなければ解けない問題である。それを、藤原信頼・源義朝と信西入道・平清盛の二項対立として理解することは、本質からずれた誤解の原因と考えてよい。

美福門院薨去

平治の乱ののち、二条天皇は美福門院の御所八条殿に移り、後白河院は八条堀河の藤原顕長《あきなが》亭に移った(『愚管抄』)。二カ月後の永暦元(一一六〇)年二月二十日、後白河院は平清盛に命じて権中納言大炊御門経宗と検非違別当使葉室惟方を捕縛させた。大炊御門経宗は二条天皇の母藤原懿子《いし》の弟、惟方は二条天皇の乳母子《めのとご》である(『愚管抄』)。発端となる事件は、永暦元年正月六日に起きた。後白河院が藤原顕長亭にある桟敷《さじき》から往来する人々の姿を楽しんでいたら、経宗と惟方の沙汰で、堀河の材木商が持つ板で外側を覆ってしまったという事件である。後白河院は嫌がらせと判断し、平清盛に捕縛を命じた。三月十一日、この二人は配流《はいる》となった。後白河院と二条天皇のあいだで、権力抗争が始まっているのは明らかである。二条天皇の側近経宗・惟方に奢《おご》りのあることは明らかだが、後白河院は抗議ではなく、実力行使で仕返しをしてきた(『百錬抄』・『愚管抄』)。平清盛が後白河院の指示に従ったのは、平治の乱におけるこの二人の動きに不信感をもっていたためであろう。二条天皇親政派が強行な抗議をおこなわないのも、摂関家の家長藤原忠通が、大炊御門経宗の台頭を警戒しているので、頭を抑えておきたいと考えたためである(『愚管抄』)。鳥羽院のような強力な主導者をもたない二条天皇親政派は、一枚岩ではない。集団を解体させない力はもっているが、その内部をまとめきれていないところが美福門院の限界である。

同年六月十四日、突然、娘が二条天皇の乳母をつとめたことから殿上人に名を連ねた土岐光保が謀反《むほん》の咎《とが》で、薩摩国配流となった(『百錬抄』・『禁秘抄考証《きんびしょうこうしょう》』)。『尊卑分脈《そんぴぶんみゃく》』は、薩摩国川尻《かわじり》で誅殺《ちゅうさつ》されたと伝える。土岐光保は、源頼政と並ぶ二条天皇親政派の武家である。保元《ほうげん》の乱(保元元〈一一五六〉年)では、鳥羽の警固をつとめた。この事件により、土岐氏が殿上人に列したのは光保一代で終わった。土岐氏の嫡流は、平治の乱で源頼政とともに五条河原を守った土岐光基に移った。治承《じしょう》寿永《じゅえい》の内乱で活躍する土岐氏は、光基の一流である。

七月二十三日には、内裏で七仏薬師法《しちぶつやくしほう》の修法がおこなわれた。この席で、五位蔵人藤原頼保《よりやす》は周防守藤原隆輔《たかすけ》・中務大輔藤原長重《ながしげ》・民部大輔藤原雅長《まさなが》・若狭守藤原隆信《たかのぶ》・散位藤原季信《すえのぶ》の五人を殿上人から除籍することを伝える後白河院の院宣が出されたと、中山忠親《ただちか》に伝えた(『山槐記』)。殿上人の番を守らず、今年の二月以後、勤務が一〇日に満たないというのが理由である。美福門院御所に朝夕出仕し、後白河院には挨拶もしないことが気に食わないと中山忠親は考え、「怨《うら》みを含むの輩あり」と『山槐記』に記している。

同年十一月二十三日亥刻、美福門院が薨去した。四四歳であった。

美福門院は、鳥羽院の遺志を継いで二条天皇即位までやり通した。後白河院がその勢力を削ぎ始めていることを理解できる彼女が、最後に感じていたことは明らかでない。美福門院の側近花山院忠雅《かざんいんただまさ》の弟中山忠親は「日ごろ、御重悩なり」(『山槐記』)と死因を記している。彼女の内面について書き残したものはないので、想像するしかない。

美福門院の側近として後白河院が恨みの言葉を吐いた藤原隆信は、私家集「隆信集」の詞書《ことばがき》につぎのような言葉をのこしている。意訳で、現代語訳する。

美福門院が御なくなりになったのち、御なごりの君(八条院・高松院)にお仕えして年月を過ごしている。周囲の人々は甲斐甲斐しく働いているが、私のみは沈み込んだままの哀しさをつくづく思い続けていて、

周囲の人々は二条天皇御所に出仕して甲斐甲斐しく働いているが、私は後白河院によって出仕を止められているので、今も沈み込んだ気持ちのままでいることが何ともいえないと記している。このあとに長歌《ちょうか》が続いているが、その本文は省略する。後白河院から美福門院の側近としてにらまれた廷臣の心境である。

第3章　八条院院号宣下から以仁王事件まで

1　八条院院号宣下と二条天皇親政

八条院院号宣下

応保元（一一六一）年九月三日、後白河院《ごしらかわいん》の王子憲仁王《のりひとおう》が誕生した。母は、上西門院《じょうさいもんいん》少弁《しょうべん》（平時信《ときのぶ》娘滋《じ》子《し》、のちの建春門院《けんしゅんもんいん》）である。二週間後の九月十七日、滋子の兄右少弁平時忠《ときただ》と平清盛《きよもり》の弟左馬権頭平教《のり》盛《もり》が解官《げかん》された（『山槐記《さんかいき》』・『百錬抄《ひゃくれんしょう》』）。同月二十八日には、後白河院の近習《きんじゅう》右馬頭藤原伊隆《これたか》と左中将藤原成親《なりちか》が解官された（『百錬抄』）。藤原成親は鳥羽院の寵臣藤原家成《いえなり》（美福門院《びふくもんいん》の従兄弟）の子であるが、妹が藤原信頼《のぶより》の妻となった縁から、後白河天皇の側近となった。平重盛《しげもり》の正室となった憲仁王乳母《めのと》も成親の妹なので、平氏とのつながりは浅くない。

この時期は、中山忠親《ただちか》の日記『山槐記《さんかいき》』から、二条天皇にあげられた奏事を朝廷がどのように処理したのか意思決定の過程を知ることができる。佐伯智宏は、二条天皇が後白河院に政務の相談をしなくなったのを、この頃と確認している(『中世前期の政治構造と王家』東京大学出版会、二〇一五年)。

憲仁王誕生前後の政変をみると、平治《へいじ》の乱(平治元〈一一五九〉年)で一度解体した後白河院の側近が平氏を中心に再構成されていることがわかる。後白河院と平清盛が、平滋子を結節点としてつながっていたことは明らかである。この流れのなかで、応保元年十二月十六日に暲子内親王《しょうしないしんのう》に院号宣下《せんげ》がおこなわれ、八条院《はちじょういん》となった。この奏上は、太政大臣藤原伊通《これみち》主導でおこなわれた。伊通は、暲子内親王の幼少期に内親王勅別当《ちょくべっとう》をつとめた二条天皇親政派の宿老《しゅくろう》である。八条院院号宣下は、美福門院の薨去《こうきょ》によって失われた二条天皇親政派の拠点が新たに成立したことを意味する。八条院は、美福門院の後継者として二条天皇親政を支える役割をつとめることになる。

平治の乱の直後、奢《おご》りから大炊御門《おおいのみかど》経宗《つねむね》・葉室惟方《これかた》が失脚に追い込まれ、二条天皇親政派が揺さぶられたことは事実である。しかし、藤原忠通《ただみち》・藤原伊通・花山院《かざんいん》忠雅《ただまさ》・葉室《はむろ》光頼《みつより》といった重臣は健在であり、後白河院が平氏を軸として勢力を回復したとしても、主流派に対抗する勢力を形成したことを示せる程度の規模でしかなかった。朝廷の意思決定で意見を求められなくなったことは、大きな痛手である。政治は、二条天皇・摂関家・太政大臣藤原伊通以下の重臣たちが動かしていた。

太政大臣藤原伊通

二条天皇の擁立にあたって、鳥羽院の遺志を継承した美福門院が派閥を継承したことで春宮守仁親王《とうぐうもりひと》(二条天皇)支持派が形成されている。美福門院と信西入道《しんぜい》との話し合いで二条天皇即位が実現したことを考えれば、二条天皇親政派は鳥羽院政派が名前を変えて継続している派閥である。二条天皇親政派のまき返しは、鳥羽院政の時代から八条院を支えてきた老臣藤原伊通が中心にいた。

藤原伊通のおかれた立場を少しみておこう。関白藤原忠通は保元三(一一五八)年八月十一日に辞表を出して散位《さんに》に移り、前関白となった。嫡子近衛基実《このえもとざね》に関白職を譲るための辞任で、二条天皇から諮問をうければ摂関家の家長として回答する。二条天皇は、摂関家に対する諮問を忠通・基実の二人におこなっている。太政大臣藤原伊通の位階は若年の関白近衛基実より高く、席次は伊通が上席になる。摂政・関白は天皇の後見として強い権限をもつが、太政官の官位相当による席次は位階を優先する。伊通は、太政大臣として朝廷の組織に対して命令権を有し、かつ最上位の位階にある宿老として存在感を示している。彼が、二条天皇親政派の中心人物である。また、八条院の面倒を幼い頃からみてきた腹心であることも忘れてはならない。摂関家は、二条天皇を支持する立場を示すことで、二条天皇親政派に合流している。

二条天皇親政当初の政治は、二条天皇・後白河院・摂関家(忠通・基実)の合議で意思決定していた。主導権を握っている人物はみえない。このような状況では、二条天皇に奏事として原案を示す太政官の意見が通りやすくなる。太政官の政務担当者の意見が二条天皇の意見として合議にはかられるので、太政官の首座に位置する太政大臣藤原伊通の名前は出てこないが、存在感は大きい。平清盛が太政大臣の立場で国

表6　八条院院司

年　月　日	西暦	役職	名　前	官　職	八条院との関係	出　典
応保元年12月16日	1161	別当	藤原光頼	権大納言	美福門院別当	院号定部類記
応保元年12月16日	1161	別当	藤原顕時	権中納言	美福門院別当	院号定部類記
応保元年12月16日	1161	別当	藤原親隆	参議	美福門院別当	院号定部類記
応保元年12月16日	1161	別当	藤原成頼	権右中弁	藤原光頼弟	院号定部類記
応保元年12月16日	1161	別当	藤原家明	播磨守	美福門院別当藤原家成子	院号定部類記
応保元年12月26日	1161	別当	藤原忠雅	大納言	藤原家保娘婿	院号定部類記
応保元年12月26日	1161	別当	源雅通	大納言	勅別当・美福門院別当	院号定部類記
応保元年12月26日	1161	別当	藤原実長	中納言	美福門院別当	院号定部類記
応保元年12月26日	1161	別当	源定房	権中納言	皇后宮大夫源雅定，従兄弟	院号定部類記
応保元年12月26日	1161	別当	藤原公光	権中納言	三条公教従兄弟	院号定部類記
応保元年12月26日	1161	別当	平清盛	権中納言	美福門院別当平忠盛の子	院号定部類記
応保元年12月26日	1161	別当	藤原宗家	参議	美福門院の姉妹の夫	院号定部類記
応保元年12月26日	1161	別当	平重盛	内蔵頭	平清盛の子	院号定部類記
応保元年12月26日	1161	別当	藤原師綱	宮内卿	美福門院職事	院号定部類記
応保元年12月26日	1161	別当	藤原実清	近江守	美福門院甥	院号定部類記
長寛元年11月14日	1163	別当	藤原俊盛	内蔵頭	美福門院甥	平安遺文補105
仁安3年9月	1168	別当	平信範	蔵人頭右中弁	皇后宮権少進平信国父	兵範紀
承安4年2月23日	1174	別当	藤原重方	右中弁		吉紀
安元元年12月6日	1175	別当	平頼盛	参議	平清盛弟	大間成文抄
治承2年11月18日	1178	別当	藤原季能	讃岐守	美福門院の兄弟顕盛の孫	玉葉
治承3年11月8日	1179	別当	藤原経家	中務権大輔	美福門院の兄弟顕輔の孫	玉葉
治承3年12月14日	1179	別当	藤原隆信	前右馬権頭	母美福門院乳母夫藤原親忠娘	玉葉
治承4年4月5日	1180	別当	藤原長房	右馬頭	藤原俊盛の子	平安遺文3909
治承4年4月5日	1180	別当	藤原資隆	肥後守		平安遺文3909
元暦元年11月6日	1184	別当	藤原基輔	右馬権頭	美福門院の兄顕輔の孫	玉葉
文治2年10月	1186	別当	源通資	参議	暲子内親王勅別当源雅通の子	鎌倉遺文187
文治2年10月	1186	別当	藤原宗頼	大蔵卿	藤原光頼の子	鎌倉遺文187
文治2年10月	1186	別当	藤原長経	丹後守	藤原実清の子	鎌倉遺文187
建久4年9月29日	1193	別当	源通親	中納言	暲子内親王勅別当源雅通の子	鎌倉遺文187

正治元年３月３日	1199	別当	藤原定家	左近衛中将	八条院女房中納言の弟	明月記
応保元年12月16日	1161	判官代	藤原為親	左衛門権佐	美福門院別当藤原親隆の子	院号定部類記
応保元年12月16日	1161	判官代	藤原実清	近江守	美福門院甥	院号定部類記
応保元年12月26日	1161	判官代	藤原資隆	少納言	藤原清隆の甥	顕時卿記
仁安２年５月６日	1167	判官代	源頼成			山槐記
承安４年２月23日	1174	判官代	藤原隆信	右馬権頭	美福門院判官代藤原為経の子	玉葉
治承元年５月21日	1177	判官代	藤原光雅	右少弁	藤原光頼の子	平安遺文補124
治承元年５月21日	1177	判官代	藤原惟基	少納言	美福門院判官代藤原惟方の子	平安遺文補124
治承３年10月５日	1179	判官代	源基国		信濃源氏	山槐記
治承３年12月５日	1179	判官代	藤原安成	御書所衆		山槐記
治承４年５月26日	1180	判官代	源義房		足利氏の一族	山槐記･吾妻鏡
文治２年10月	1186	判官代	藤原光綱	左京権大夫	美福門院別当藤原憲方の甥	鎌倉遺文187
文治２年10月	1186	判官代	藤原範光	式部少輔		鎌倉遺文187
文治３年11月16日	1187	判官代	源頼基	六位蔵人		玉葉
建久２年８月15日	1191	判官代	藤原憲光			吉記
建久４年９月23日	1193	判官代	藤原清季	中務大輔	藤原実清の子	鎌倉遺文687
建久４年９月23日	1193	判官代	藤原仲経	前丹後守	美福門院別当藤原信輔の孫	鎌倉遺文687
建久９年２月12日	1198	判官代	藤原隆範		藤原隆信の子	明月記
正治元年２月21日	1199	判官代	源長邦			明月記
正治元年３月８日	1199	判官代	藤原定時		藤原光綱の甥	明月記
建仁３年12月３日	1203	判官代	藤原範宗	前治部少輔	祖母三条公教の娘	明月記
元久２年11月10日	1205	判官代	藤原清房			明月記
元久２年12月３日	1205	判官代	藤原長季	少納言	藤原季能の子	明月記
		判官代	藤原親行		美福門院乳母夫藤原親忠の孫	たまきはる
応保元年12月16日	1161	主典代	大江盛親		元暲子内親王庁年預	院号定部類記
治承２年２月	1178	主典代	大江仲宗	右少史補任	元治部録，八条院主典代	洞院廿巻部類
治承２年10月	1178	主典代	中原基康	右少史補任	八条院主典代	洞院廿巻部類
寿永２年９月15日	1183	主典代	大江以孝	散位		平安遺文4104
文治２年10月	1186	主典代	佐伯	散位	八条院主典代	鎌倉遺文187
文治３年１月	1187	主典代	大江盛元	右少史補任	元治部録，八条院主典代	洞院廿巻部類
建久４年８月13日	1193	主典代	不明	前大隅守		鎌倉遺文捕143

注：『院号定部類記』は金沢貞顕本奥書のある金沢文庫旧蔵本による。

表7　高松院院司

年　月　日	役　職	名　前	官　職	高松院との関係
応保2年2月5日	別当	源雅通	大納言	中宮大夫
2月5日	別当	藤原実長	中納言	中宮権大夫
2月5日	別当	藤原兼雅	左中将	中宮権亮
2月8日	別当	藤原忠雅	大納言	藤原家保娘婿
2月8日	別当	藤原宗家	参議	美福門院の甥
2月8日	別当	藤原雅教	中納言	
2月8日	別当	藤原顕時	権中納言	美福門院別当
2月8日	別当	藤原為親	左衛門権佐	美福門院別当藤原親隆の子･五位院司
2月8日	判官代	藤原頼保	散位	元中宮権大進
2月8日	判官代	源高忠	散位	元中宮少進
2月5日	主典代	中原景兼	元中宮大属	元中宮大属

出典：『院号定部類記』（金沢文庫旧蔵本）

政を動かしたのは、藤原伊通のやり方を参考にしたとも推測できる。

鳥羽院の忘れ形見暲子内親王に先例のない国母《こくも》として院号宣下を授けるよう二条天皇に奏上したのも、暲子内親王の朝廷のなかでの立場を明確にすること、美福門院の後継者として女院庁を開設し、八条殿が院司《いんじ》や殿上人《てんじょうびと》の名目で旧鳥羽院政派（二条天皇親政派）の人々が集う拠点として使い続けることができるよう取り計らったのであろう。八条院の院号宣《せん》下《げ》（応保元〈一一六一〉年）が、後白河院に有利に働くことは何一つない。太政大臣藤原伊通が、先例のない院号宣下を押し通したのは二条天皇親政派が有利になるよう導くためである。

翌応保二年二月五日、八条院の妹中宮姝子《しゅし》内親王が高松院《たかまついん》院号宣下をうけた。高松院御所に出仕する人々は、八条院と分散するように振り分けられている。八条院御所が葉室家が目立つのに対し、高松院御所は花山院忠雅・兼雅《かねまさ》父子が重きをなす構成である。摂関家を有力な協力者としつつ、村上源氏、太政大臣藤原伊通の一族、葉室家、花山院家が二条天皇親政を支えていくために、二人の女院に割り振られたのであろう。

姝子内親王は美福門院が養子二条天皇との結びつきを強めるために后とした娘である。しかし、永暦元（一一六〇）年八月十九日に「御悩危急」により出家をしている。後白河院も翻意させられなかったというから、病気は口実ではないのであろう（『山槐記』）。本来なら、出家は世俗の世界を離れることを意味するので、中宮職は解散となるはずである。しかし、姝子内親王の中宮職は高松院院号宣下の日に解散となった。二月二十九日に新中宮藤原育子《いくし》の中宮職補任《ぶにん》の除目《じもく》がおこなわれた。育子は、伊岐善盛《いきのよしもり》の娘で、徳大寺実能《じさねよし》の養女となり、さらに前関白藤原忠通の養女として入内《じゅだい》したと理解するのが妥当である。八条院は国母として二条天皇と親子の礼をとるものの、二条天皇の周囲から鳥羽院・美福門院の縁者が消えていく流れは避けられない。そのなかで、鳥羽院の定めた方針を堅持して二条天皇親政を支えたのが太政大臣藤原伊通である。

八条院御所に出仕する人々

八条院の別当は、院号定《いんごうさだめ》で五人、殿上始《てんじょうはじめ》で一〇人の計一五人が補任された（『院号定部類記』）。筆頭は、権大納言葉室光頼である。平治の乱（平治元〈一一五九〉年）で、藤原信頼の権威を失墜させた剛直の人である。葉室顕頼は美福門院・八条院の二代にわたって別当をつとめる重代《じゅうだい》の人で、二条天皇の乳母子《めのとご》にあたる。後白河院の命で配流《はいる》となった葉室惟方の兄で、後白河院をこころよく思っていないと考えてよい人物である。藤原伊通とともに、二条天皇親政派の中心にいる。

八条院院号宣下のときに補任《ぶにん》された別当は、葉室光頼の弟成頼《なりより》、美福門院の皇后宮権大進補任以来の院司中納言藤原顕時《あきとき》(光頼祖父顕隆《あきたか》の甥)、葉室顕隆の弟藤原親隆《ちかたか》、美福門院の従兄弟藤原家明《いえあきら》であり、葉室家と母方の縁者で中核を固められている。鳥羽院・美福門院の時代の継承を考え、台頭する後白河院と対峙する立場をとる人々が集まっていると考えてよい。

八条院の場合、高松院のように三宮《さんぐう》(中宮・皇后・皇太后)をつとめていないので、朝廷によって任命された三宮職員の役職変更によって補任された職員がいない。本来なら、中宮大夫《たいふ》・中宮権大夫・中宮亮《すけ》など三宮の上級職員が別当に職名を変え、大進・少進が判官代《ほうがんだい》となり、大属《だいさかん》・少属《しょうさかん》が主典代《さかんだい》となる。組織改編によって院司になる人のいないところが、八条院院司の特徴である。暲子内親王庁の職員が、役職変更で補任されたと推測してもよいのであろう。八条院の場合、勅別当以外は、朝廷の人事で選ばれていない。

八条院庁を後白河院庁と対峙する二条天皇親政派の拠点と考えれば、後白河院は永暦元年の事件で葉室惟方(光頼の弟)を失脚させたことにより、葉室家を敵にまわしたことになる。

応保元年十二月二十六日の八条院殿上始で職員の増員がおこなわれた。この儀式の記録は残るが、殿上人の一覧が記されていない(『院号定部類記』)。この日に補任された別当の筆頭は、大納言花山院忠雅である。鳥羽院崩御《ほうぎょ》の直後に起きた保元《ほうげん》の乱の後始末の折、法要のため鳥羽を離れられない美福門院の意向を京都で代弁して活動した人物である。花山院忠雅は、美福門院の叔父藤原家保《いえやす》の娘を母とし、嫡子兼雅《かねまさ》は美福門院の従兄弟藤原家成《いえなり》の娘を母としている。忠雅は弟中山忠親が残した日記『山槐記』により、二条天皇親政で重きをなした人物とわかる。

美福門院の母方の村上源氏からは、暲子内親王勅別当源雅通《まさみち》や源定房《さだふさ》（雅定《まささだ》の養子）が別当に補任された。平氏も平清盛・重盛父子、実家の八条家から美福門院の甥の藤原俊盛《としもり》・藤原実清《さねきよ》が別当に補任された。おおむね母の縁者を中心に、二条天皇即位に向けて動いた旧鳥羽院政派の重臣の家から八条院別当が補任されたとみてよい。八条院庁は、美福門院と親しく接してきた人々が再結集した場所と考えてほぼ間違いない。

建春門院（清盛の義妹）の関係で後白河院側に移った平清盛を除けば、重代の廷臣として八条院に仕えた人々が集まっている。

二条天皇による後白河院排除

憲仁王の誕生は、二条天皇親政派（旧鳥羽院政派）と後白河院政派の力の均衡を崩した。摂関家は家長の藤原忠通が鳥羽院の支持によって現在の地位を維持した経緯があるので、二条天皇親政を支持する。二条天皇親政派と摂関家が結んでいるので、後白河院政派は手を出せない状況である。

応保二年二月には、姝子内親王の中宮辞任が認められ、中宮職を廃して高松院院号宣下がおこなわれた。高松院院号宣下により、藤原育子《いくし》が女御《にょうご》から中宮に昇格した。育子は藤原忠通の養女で、応保元年十二月十七日に関白近衛基実の猶子《ゆうし》として入内したと記録する『山槐記』に信をおくのがよい。応保二年二月十九日におこなわれた中宮職職員補任の除目で、基実の弟九条兼実《くじょうかねざね》が新中宮藤原育子の中宮大夫に補任された。

二条天皇親政派は、摂関家や鳥羽院政時代からの重代の廷臣太政大臣藤原伊通・村上源氏、八条院庁に集結する旧鳥羽院司・美福門院院司や殿上人といった朝廷を主導する側の公家によって構成されている。平氏も、平重盛・頼盛《よりもり》が二条天皇親政派として残った。武家源氏は、摂津源氏源頼政《よりまさ》・美濃源氏土岐《とき》一族である。政界の主流は、二条天皇親政派である。後白河院が後院として院庁を開いて院司を編成することと、政治の主導権を握って院政をおこなうことは別である。

三月七日には、後白河院の意向で配流となった大炊御門経宗《おおいのみかどつねむね》の召還が決定した。経宗が不在のあいだに、二条天皇親政派は摂関家や藤原伊通を中心に結束を強めており、経宗が京都に戻っても権臣として振る舞える状況にはなかった。応保二年六月二十三日、従三位源資賢《すけかた》(宇多源氏)・平時忠などが賀茂《かも》社で二条天皇を呪詛《じゅそ》したという理由で除籍された。解官《げかん》は解任なので位階はそのままであるが、除籍は官人《かんにん》の籍を抜いて平民に落とす厳しい処分である。源資賢は雅楽《ががく》の巧みな人で、後白河院とは今様《いまよう》を通じた同好の士で、後白河院側についた数少ない公卿《くぎょう》である(『古今著聞集《ここんちょもんじゅう》』・『十訓抄《じっきんしょう》』)。平時忠は、憲仁王の母上西門院少弁(のちの建春門院)の兄である。後白河院が信頼して身近においていた人々がこの事件で失脚している。

二条天皇親政の行き詰まり

二条天皇親政派の最大の弱点は、鳥羽院嫡系が悩まされ続けてきた後継者問題である。鳥羽院・美福門院を母とする子をみると、八条院は長命であるが、長女叡子《えいし》内親王・近衛天皇は早世、姝子内親王は二条天皇中宮となったものの二〇歳前で大病により出家をした。養子に迎えた二条天皇も病弱であり、将来に期待をかけたい天皇・中宮のあいだに後継者が誕生しなかった。藤原忠通が養女に迎えた中宮藤原育子もまた、男子が誕生しなかった。二条天皇が伊岐善盛《いきのよしもり》の娘とのあいだに儲けた子を即位させて六条天皇としたが、六条天皇は生後七カ月（満年齢）の幼帝であった。伊岐善盛は、弾正忠《だんじょうちゅう》から民部丞《みんぶのじょう》に転任して五位に昇る地下顕官《じげのけんかん》であり（『兵範記《ひょうはんき》』）、公卿・殿上人に昇る良家の出身ではない。二条天皇親政の頃は大蔵少輔をつとめていた（『山槐記』）。伊岐氏は天皇の妃を出せる家ではないので、中宮育子が六条天皇を養子に迎え、永万元（一一六五）年六月二十五日に即位させた。伊岐善盛がこれを機に朝廷の官人として不利益をこうむらない藤原に改姓したと推測すれば、系譜などに記された伊岐善盛と藤原義盛は同一人物とみなすことができる。

二条天皇は、同年八月三日に崩御した。六条天皇即位は、ぎりぎりの皇位継承である。六条天皇は、九《く》条院《じょういん》（太政大臣藤原伊通の娘呈子《ていし》）が国母として親子の礼をとることになる（『今鏡《いまかがみ》』）。六条天皇の即位式に参列した中山忠親は、天皇が即位式の最中に泣き出し、乳母をつとめる葉室成頼妻（摂関家政所別当藤原邦綱《くにつな》娘）が乳をあげていたと記録している（『山槐記』）。

二条天皇は、鳥羽院の遺志を継ぐ嫡流の天皇として、鳥羽院政を支えた重臣たちを引き継いで天皇親政をおこなった。基盤となるのは、派閥の名前を変えながら結束を維持した鳥羽院政派の公家であり、後見として集団の維持につくした美福門院・八条院母子である。しかし、近衛・二条と短命な天皇が続き、皇位継承が安定しない政権となった。六条天皇即位までは持ち込んだが、ここで手詰まりなのである。

二条天皇親政派存続の危機

六条天皇の跡をどうするかがまったくみえない状況、後白河院が平氏とともに推す憲仁王の存在が、二条天皇親政を支えてきた公家の態度に変化をもたらし始める。

この集団は、鳥羽院・美福門院夫妻を中核とした家族を支持する廷臣が政権を主導することで結束してきた。応保年間(一一六一～六三)になると、美福門院が皇后になってから三〇年を経ている。この二人のもとに集まった人々の家では世代交代が起きてもおかしくないし、当初からいる人々は高齢である。六条天皇・八条院のもとにとどまる家もあれば、将来を見越して後白河院との関係も考慮する様子見をする家もみえ始める。その状況を少しみておこう。

摂関家は、保元の乱で父忠実《ただざね》・弟頼長《よりなが》との家督をめぐる対立を勝ち抜き、摂関家の家長として美福門院・二条天皇を支持した藤原忠通が、応保二(一一六二)年六月八日に出家を遂げた。六六歳である。忠通は二年後の長寛二(一一六四)年二月に薨去し、嫡子基実が摂関家を継承した。基実は二条天皇を支持する立場を変えなかったが、仁安元(一一六六)年七月二十六日に二四歳で病没した。こののち、摂関家は相続争いから後白河院の側につく松殿基房《まつどのもとふさ》と、平盛子《せいし》を後見とすることで平清盛の庇護をうけた基実の嫡子基《もと》通《みち》の近衛家に分裂していく。九条家は、九条兼実が高松院の乳母子(藤原季行《すえゆき》娘)を妻に迎えた縁で八条院と交流をもつものの、家督継承の可能性は極めて低いと考えられていた。八条院と急接近するのは、八条院の腹心三位局《さんみのつぼね》を妻に迎えた元暦年間(一一八四～八五)の頃である。摂関家が六条天皇支持の立場を離れたことは、後白河院の政権掌握を明確なものとする憲仁親王立太子に有利に働くことになる。

同じように、鳥羽院別当・暲子内親王勅別当をつとめ、二条天皇に『大槐秘抄《たいかいひしょう》』を奏上した賢臣太政大臣藤原伊通も、永万元(一一六五)年二月五日に辞表を提出し、同十五日に薨去した。藤原忠通・藤原伊通と柱石となる重臣が相次いで薨去したことは、二条天皇親政派に大きな痛手となった。

この頃は、摂関家の近衛基実・九条兼実、大炊御門経宗・花山院忠雅・源雅通など二条天皇・八条院とつながりをもつ公卿が朝廷の上層部を占めていた。後白河院支持の立場を明確にしているのは、平清盛のみである。二条天皇が、後白河院を排除して国政を主導しても強力な異論を出してくる公家はまだいない。伊通薨去後の二条天皇親政は、摂政近衛基実が中心となり、病身の二条天皇を支えて六条天皇即位まで持ち込んだ。二条天皇から譲位された六条天皇は数え年二歳(生後七カ月)で即位式となった。乳母の葉室成頼妻(藤原邦綱娘)が授乳をしながら即位式をおこなったという状態であった(『山槐記』)。この時期はまだ、摂政近衛基実が健在なので、藤原邦綱は摂関家に忠実な家司の立場をとっていた。摂政近衛基実が支持することで、かろうじて二条天皇から六条天皇への皇位継承はおこなわれた。しかし、近衛基実の早すぎる死により、二条天皇親政派が存続できるかどうかは危うくなっていた。

2　静かなる日々の始まり

二条天皇親政派の終わり

後白河院の王子以仁王《もちひとおう》は天台座主《てんだいざす》最雲法親王《さいうんほっしんのう》のもとに入室したが、応保二(一一六二)年二月十六日に法親王が薨去《こうきょ》したことで、還俗《げんぞく》をした。永万元（一一六五）年十二月六日に皇太后（のちの九条院《くじょういん》）の近衛河原御所《ごしょ》で、元服式がおこなわれた（『平家物語』）。以仁王は長く僧籍に身をおいていたので、元服は一五歳と遅い。皇太后が太政大臣藤原伊通《これみち》の娘であること、まだ二条天皇が皇位を継げる皇子を儲けていないことを考えれば、以仁王は二条天皇親政派が予備として用意した王子の可能性が高い。以仁王が親王宣下をうけられなかったのは、憲仁《のりひと》王を春宮《とうぐう》にしたい後白河院《ごしらかわいん》・平氏の同意が得られなかったためと考える。高《こう》野本《やほん》『平家物語』は、「源氏揃」の段で建春門院《けんしゅんもんいん》が以仁王を嫉《そね》んだためと伝える。建春門院がそのような考えをする人でないことは八条院中納言（藤原定家《さだいえ》の姉）の回想録『たまきはる』から推測できるが、まだ優勢を確保していない後白河院政派の人々を苛立たせる要素となる可能性は十分に高い。

十二月二十五日、後白河院の王子憲仁王の親王宣下がおこなわれた。以仁王元服により、後白河院がいずれはと考えていた憲仁王の親王宣下を急がせたことは十分に考えられる。親王宣下によって、憲仁親王が以仁王よりも上位の存在であることが示された。幼帝の即位という点では近衛天皇・二条天皇と変わらないが、六条天皇は即位したときから後継争いが始まっているのが、異常である。藤原忠通《ただみち》・藤原伊通の亡くなったあとの六条天皇親政派（旧二条天皇親政派）は、摂政近衛基実《もとざね》・大納言花山院忠雅《かざんいんただまさ》だけでは後白河院の動きを抑えられないでいる。

仁安元（一一六六）年三月七日、二条天皇の乳母子《めのとご》葉室惟方《はむろこれかた》が配流《はいる》を解かれて京都に帰着した。惟方は、出家して桂に隠居したと伝える（『今鏡《いまかがみ》』第三「すべらぎの下」）。『今鏡』は「このせにも　しづむときけば　なみだがは　ながれしよりも　ぬるる袖かな」と都の女房に贈った和歌を兄葉室光頼《みつより》が知ったと伝える。『古今著聞集《ここんちょもんじゅう》』第六「和歌」五一段の「別当惟方配所にて述懐の歌を詠じて召還の事」は、後白河院がこの和歌のことを聞いて憤りを解き、召し返したと伝える。奏上したのは、平治《へいじ》の乱で剛毅なところを示した兄光頼であろう。光頼は長寛二(一一六四)年に出家をしたが、弟の帰洛の許可を求めて後白河院に面会を求めたと推測している。政局をみて、将来のないことを理解した惟方は、そのまま出家した。子の惟基《これもと》は、八条院に出仕して五位判官代《ほうがんだい》をつとめた。官人《かんにん》としては、勘解由次官まで昇ったところで横死した(『百錬抄《ひゃくれんしょう》』)。後白河院の影響下にある後鳥羽天皇のもとでは公卿に昇ることは難しいので、八条院を居場所としたのであろう。

七月二十六日、摂政近衛基実が二四歳で薨去した。すでに述べたように、基実の嫡子近衛《このえ》基通《もとみち》と弟松殿《まつどの》基房《もとふさ》の相続争いが始まり、摂関家政所家司《まんどころけいし》藤原邦綱《くにつな》が基通の養母平盛子《せいし》(平清盛《きよもり》の娘)を後見として基通が相続すべき財産を管理する案を平清盛と話し合ってまとめた。これが、摂関家を近衛と松殿に分裂させた(『愚管抄《ぐかんしょう》』)。近衛家から一代限りの中継ぎとされた松殿基房は、この処遇に不満をもって後白河院に接近し、後白河院と行動を共にするようになった。基実の死が、二条天皇親政派の後継である六条天皇親政派の終わりと考えてよい。『平家物語』で有名な松殿基房と平資盛が争った殿下乗合《てんがののりあい》の事件は、四年後の嘉応二(一一七〇)年におこる。この事件がおこる原因は、平氏の専横ではない。

近衛基実が薨去したのち、朝廷の要職は摂政松殿基房(後白河院政派)・左大臣大炊御門経宗《おおいのみかどつねむね》(中立)・右大臣九条兼実《くじょうかねざね》(中立)・内大臣平清盛(後白河院政派)となった。大納言には花山院忠雅や源雅通《まさみち》が残っているが、主導権を握れる立場ではない。二条天皇親政派の人々は、世代交替や病気でつぎつぎと政治の表舞台から姿を消し、派閥は自然消滅的に消えていった。美福門院判官代をつとめ、美福門院加賀《かが》を妻に迎えた藤原為経《ためつね》(寂超《じゃくちょう》)が嘉応二(一一七〇)年に長谷寺《はせでら》で老女が語った体裁で『今鏡』を書くのも、二条天皇親政の終わりとともに鳥羽院政の栄華に象徴される華やかなりし時代の余光も消えたという時代認識なのであろう。後白河院と平氏の連携による新しい時代の始まりのなかで、最後に残った人々が八条院御所《はちじょういんごしょ》に集まり、中立勢力八条院の世界を形成していくことになる。

新たな家族の形成

六条天皇から高倉天皇への譲位がおこなわれたのは、仁安三(一一六八)年二月十九日である。中宮藤原育子《いくし》は十月二十二日に出家、十一月二十一日には五節《ごせち》に参入しなかった咎《とが》として内大臣花山院忠雅が兼任する右大将が解かれた(『百錬抄』)。花山院忠雅は、二条天皇親政派として残った最後の重臣である。

母から継承した二条天皇親政派が解体したのち、八条院の周囲は静かな日々となる。『兵範記《ひょうはんき》』は、八条院の動向は、儀式への参列、贈答儀礼、年官年爵《ねんかんねんしゃく》と呼ばれる朝廷の人事における推挙権の行使などが記されるのみとなる。八条院周辺のことを伝える中心的な史料は九条兼実の日記『玉葉《ぎょくよう》』に替わっていく。兼実は、高松院《たかまついん》院号宣下で中宮となった藤原育子の中宮大夫《たいふ》をつとめた。九条兼実と二条天皇親政派との仕事上の接点は、ここである。また、兼実の乳母《めのと》は高松院御匣殿《みくしげどの》(藤原季行《すけゆき》室)なので、兼実は高松院には出入りしていた(『玉葉』)。

八条院が九条院(藤原呈子《ていし》、藤原伊通娘)の庇護していた以仁王を家族として迎えたのは、八条院の腹心三位局《さんみのつぼね》（美福門院別当高階盛章《たかしなのもりあき》娘、生年未詳〜一二一八年）の夫となったのが縁である。八条院は、三位局を母とする以仁王の子を養子として八条殿に迎えた。最初の子三条宮姫宮《さんじょうのみやひめみや》は嘉応元（一一六九）年に誕生したので、以仁王は前年の仁安三年には三位局のいる八条殿に通っていたことになる。この年が高倉天皇即位の年と重なることは、偶然の一致であろうか。八条院の意向を伝える者として、三位局が以仁王と接点をもっていた可能性はある。高倉天皇即位により、政治から離れた八条院御所に新たな賑わいを与えるのは、以仁王の子供たちである。

八条院が養子に迎えた以仁王の子供は、三条宮姫宮（八条院の後継候補）・道性《どうしょう》（真言密教・早世）・道尊《どうそん》（真言密教・安井門跡《もんぜき》）の三人が知られる。この子供たちは、八条院と八条殿で家族同様の暮らしをしたので、政治的な用件で八条院御所を訪れる人がいなくなったなかで、八条院とそれを取り巻く廷臣・女房たちに活気を与える存在であった。八条院が以仁王を猶子《ゆうし》に迎えたのは、この子供たちの親として八条院御所に出入りする名目をつくるためであろう。

八条院の世界の形成

二条天皇親政派が解体したのち、八条院庁では八条殿の管理や、八条院領荘園の経営といった仕事が続いていった。皇位継承問題から離れても、八条院庁は鳥羽院・美福門院の遺産をもとに形成された王家領荘園八条院領経営の問題で、多くの公家《くげ》や官人とやりとりしていた。八条院は、この時期の王家において最大の資産家である。後白河院は、中継ぎという立場で即位したが、待賢門院《たいけんもんいん》領を継承している。しかし、王家領の多くは八条院領・高松院領として嫡系が継承した。高松院領は、高松院薨去後は建春門院領・高倉天皇領・建礼門院領として平氏の推す皇統が継承したので、後白河院は排除されている。後白河院が高松院領を取り込むのは、平氏都落ち(寿永二〈一一八三〉年)である。

八条院が独自の勢力を維持できるのは、後白河院が関与できない人事に関する権限と八条院と八条院に仕える人々の経済基盤となる所領群を保持していたためである。高松院領が建春門院を経て平氏の支持する王統に流れたことにより、村上源氏が平氏と結びついていくことを見落としてはいけない。

八条院のもとには、八条院御所に出仕の希望を出す人が多く、人の出入りは絶えなかったと八条院中納言は『たまきはる』で回想している。「八条院関係文書群」と呼ばれる史料群には、八条院の運営と八条院領荘園にかかわるやりとりが記されている。『玉葉』には、八条院が御願寺《ごがんじ》とした醍醐寺遍智院《だいごじへんちいん》の執行職について、後白河院が支持する勝賢《しょうけん》(信西《しんぜい》入道の子)が介入してきた際に、八条院は自らの判断で介入を排除して寿海阿闍梨《じゅかいあじゃり》を守っている(『醍醐寺新要録』)。皇位継承問題から離れて中立になっても、八条院は自らの世界を守るためには介入を排除する強さをもっていたことは認識しておく必要がある(『玉葉』)。

蓮華心院創建

八条院は、政治色を出さないので、後白河院から危険視されることはなかった。八条院庁は、従兄弟の藤原実清《さねきよ》が家政に長けた人材として庁務の中心にいた。八条院庁発給文書を見ると、この時期に活動している別当は、大納言中御門《なかみかどの》宗家《むねいえ》、村上源氏の源定房《さだふさ》、従兄弟の従三位藤原実清、乳母子女房大納言の夫池大納言《いけのだいなごん》平頼盛《よりもり》である。判官代は、葉室光頼の子光雅《みつまさ》、葉室惟方の子惟基、美福門院加賀の子藤原隆信《たかのぶ》、美福門院乳母《めのと》夫藤原親忠《ちかただ》の孫藤原親行《ちかゆき》がいる。美福門院の時代から仕える重代《じゅうだい》の廷臣たち、新たに形成した家族、これらの人々に囲まれて、八条院は静かな日常を過ごしたと推測してよいであろう。

承安四(一一七四)年二月一日、八条院から九条兼実に対して嵯峨に新造した蓮華心院《れんげしんいん》の額を書くように依頼がきた。八条院の使者は兵部大輔藤原朝親《ともちか》(朝隆《ともたか》の子)である。兼実は愚筆と謙遜し、文章道《もんじょうどう》の学者藤原長光《ながみつ》に相談している。八条院は高松院の姉なので、断りきれないのであろう。二月十九日には、八条院判官代藤原隆信が額板を持参し、二十三日には蓮華心院供養で掛けると伝えている。隆信は、勅撰歌人であるとともに、私家集「隆信集」を残している。また、似絵《にせえ》の名人としても名を残した人である。和歌の家六条藤家《ろくじょうとうけ》の外孫だけあって、八条院の周囲には文人が集まっている。兼実を指名したのは、父忠通の書流法性寺流《ほっしょうじりゅう》で書くように依頼したのであろう。法性寺流は、鎌倉時代中期に世尊寺流《せそんじりゅう》(江戸幕府の公式書体御家流《おいえりゅう》の源流)が主流になるまで、よく使われた書流である。余談であるが、金沢文庫《かねさわぶんこ》を創設した北条実時《ほうじょうさねとき》の書流は法性寺流、孫の金沢貞顕《かねさわさだあき》や右筆《ゆうひつ》倉栖兼雄《くらすかねお》の書流は世尊寺流である。法性寺流は、鎌倉の武家も学んだ書の流派であった。

二月二十三日、後白河院・高松院が参列する蓮華心院供養がおこなわれた。導師は、仁和寺《にんなじ》の守覚《しゅがく》法親王(後白河院の皇子)がつとめた。参入した公卿は、関白松殿基房以下一六名、八条院が催す行事にはまだまだ人が集まる(『玉葉』)。

臣下を守る八条院

承安四年十二月十五日、肥後国阿蘇社《あそしゃ》の社司が山城国山崎あたりの所領を押領したとして検非違使《けびいし》に捕縛された。阿蘇社は、八条院別当源定房が領家職《りょうけしき》をつとめる八条院領である（『玉葉』・「安楽寿院古文書《あんらくじゅいんこもんじょ》」）。この所領は、定房を猶子に迎えた源雅定《まささだ》（暲子《しょうし》内親王勅別当《ちょくべっとう》）の所領で、定房が継承していた。阿蘇社は、八条院領の中核となる安楽寿院（鳥羽院御陵）の所領である。八条院と八条院とのつながりを維持する人々を結びつける要素の一つが、経済基盤となる荘園・所職を八条院が守る意志をもっているためと考えると、集団の解体しない理由が理解できる。八条院が政治から距離をおいたのちも、八条院領荘園の拡大が続いていくのは、後白河院と距離をおく人々が安心できる本家として八条院を認めていたためである。「安楽寿院古文書」は八条院領の中核をなす所領群の領主をよく伝えるが、創建以前からの所領や由来のわからなくなっている所領を除けば、美福門院・八条院との関係が説明できる領家・預所《あずかりどころ》が名を連ねている（表9）。協調以上の信頼関係を築けない後白河院に渡せる所領とは、考えないであろう。

もう一つが、八条院のもつ年官年爵と呼ばれる人事の推挙権である。中世日本の社会は、重代を理由に官職を器量のある子供や縁者に譲任《じょうにん》（後任を指名して辞任すること）することは認めるものの、世襲は認めていない。同じ地位に就ける家が複数存在するので競合は、激しい。また、官位制によって社会秩序をつくっているので、官位は地位を示す指標として絶対的な基準となる。貴族は、律令で定めている貴族の官位（従三位以上の位階、ないしは参議以上の官職）に到達してはじめてその待遇をうける（2ページ表1参照）。歴史学は、世襲を認める社会の貴族を「身分による貴族」、貴族の地位に到達したものを貴族と認定する「地位としての貴族」に分ける(マルク・ブロック『封建社会』みすず書房、上巻一九七三年、下巻一九七七年)。日本の公家社会は、優遇制度はあるものの、親の地位を継ぐ世襲制度はとっていない。親の地位を継ぐためには、その地位に就ける官位まで昇らなければならない。後白河院政と距離をとった人々は、官人として仕事に励んで昇進していくか、誰かの抜擢によって特別昇進していくしかない。八条院の叙位の推挙を、官人としての勤務実績に加算することで公卿の位階まで昇っていくことが、後白河院政下において彼らが公卿として生き残っていく道となる。わかりやすい事例が、平頼盛である。八条院の重臣として、浮き沈みの激しい生涯を送った平頼盛は、皇后藤原得子《とくし》の皇后宮少進に始まって美福門院の推挙を含め、二条天皇親政派が消滅するまでは順調に位階をあげている。後白河院政下では足踏みとなり、平氏と後白河院が対立するようになって再び官位が上昇し始める。叙位の推挙を誰に割り振るかの人事権は、宮廷社会を生きる人々に与える影響が大きいのである。

平頼盛の所領は村上源氏久我《こが》家(源通親《みちちか》の子孫)に流れていくことが、『久我家文書』からわかる。平氏の所領は「平家没官領《へいけもっかんりょう》」として没収されたが、頼盛とその妻の所領は源頼朝《よりとも》の承認を得たうえで返付されている。内訳は、平頼盛の所領が三〇カ所、妻の所領が三カ所である。このうち、一〇カ所が八条院領である。頼盛夫妻の所領の三割は、八条院領であった。ほかに、六条院領(六条天皇退位後の所領)も一カ所含まれている(表9)。池大納言家は八条院の乳母子の家だけあって、美福門院・八条院御給による昇進と八条院領の多さは恩典を厚くうけていたことを物語る。池大納言家が平氏滅亡(文治元〈一一八五〉年)後も公卿の家の地位を保っていたのは、光盛《みつもり》の経歴(表8)でわかるように八条院の庇護をうけたことが大きい。

表8　平光盛経歴

年　月　日	西暦	位　階	経　　歴
安元2年1月30日	1176	従五位下	叙爵，八条院安元元年御給
治承2年1月28日	1178	従五位上	八条院院御給
3年1月19日	1179	従五位上	侍従補任
養和元年4月10日	1181	正五位下	安徳天皇，平頼盛八条亭より閑院に行幸する賞
寿永2年8月7日	1183	正五位下	解官(除籍ではない)
元暦元年6月5日	1184	正五位下	侍従還任
元年12月20日	1184	正五位下	右少将補任
文治元年1月6日	1185	従四位下	尻付なし
元年6月29日	1185	従四位下	備前守補任
4年1月24日	1188	従四位上	八条院御給
建久2年1月5日	1191	正四位下	尻付なし
5年1月30日	1194	正四位下	少将を辞任
元久2年1月24日	1205	従三位	尻付なし
建暦元年1月5日	1211	正三位	尻付なし
貞応元年1月6日	1222	従二位	尻付なし
寛喜元年1月19日	1229	従二位	出家，7月20日薨去，58歳

表9　安楽寿院領の領主

国名	荘園名	成立の年月日	西暦	領　主	八条院との関係
山城国	真幡木庄	応徳年間		安楽寿院直務	前身の仏堂の所領
山城国	芹川庄	応徳年間		安楽寿院直務	前身の仏堂の所領
山城国	上三栖村			安楽寿院直務	
山城国	久世庄	天養元年11月	1144	源雅親	美福門院母方の家
山城国	桂庄			八条院三位局	高階盛章娘，八条院の腹心
山城国	興善院			葉室顕頼創建	安楽寿院の末寺
大和国	宇陀庄	久寿元年8月	1154	円雅	花山院兼雅の子か
摂津国	利倉庄	久寿2年3月11日	1155	源重隆	美濃源氏か，狩野庄は山田郡
河内国	高向庄	長承元年9月	1132	八条院高倉	高松院の娘
河内国	田井庄	久安3年6月	1147	藤原長清	美福門院の従兄弟藤原長輔の孫
河内国	鞆呂木庄			藤原家衡	六条顕輔の曽孫
和泉国	長泉庄			法印貞暁	平家没官領で源頼朝が給わった所領か
美濃国	粟野庄			岡崎宮法印恒恵	

尾張国	狩野庄			女房丹後(丹波は誤記か)	高階清章娘，藤原実清妻
尾張国	野間内海庄	保延6年8月11日			
甲斐国	小井河庄本庄			兼遍	
常陸国	村田庄				
常陸国	村田下庄				
相模国	糟屋庄	久寿元年12月	1154	源雅清	美福門院母方の家
上総国	橘木庄	永治元年10月3日	1141	藤原範定	信西入道が美福門院に寄進
上野国	土井出笠科庄			一条高能後家	
下野国	足利庄	康治元年10月	1142	足利義氏	八条院判官代，義国の代に美福門院に寄進か
伯耆国	一宮				
但馬国	上田庄河東庄			平光盛	平頼盛の子
	上田庄河西庄			藤原長季	美福門院の甥藤原俊盛の孫
但馬国	水谷庄	永治元年8月	1141	花山院兼雅室(平清盛娘)	藤原家明の甥の家，水谷神宮寺は安楽寿院の末寺
出雲国	佐陀庄			律師円雅	花山院兼雅の子か，佐陀社は末寺
播磨国	石作庄			平光盛	美福門院別当平忠盛の孫
播磨国	大塩庄			八条院播磨局	三位局から所領継承，高階氏か
備中国	駅里庄	久寿元年4月29日	1154	藤原資季	高松院乳母子藤原定能の子
淡路国	菅原庄	保延5年12月	1139	安倍資成寄進	太政官下級官人安倍氏の寄進
阿波国	名東庄				
讃岐国	多度庄	保安4年8月20日	1123	花山院兼雅室(平清盛娘)	美福門院別当，平忠盛の孫
讃岐国	富田庄	長承3年12月	1134	八条院三位局	高階盛章娘，八条院の腹心
讃岐国	野原庄	応徳年間			前身の仏堂の所領
伊予国	吉岡庄	仁平2年3月7日	1152	八条院四条局	葉室惟方娘，宗頼妻
豊後国	長野庄	保延5年11月	1139	定意前丹波入道	藤原長経か
豊後国	玖珠庄				
肥後国	阿蘇社			源定忠か	美福門院母方の家

八条院中納言は『たまきはる』に八条院に出仕する女房を「鳥羽の院の御いとをしみの物の子、孫のみ庄々領《あずか》りて、なり清げに習いよく（身だしなみを整え、振る舞いが立派で）」と表現するのは、（表9）の安楽寿院領の領主が示すように重代の廷臣や女房の家が八条院領の形成にかかわっているためである。八条院領は、鳥羽院・美福門院から継承した所領のうえに、八条院を重代の主人として仕えた人々が八条院を本家として立券《りっけん》する荘園が増え続けた。後白河院・平氏と距離をとる人々が本家を選ぶときに、八条院は最も安心できる本家なのである。

和歌の詞書《ことばがき》なので、所領がどこかはわからないが、藤原隆信は私家集「隆信集」につぎのような詞書を書いている。「宣陽門院《せんようもんいん》の御領をはりのくに（尾張国）になりける所に、させるあやまちもなきにめされて、みとせまで返し給はらざりけるを、」である。後白河院が宣陽門院領として所領集積を進めるなかで、藤原隆信は後白河院側の王統に流れた所領をたいした理由もなく没収され、訴えているが三年間返してもらえないと嘆いて詠んだ長歌《ちょうか》の詞書である。後白河院から敵視された廷臣が、抱いている不安が現実のものとなっていることを示している。八条院のもとに、所領が集まっていく事情がよくわかるであろう。

平安時代末期の政治史のなかで八条院は、権力の中枢にいながら中立の立場をとった。人脈を維持したのは、八条院領という経済的つながりと八条院がもつ人事の推挙権が絆となっていたと考えると理解しやすい。所領という経済基盤による絆は、政治権力のように激しく変動しないので、一度形成されると継続されていくのである。

「なり清げ」の女房たち

　ここで、八条院御所に出仕した女房たちについて述べる。公家の日記は宮廷社会の公的空間を記すので、儀式に参列することの少ない女性はあまり出てこない。女性は、家の行事や人のつながりを説明する際に出てくることが多い。出てきても、「女房」と記されるのみで、具体的に女房名や個人名の記されない場合も多い。八条院の場合、御所に出仕した八条院中納言の回想録『たまきはる』が、八条院御所のなかで起きたことを伝える。八条院中納言の弟藤原定家は八条院庁の人々と喧嘩別れをしたので定家の書いた『たまきはる』奥書《おくがき》にはあまりよく書かれていないが、八条院中納言の語りを春華門院《しゅんかもんいん》右衛門督《うえもんのかみ》が筆記した『たまきはる』本文は重要な情報を伝えている。記述は、八条院中納言が八条院御所に出仕を始めた寿永二(一一八三)年以後のことである。それ以前は、『平家物語』や説話文学・和歌を参照することになる。

　八条院の女房としてよく知られるのが、腹心の三位局《さんみのつぼね》である。三位局の父は、鳥羽院別当・美福門院別当を兼務した高階盛章《たかしなのもりあき》である。弟清章《きよあき》の娘が八条三位藤原実清《さねきよ》の妻となっている。三位局は以仁王の妻として所々に書き残され、そののちは九条兼実の妻として、九条家の記録に出てくる。九条兼実は三位局を相談相手として八条院と意思疎通をしているうちに親しくなり、八条院が判官代藤原隆信を遣わして三位局をどうするのかと尋ねてきたので妻に迎えた。九条良輔《よしすけ》の懐妊が確認された頃である(『玉葉』)。八条院の場合、美福門院・八条院・春華門院と三代にわたって王家領荘園を継承していく女院なので、そこに重代の廷臣・女房が形成される。腹心の女房は重代廷臣の娘や縁者であり、女院の信頼が厚く、院司とは別ルートで、外との打ち合わせをおこなう女房もいる。女房が申次《もうしつ》ぎとして重きをなすのは、八条院に限ったことかもしれない。三位局の所領は、「安楽寿院古文書」に山城国桂庄《かつらのしょう》・讃岐国富田《とみた》庄がみえる。八条院の腹心であり、八条院領荘園を所領とする領主である。八条院中納言が、「なり清げ(身だしなみのよい)」と記す女房の一人である。

八条院御所の運営で重きをなしたのが、八条院少納言である。葉室惟基が少納言から勘解由次官《かげゆのすけ》に昇ったところで寿永元(一一八二)年十月十一日に殺害された(『百錬抄』)。美福門院別当から二条天皇乳母子として権力を握りかけた葉室惟方の子である。葉室惟基を殺害したのは八条院に出仕する侍二臈《にろう》(名前不詳)というので、怨恨と考えてよい事件と思われる。殺害された惟基の姉妹と考えるのが、年代的に合う。八条院腹心の一人で、三条実房は八条院少納言を相談相手として、八条院の意向を確認していた(『愚昧記《ぐまいき》』)。八条院没年はわからないが、八条院少納言が亡くなったのち、八条院御所運営の仕事を引き継いだと八条院中納言は『たまきはる』で回想している。八条院御所の女房を差配して現場を動かした女房である。所領は、安楽寿院領伊予国吉岡《よしおか》庄が推測される。八条院四条は、八条院少納言の所領を譲られた女房であろう。仁平二(一一五二)年の立荘なので、惟方立券であろう。八条院少納言もまた、「なり清げ」の女房の一人である。

村上源氏の一族法印寛雅の娘で八条院の御乳《おち》(授乳した乳母)となった宰相殿《さいしょうどの》(八条院別当平頼盛の姑)、摂関家の松殿藤原基房の娘西御方《にしのおんかた》など、上臈《じょうろう》の女房の名前を拾うことができる。女房中納言が「なりきよげ」と『たまきはる』に叙述する重代の女房たちは、鳥羽院・美福門院・二条天皇の縁者で、八条院領荘園を所領とした女性たちとみなしてよいであろう。

御子左家の人々と八条院高倉

八条院女房を多く出した家として具体的にわかるのが、和歌の家御子左家《みこひだりけ》である。『明月記《めいげつき》』・『たまきはる』・『砂巌《さがん》』所収「五条殿(藤原俊成《としなり》)御息男女本銘如是」に書き残されたこと、歌人として和歌の人脈が広がっていたことが大きいであろう。藤原俊成は美福門院判官代をつとめ、美福門院の院宮分国《いんぐうぶんこく》の国司をつとめた院分受領《いんぶんずりょう》である。美福門院加賀を妻に迎え、成家《なりいえ》・定家が誕生した。美福門院加賀は、八条院御所に移って八条院五条と女房名を改めている(『砂巌』)。五条の前夫は美福門院判官代藤原為経(法名寂超)で、私撰集『後葉和歌集《ごようわかしゅう》』を残し、消えゆく王朝文化の栄華を書き残した『今鏡』の作者として有力視される。為経とのあいだには八条院別当となる藤原隆信(一一四二〜一二〇五年)が誕生している。隆信は美福門院の乳母夫《めのと》で外祖父の藤原親忠から美福門院の院宮分国若狭守を引き継いだ側近である。八条院と同世代であり、八条院が殿上人待遇の四位別当まで引き上げている。俊成は、妻と継子の縁で八条院の世界に深くはいっている。五条の和歌は『新古今和歌集』に俊成との贈答歌、『新勅撰和歌集』に定家の少将補任を言祝《ことほ》ぐ和歌の一首ずつが撰ばれた。前者は美福門院加賀時代、後者は八条院五条時代の歌である。

『たまきはる』は八条院御所で仕事に励む腹心として藤原親行(親忠の孫)と藤原隆範《たかのり》(親忠の曾孫《ひまご》、隆信の子)をあげる。親忠の家は八条院庁年預《ねんよ》(八条院庁に出仕する下級官人や出入りする京都近郊の商人・職人とやりとりして御所の日常的な運営を管理する役職)をつとめる家で、八条院御所の日常的な運営をおこなっている。八条院中納言は身内としてこの二人の仕事をみていたのであろう。八条院中納言が建春門院御所に出仕した経験者とはいえ、八条院が重く用いた藤原親忠の縁者として重代の女房の扱いをしたためである。

俊成の娘をみると、藤原成親《なりちか》の妻となった八条院坊門局《ぼうもんのつぼね》、中御門宗家の妻となった八条院按察局《あぜちのつぼね》、『たまきはる』の話者八条院中納言、藤原家通《いえみち》の妻となった高松院大納言局と美福門院の娘たちに出仕した女房が多くみられる。御子左家が藤原親忠との縁で突出しているのかどうかは判断がつかないが、美福門院加賀の人脈で八条院御所にはいっている状況は読みとってよい。

特別な縁をもつ女房が、八条院高倉《たかくら》である。高倉は、妹高松院が護持のために高松院御所に招いていた天台声明《てんだいしょうみょう》安居院流《あぐいりゅう》の祖澄憲《ちょうけん》法印（信西入道の子）とのあいだに生まれた子で、母親を表に出せない立場にある。中納言源師仲《もろなか》の娘八条院六条とともに、勅撰歌人として名を残している（『勅撰集作者部類』）。「安楽寿院古文書」から、美福門院領が形成されていく初期の荘園河内国高向《たこう》庄を所領としたことがわかる。高松院の遺領は建春門院が継承し、高倉天皇・建礼門院へと継承されていく。平氏都落ち（寿永二〈一一八三〉年）によって、ようやく後白河院の掌中にはいる。八条院高倉が母の遺産継承に関与する余地がなかったことは推測される。八条院は、公的には姪といえない高倉を女房として出仕させ、八条院領荘園を給付することで庇護したのであろう。八条院六条もまた、平治の乱で藤原信頼《のぶより》に与して没落した源師仲（美福門院の従兄弟）の娘である。縁者が貧窮しないように庇護している一面は、確実にあるであろう。

3　以仁王挙兵前夜

嵐の始まり

　安元二(一一七六)年六月十三日、高松院《たかまついん》が薨去《こうきょ》した。三六歳である。応保二(一一六二)年二月五日の院号宣下ののちは、八条殿《はちじょうどの》に同宿(同じ御所《ごしょ》で暮らすこと)したりと、八条院との姉妹の交流が続いていた。高松院に出仕していた右大臣九条兼実《くじょうかねざね》は「ひごろから脚病を煩われていた。八日から容態は悪化されていたが、そのうえに痢病が加わられた」と、高松院の容態の急激な体調悪化を聞いて、駆けつけたが間に合わなかったと伝える(『玉葉《ぎょくよう》』)。生来病弱であり、体力が尽きて亡くなったので、余計な詮索は必要ないであろう。九条兼実の乳母《めのと》は高松院御匣殿《みくしげどの》(従三位藤原季行室《すえゆきしつ》)、その娘が兼実の室となり、良通《よしみち》・良経《よしつね》の母となった。兼実は、乳母の縁で出仕していた高松院の最期に立ち会うことになった。高松院は、院号宣下ののち、信頼をおいて導師を依頼していた天台密教の澄憲《ちょうけん》法印(天台声明《てんだいしょうみょう》安居院流《あぐいりゅう》の祖)とのあいだに、海恵《かいえ》法印と八条院高倉の二人の子を儲けた。高松院の所領は建春門院《けんしゅんもんいん》に相伝され、その後は建春門院・高倉天皇・中宮平徳子《とくし》(建礼門院《けんれいもんいん》)と平氏の関係者で継承されていった(『玉葉』)。高倉天皇が高松院領を継承したことは、所領のつながりから旧二条天皇親政派の公家《くげ》と高倉院を結びつける接点が形成されたことを意味する。

　七月八日、建春門院が二禁《にきみ》(腫物)の病で薨去した。高松院領を伝領する手続きを考えれば、建春門院が高松院領を知行する時間はない。建春門院からさらに高倉天皇に譲られたことで、後白河院《ごしらかわいん》は高松院領の継承に関与できなかった。後白河院とその側近が、平氏に不満をもつ要因となることは容易に想像がつく。

建春門院薨去の影響

建春門院の薨去は、政治的に三つの意味をもつ。一つは、後白河院と平氏一門をつなぐ絆となる人物が亡くなったことである。建春門院御所は後白河院と平氏一門の両方が出入りする空間であり、建春門院御所が消滅すると両者のあいだを流れる情報が少なくなることを意味する。建春門院院司《いんじ》は、平氏と後白河院の両方の意向を承知していなければ、建春門院御所の仕事ができないので、両方の事情に通じている必要がある。ここに出仕する院司は、後白河院と平清盛《きよもり》をつなぐ情報の中継点となる。建春門院庁の解散により、両者が情報不足から疑心暗鬼へと陥っていくことは容易に推測できる。建春門院の家族からは、兄平時忠《ときただ》が平清盛の腹心、弟平親宗《ちかむね》が後白河院の寵臣、時忠の子時家《ときいえ》が源頼朝《よりとも》挙兵(治承四〈一一八〇〉年)のときに上総国に下っていた奇縁で頼朝のお気に入りになるなど、さまざまな道をたどっていった。後白河院と平氏一門の中継点だけに、いろいろな情報をもっている人々である。

二つ目の問題は、高松院領の継承を平氏主導で仕切ったことに対する反発として、後白河院側の平重盛《しげもり》薨去による知行国越前国の没収、平盛子《せいし》の薨去による近衛家領没収がおこなわれたと考えれば、鹿ヶ谷《ししがたに》事件は高松院領相続から後白河院を排除したことが両者の対立の発端という見方に変わることになる。一つ目の理由であげたように、建春門院の薨去が鹿ヶ谷事件の発端となる両者の疑心暗鬼を招くことは間違いない。皇后宮大夫から建春門院別当に役職変更した源雅通《まさみち》の縁で、村上源氏は建春門院の側で動いている。高松院領の継承問題で村上源氏と平氏が話し合い、後白河院をないがしろにして平氏の縁者で継承していく流れをつくったのは雅通であろう。女院領の継承は、女院から天皇に相続の申請を出して承認を得る手続きをとる。

三つ目は、後白河院政派に対する高倉天皇親政派が形成され、そこに源通親《みちちか》など旧二条天皇親政派の公卿《くぎょう》が集まったことである。高倉天皇は後白河院・平氏が擁立した天皇なので、旧二条天皇親政派からみれば一度は対立した相手である。そこに、両者を結びつける接点として高松院領が登場してくる。高倉天皇とのあいだに経済的利益は共有する関係が形成され、所領を守るためには高倉天皇の意向に背かないように動く必要が出てきたためである。後白河院が平氏との対立を深めていくときに、旧二条天皇親政派の一部が高倉天皇親政派として平氏の側についた。その中心に、村上源氏の源通親がいる。

鹿ヶ谷事件の蚊帳の外で

安元二年七月十八日、六条上皇が崩御した。退位のときに院庁を開いて新院となっているので、六条上皇の所領が六条院領として形成されている。池大納言《いけのだいなごん》平頼盛《よりもり》の所領にも六条院領があるので、六条院領の伝領は気になるところである。最も重きをなすはずの人物葉室成頼《はむろなりより》は承安四(一一七四)年に出家しているので、平清盛の腹心で六条上皇乳母の父藤原邦綱《くにつな》が重臣としてそばにいた可能性が高い。美福門院《びふくもんいん》が支持した皇統は、六条上皇の崩御で名実ともに絶えたことになる。美福門院を母とする皇統で公に名を出せる人物は、八条院のみとなった。八条院のもとに集まるのは、ここを最後の拠り所とする人々である。

治承元（一一七七）年六月十二日、高倉天皇は八条院の八条東洞院《はちじょうひがしのとういん》御所（旧藤原長実亭）に行幸し、しばらく御所として使うことになった（『玉葉』・『百錬抄《ひゃくれんしょう》』）。六月一日に、鹿ヶ谷事件が発覚している。八条院御所への行幸は平清盛が高倉天皇に勧め、高倉天皇が即決したと後白河院は院宣で伝えている。鹿ヶ谷事件による世情不安とはいわず、閑院内裏《かんいんだいり》修造を名目に使っている。六月二十一日には八条院御所に放火があったと記録されているので、鹿ヶ谷事件に対する不満が波及したのであろう。犯人は取り押さえられている（『玉葉』）。

世情が騒がしくなっている時期に、九条兼実は六条藤家の和歌を継承していた藤原清輔《きよすけ》（顕輔《あきすけ》の子、一一〇四～七七年）が亡くなったことを六月二十日に聞いた。兼実は清輔から和歌を学んでいたので、「和歌の道、忽ちにもって滅亡、哀しみて余りあり」と『玉葉』に記している。清輔の姉妹には、九条良平《よしひら》の母となる兼実夫人がいる。清輔の兄弟頼輔《よりすけ》とその子基輔《もとすけ》は、兼実に家司《けいし》として仕えていた（『玉葉』）。九条兼実が六条藤家《ろくじょうとうけ》の人々をそばにおくのは、和歌の師、家族、家司という幾重にも重なる信頼関係に基づいていた。六条藤家の家学は清輔弟の重家《しげいえ》（一一二八～八〇年）が継承し、『新古今《しんこきん》和歌集』撰者に重家の子有家《ありいえ》が選ばれることになる。

治承元年八月十日、後白河院が八条院御所に御幸《ごこう》している。この御所は「六条堀河」と場所が明記されている。八条院は、鹿ヶ谷事件で対立している後白河院と高倉天皇・平清盛両方の来訪をうけている。当時の王家の序列は、高倉天皇を頂点として後白河院・皇嘉門院《こうかもんいん》（摂関家）・上西門院《じょうさいもんいん》（後白河院側）・八条院の順であり、八条院は対立するどちらの勢力からみても中立であった。

源通親のこと

八月二十五日、八条院は院司藤原資隆《すけたか》を九条兼実に遣わし、八条院領備前国建部庄《たけるべのしょう》に関する一件について、国司から回答を聞いてほしいと伝えた(『玉葉』)。九条兼実は、未曽有のことといって驚いている(『玉葉』)。八条院は、彼女が形成する世界に侵入して掠め取ろうとする者に対し、強固な意志を示してはねつけた。政治の主導権は後白河院や平氏に移っても、八条院には守るべき人々があり、必要に応じて要求を押し通す強さを示す必要がある。それを支える人材が、必要ということである。八条院が頭脳明晰な人であることは、『今鏡《いまかがみ》』作者の有力候補藤原為経《ためつね》、日記『玉葉』に書き残した九条兼実、『たまきはる』で人柄を回想した八条院中納言が一様に述べている。その八条院が一目おく俊才は、八条院年預別当《ねんよべっとう》として通常業務をそつなくこなしている源通資《みちすけ》の兄通親(雅通の嫡子)であろう。

源通親は、治承四(一一八〇)年の以仁王《もちひとおう》事件で平氏を支持して興福寺《こうふくじ》に対して強硬な態度をとるように論陣を張り、摂関家の心証を悪くした。九条兼実が摂政になったのち、兼実は源通親の昇進を潰《つぶ》していると論陣を張り、摂関家の心証を悪くした。九条兼実が摂政になったのち、兼実は源通親の昇進を潰《つぶ》している。兼実と通親の関係は治承四年以後決定的に悪くなり、その結果が建久七(一一九六)年の政変になるのであるが、この時期はまだ円滑である。

十月一日、三条実房《さんじょうさねふさ》が内裏となった八条殿に参内《さんだい》している。このとき、八条殿の位置を八条烏丸《からすま》と記している(『愚昧記《ぐまいき》』)。

藤原実清と藤原隆信

八条院御所が高倉天皇の内裏となったことで、八条院は六条堀河の御所に移っていた(『玉葉』)。八条殿から閑院内裏への高倉天皇行幸は、十一月十二日におこなわれた(『玉葉』)。八条院は、八条殿を御所として提供した賞により、年預別当の内蔵頭藤原実清《さねきよ》を従三位に昇進させた。八条家は朝廷の官人《かんにん》として職務はつとめる一方で、八条院庁の運営を主導する院司をつとめた。官人としての昇進と八条院の推挙による昇進で従三位に昇る非参議《ひさんぎ》公卿《くぎょう》の地位を維持していた。

八条院がもつ叙位の推挙権は、正月五日の叙位儀で一人、八条院がかかわった儀式や行事によって配分される行事賞《ぎょうじのしょう》で一人と、年に数人である。腹心となる人々を中心に、八条院は御給《ごきゅう》をつながりのある人々の昇進に使った。八条院領という経済基盤と八条院がもつ人事の権利、これが後白河院と相入れない公家や官人が八条院から離れない理由となっている。

治承二年正月二十七日、九条兼実は亡くなった藤原清輔の代わりとして、藤原俊成《としなり》から和歌を習いたいと藤原隆信《たかのぶ》を通じて申し出ている。藤原隆信の母は、美福門院加賀《かが》(八条院五条局)である。美福門院加賀の今の夫が藤原俊成なので、俊成が断りにくい人を間に立てている。隆信は歌人であり、「隆信朝臣集」を残している。美福門院の実家六条藤家の家学は、清輔の弟重家が継いでいる。父の地位に相当する従三位刑部卿まで昇った弟重家が兄清輔を軽くみていたことは、『続古事談』第二「重家、宇治の歌合に物をかしく言ふ事」で語られている。隆信は六条藤家のなかに対立があることを知っているので、俊成を推したと考えられる。

藤原隆信をあいだにはさんだ九条兼実の依頼に対し、俊成は大変な名誉であると回答した。隆信は八条院の熊《くま》野詣《のもうで》に同行することになっているので、面談の日程調整をおこなっている。八条院は三月二日に熊野詣の精進屋《しょうじんや》(聖地を詣でるので精進潔斎を仮屋でおこなう)にはいり、三月六日の明け方に出発した(『玉葉』)。この時期の八条院は、儀式と仏事と贈答儀礼に名前が出てくるのみで、政治的な動きはほとんどない。静かなる日々である。

治承三年十一月の政変

治承三(一一七九)年十一月十四日、平清盛は軍勢を京都に入れて、八条の館《やかた》にはいった。この日、右大臣九条兼実は横災に遭うのではないかと危惧しながらも、参内することにした。道すがら、資財を運んで京都から逃げようとする人々の姿を見ている(『玉葉』)。翌十五日、官務小槻隆職《おづきのたかもと》が関白松殿基房《まつどのもとふさ》を解任し、新たに近《この》衛《え》基通《もとみち》を関白に任命し、氏長者《うじのちょうじゃ》とする除目《じもく》の内容を伝えてきた(『玉葉』)。『百錬抄』は、記主の名前を伏した「或《ある》記《き》」として、後白河院が松殿基房と結んで平氏を滅ぼす密謀をめぐらしていたと記している。「或記」は勧修寺流《かじゅうじりゅう》藤原氏が手元に持っていた日記と推測されるので、吉田経房《つねふさ》の日記『吉《きっ》記《き》』がこの時期欠巻となっていることが惜しまれる。九条兼実(『玉葉』)や中山忠親《ただちか》(『山槐《さんかい》記《き》』)の情報は少し違っていて、後白河院と松殿基房が国政を乱していることに憤った平清盛の報復とみている。清盛の怒りは、平重盛が亡くなったときに嫡子維盛《これもり》が継ぐはずであった知行国越前国を没収したこと、白川殿(平盛子)が後見として預かっていた白川殿《しらかわどの》御《み》倉《くら》(近衛基通が継承するはずの宝物庫)を没収したこと、松殿基房の嫡子師家《もろいえ》の昇進を早めて近衛基通より上位にすえたことにあると考えている。平氏の勢力を削ぐこと、松殿家を摂関家の嫡流とすることが方向性としてみえていたと理解している。

十一月十七日、平清盛が政権を掌握するなかで、除目がおこなわれた。後白河院や松殿基房の側に立っていた人々、建春門院院司のなかで後白河院側に立場を決めた人々が解任されている。このなかに、八条院の重臣平頼盛も含まれている。一方で、二条天皇親政派として後白河院政と対峙してきた美濃源氏土岐《とき》光長《みつなが》が検非違使《けびいし》宣旨をうけた。後白河院によって配流地薩摩国で殺された土岐光保《みつやす》(二条天皇殿上人《てんじょうびと》)の一族が、平氏によって復権されたことを示している。また、後白河院によって解任された藤原行隆《ゆきたか》が左少弁に復職、大炊御門頼実《おおいのみかどよりざね》や葉室一族の昇進など、二条天皇親政派として後白河院に冷遇された人々の官位をあげている。清盛は、旧二条天皇親政派として冷遇された人々から政権運営に必要な人材を抜擢し、味方につけることを考えていた。この人事は、村上源氏の権中納言源雅頼《まさより》・中宮権亮《ちゅうぐうごんのすけ》源通親が担当した。高倉天皇親政を支えることで、平氏と協調することになる人々である。

行隆沙汰のこと

このあたりの事情は、『平家物語』巻三「行隆之沙汰」に語られている。

鳥羽院の重臣で、美福門院・八条院二代に仕えた権中納言藤原顕時《あきとき》の嫡子行隆は、後白河院ににらまれて仁安元(一一六六)年四月六日に左少弁を解任され、二条天皇親政派に失脚させられた平時忠が後任として復帰した(「弁官補任《べんかんぶにん》」)。こののち、もとの官職に復帰する機会のなかった行隆は、生活に困窮した。平清盛から呼び出しをうけて命をとられるのかとの恐怖も走ったが、弟から牛車《ぎっしゃ》を借りて参上してみると、左少弁復帰を推挙したいが受けるかとの打診であったと記す一段である。

行隆の妻は美福門院越前、一〇年にわたり散位《さんに》にすえおかれたので宮仕えを断念して牛車も必要ないと考えた可能性はあるが、困窮したというのは物語上の創作の可能性が高い。清盛の推挙で行隆は弁官に復帰することができた。弁官在職中に、山城守もつとめている。後白河院に協力して行隆を冷遇したことに対する埋め合わせであろう。ただ、一〇年の空白は大きく、行隆は文治三(一一八七)年に左大弁正四位下の位階で亡くなった。蔵人頭《くろうどのとう》を経なかったので、もう少し存命なら左大弁に在任しながら従三位に昇ることが認められる地位まで昇っていた。行隆は公卿に昇るには春秋が足りなかったが、行隆の子行光《ゆきみつ》は正三位中納言まで昇った。承久《じょうきゅう》の乱(承久三〈一二二一〉年)で後鳥羽院に協力して没落しなければ頭弁の家として復活したのであろう。

行隆の子行長《ゆきなが》は、『徒然草』が『平家物語』の作者として伝える信濃前司藤原行長である。行長がつとめたのは下野守なので、信濃守は伝承のなかで誤って伝えられた可能性が高い。行長が語り物系『平家物語』の共作者として選んだ生仏《しょうぶつ》(性仏)は、当道《とうどう》(琵琶法師《びわほうし》)の世界で『平家物語』を最初に語った琵琶法師とされる人物である。行隆が清盛の抜擢によって家を再興できたと恩義を感じていること、『平家物語』の世界を当事者としてよく知る人物であることは間違いがない。行隆・行長父子が原『平家物語』の作者圏にいるとする伝承は、事実に近いところを伝えていると考えている。作者として伝えられる今一人の人物葉室時長《はむろときなが》は、行隆の弟盛隆《もりたか》の子である。覚一検校《かくいちけんぎょう》の師如一《じょいち》の語るところとして、葉室時長は顕時の孫で二十四巻本『平家物語』を書き、吉田資経《すけつね》(経房の孫)が十二巻本『平家物語』を書いたと当道の伝承は語っている(「醍醐雑抄」)。覚一検校によって正本《しょうほん》が定められた『平家物語』の原案作成者がいずれも藤原行隆の周辺であることは、作者が『平家物語』を書く動機を伝える一段として、この一段を立てていることを示唆する。八条院御所は、『平家物語』の世界の中心地なのである。

城興寺領問題として以仁王に波及

治承三(一一七九)年十一月二十日、平清盛は後白河院を鳥羽に幽閉した。そばにつくことがゆるされたのは信西《しんぜい》入道の子や腹心の女房だけであった(『百錬抄』)。後白河院政は停止され、高倉天皇親政が始まる。十一月十七日の除目は、高倉天皇親政を支えていく人々の登用と昇進である。これによって八条院が平氏と親しくなることはないが、八条院の周辺にいた人々に活躍の機会が与えられたことは事実である。

この事件ののち、平清盛は天台座主《てんだいざす》に還任《げんにん》した明雲《みょううん》の意向をうけて、以仁王に対して城興寺領《じょうこうじ》(延暦寺の末寺)の返還を命じる裁定を下した。このことが以仁王を怒らせたのは事実であろうが、以仁王が挙兵する理由になるかは疑問である。以仁王の生活は厳しくなるであろう。しかし、八条院三位局《さんみのつぼね》を母とする三条宮姫宮《さんじょうのみやひめみや》は、八条院が掌中に収める唯一の後継候補である。妹の高松院を母とする八条院高倉もいるが、母を公表できない子であり、親族であっても女房として召し抱えている。娘が八条院の後継者となる可能性が高い状況のなかで、以仁王は城興寺領の問題で反乱を起こすまで憤るかは疑問である。

冷静に考えるならば、延暦寺の末寺城興寺は法流で継承すべき財産であり、還俗《げんぞく》した以仁王が所持する私の財産ではない。以仁王は、還俗したときに延暦寺に返すべきものである。還俗してももち続けたことのほうが問題なので、無理筋は以仁王にある。平清盛の裁定に不服があるとしても、それは天台座主明雲の面子《めんつ》を立てるためで、清盛に以仁王を追い詰める意図はない。以仁王は、我慢するほうが得策である。もっとも、崇徳上皇・後白河院・近衛天皇と、鳥羽院の皇子たちは気性が激しい。院政という時代になって、天皇が「あえかなる美しきもの」といわれた摂関家が幼帝を後見する時代には抑え込まれていた王家の人々の気性の激しさが表に出てきたと考えれば、以仁王もその一人と認めることができる。

4　以仁王挙兵

以仁王挙兵の真偽

筆者は、以仁王《もちひとおう》が安徳天皇を正統と認めずに平氏を討つべく、挙兵の計画をたてたと考えることに疑問をもっている。筆者はこの事件の推移を時系列で整理し直し、平氏が以仁王潰《つぶ》しの政変をしかけたことは認めるものの、以仁王が逃げ込んだ園城寺大衆《おんじょうじだいしゅ》(僧兵)を味方につけて対抗したことで、事件の中心軸は仇敵《きゅうてき》の関係にある延暦寺《えんりゃくじ》と園城寺の対立に移ったと考えている。平氏が延暦寺に味方につくようにと打診したことで、延暦寺は園城寺を討つ大義名分を得たと判断し、園城寺焼討ちの準備を始めた。園城寺では延暦寺の焼討ちを防ぎきれないと判断した以仁王は、興福寺《こうふくじ》に移動しようとした。追討使は、この移動する軍勢を反乱軍と認定して討伐している。今までの説明では、以仁王が園城寺を味方につけて嗷訴《ごうそ》で対抗しようとしたこと、平氏政権がその対案として延暦寺を味方につけたこととあるが、この事件は途中で主役が交代していることを見落としている。延暦寺の武力を過小評価した結果である。以仁王の挙兵を鎌倉幕府成立の淵源とする『吾妻鏡《あずまかがみ》』の史観を鵜呑《うの》みにした結果の誤認である。

以仁王令旨《りょうじ》は『平家物語』や『吾妻鏡』に記載されているが、朝廷の官人が書く漢文ではなく、僧侶の書く漢文の文章である。筆者は、園城寺に逃れてから発給した「宮の宣」(『愚管抄《ぐかんしょう》』)を改作したものか、園城寺が偽作したものと考えている。『平家物語』や『吾妻鏡』には載せられているので、園城寺が鎌倉幕府成立の淵源を以仁王挙兵に求める鎌倉幕府の認識との結びつきを説明する由緒として、治承寿永《じしょうじゅえい》の内乱後に作文した可能性が高い。この事件の経緯は、拙著『源頼政と木曽義仲―勝者になれなかった源氏―』(中公新書、二〇一五年)で説明している。本書は、八条院が中心人物なので、八条院の目線からこの事件を述べていく。

治承四年四月九日

治承四年四月九日、源行家《ゆきいえ》が八条院蔵人《くろうど》に補任《ぶにん》された。『吾妻鏡』の文章からは、源頼政《よりまさ》の推挙による補任と読める。これが以仁王挙兵の準備と語られることが多いが、女院判官代《ほうがんだい》・女院蔵人は朝廷の官人として宮仕えを始める最初の役職となることが多い。女院蔵人は中宮少進《ちゅうぐうしょうじょう》など三宮《さんぐう》(中宮・皇后・皇太后)の三等官に相当する役職なので、正六位上の位階が必要となる。無位無官の場合、位階の申請を同時におこなう必要がある。八条院中納言は、八条院庁にこのような申請が数多く出されていたと『たまきはる』

で回想している。
源行家の八条院庁職員補任の申請は、源頼政が縁者を宮仕えさせるために申請したか、地方の名士として知られた源氏が名誉職として補任を申請してきたと考え、手続きをおこなった可能性が高い。源行家は、八条院の庁務をつとめる実働の蔵人ではない。名誉職として事務的に処理する扱いである。隠れておこなう必要はない。

治承四年四月九日は、高倉院が厳島御幸《いつくしまごこう》から戻って八条殿にはいった日である(『明月記《めいげつき》』)。高倉院は、一日休んだ十一日、平頼盛《よりもり》の八条室町亭に御幸している(『明月記』)。病み上がりの体調での御幸だったので、京都に戻って休息が必要であったのかもしれない。八条院御所の八条殿を休息によい場所と判断した可能性が高い。この件については事前調整があり、八条院は仁和寺常磐殿《にんなじときわどの》に移っている(『明月記』)。

『吾妻鏡』の記述が怪しいのは、以下の点である。八条院蔵人補任は八条院庁の判断でおこなえるが、文官の叙位を事務分担とする式部省が正六位上に叙す手続きをとる。臨時におこなってもらう必要があるので、式部省との打ち合わせが必要になる。正六位上以下の官人を対象とした叙位擬階奏《ぎかいのそう》は、まだおこなわれている(『吉記《きっき》』寿永元年七月六日条)。この時期は、式部大輔《しきぶのたいふ》藤原永範《ながのり》が省務を執っている。八条院庁に申請すれば式部省との交渉は女院の了解のもとに院司がおこなうので、式部省の側も準備がいる。式部省は文章道《もんじょうどう》を家学とする技官の官人が牙城とする役所で、叙位の人事と式典の運営を担当として朝廷の儀式運営に関与する権限を握っている(拙著『式部省補任』八木書店、二〇〇〇年)。無位無官の源行家を、八条院蔵人に申請した日に補任されるためには、式部省との事前の打ち合わせが必要である。

源行家が八条院蔵人の肩書きで行動したことは事実であり、木曽義仲《よしなか》が入京を果たしたときの恩賞の沙汰で、朝廷は源行家の八条院蔵人と正六位上の位階を正式のものとして恩賞の沙汰をおこなっている。木曽義仲は無位無官から五位の国司、源行家は正六位上八条院蔵人から五位の国司、義仲は初任、行家は昇進だから同等の地位でよいという考えを、後白河院《ごしらかわいん》は公卿《くぎょう》に伝えたのである(『玉葉《ぎょくよう》』)。後白河院の意図は、義仲に突出した地位を与えないために、行家と並ばせようとした明快な策略である。行家の官位が正規のものでなければ、この理屈はなりたたない。

源頼政の推挙によって行家が八条院蔵人に補任されたとしても、それは八条院庁と式部省が通常の事務手続きとしておこなったものである。源行家の八条院蔵人補任を、以仁王挙兵との関係で語る『吾妻鏡』・『平家物語』の記述は虚構とみたほうがよい。

以仁王追捕の失敗

治承四年五月十日、平清盛《きよもり》が軍勢を率いて入京した。この段階で、公家《くげ》たちは清盛入京の意図をはかりかねて怪しんでいる。安徳天皇即位によって、高倉院庁が開設され、高倉院政を支える公家の集団が形成されている。平氏は、この人々と連携して安徳天皇を支えることで主導権を確保している。摂政は平氏が保護して就任させた近衛基通《このえもとみち》、鳥羽院政派・二条天皇親政派と渡ってきた村上源氏が高倉院政支持にまわっている。平氏も一門の人々が公卿に名を連ね始め、有力な勢力となっている。安徳天皇の治世を安定させるために、世情を落ち着かせたほうがよいときに、なぜ清盛入京が起こったのか。九条兼実《くじょうかねざね》以下、日記を残している公家が不審に思うのは当然といえる。

九条兼実は、五月十三日に鳥羽に幽閉していた後白河院を京都に戻すとの風聞《ふうぶん》を聞き、十四日には内蔵頭藤原季能《すえよし》の館《やかた》に後白河院を移して三〇〇騎の警固をつけたと『玉葉』に記している。平氏の軍勢三〇〇騎が警固についたのであれば、合戦をしかけるつもりで準備をしなければ、後白河院を奪うことはできない。清盛が、政治情勢を危ぶんでいるのが伝わる。

五月十五日になって、何が起きていたのかがようやく明らかになる。九条兼実は、高倉宮以仁王が謀反《むほん》を企んでいるとの風聞を聞いたが、信用できないと判断している(『玉葉』)。高倉院判官代藤原親経《ちかつね》は、「罪科、未だ露見せず」(『親経卿記』)と証拠をつかんでいないことを記している。政権の内部で仕事をする親経のほうが右大臣九条兼実より、内部情報に通じた立場にいる。

事件は、五月十五日亥刻(丑刻と寅刻のあいだが一日の境、午前三時頃)に始まる。検非違使《けびいし》の源兼綱《かねつな》と土岐光長《ときみつなが》が、以仁王捕縛のために三条高倉亭に向かった。以仁王は八条院の猶子《ゆうし》、源兼綱は源頼政の養子、土岐光長は旧二条天皇親政派の美濃源氏、捕らえる側も捕らえられる側も八条院の関係者である。平清盛は以仁王を陰謀の咎《とが》で処分しようと京都に軍勢を入れたが、以仁王が陰謀を企んだとする嫌疑に疑問が提示され、八条院が以仁王擁護にまわったことで膠着状態に陥った可能性である。五日に及ぶにらみ合いと議論は、清盛の側に決め手となる証拠がないためである。『平家物語』は熊野別当家《くまのべっとうけ》の内紛に原因があると伝えるので、清盛は風聞で勇み足をした可能性が高い。後白河院を京都に移したのも、八条院側の摂津源氏・美濃源氏は鳥羽を熟知しているので、京都に後白河院を移しておかないと危険であると判断したためであろう。警固のために三〇〇騎必要な理由も、八条院側の摂津源氏・美濃源氏の武力を考えれば、必要な兵力とはっきりする。

八条院側は、猶子とした以仁王の配流は認めるが、以仁王の命は保障すること、以仁王の捕縛は八条院傘下の武家でおこなうことを条件に折れたのであろう。八条院は養子として迎えた三位局を母とする以仁王の子供たちを守らなければならず、以仁王の罪科を可能な限り軽減させることで譲歩し、折り合いをつけたと考えられる。八条院を敵にまわすことは高倉院政派の公家(旧二条天皇親政派の再結集)が離れることにつながるので、清盛としては安徳天皇の治世の安定化のために折り合いをつけなければならない。武力で強行突破できないところが、清盛の辛いところなのであろう。

しかも、以仁王は追捕使《ついぶし》を逃れて園城寺に逃げ込んだ。園城寺大衆は以仁王の訴えを受け入れ、南都北嶺《なんとほくれい》の権門寺院に以仁王の冤罪を訴える嗷訴を呼びかけた。『平家物語』に記された牒状は、謀反《むほん》のためのものではない。嗷訴は合法なのである。この呼びかけに興福寺が応じ、園城寺と興福寺の連携による嗷訴の準備が始まった。嗷訴は、神仏の威という宗教的権威を背景におこなう武装したデモ行進に近い。儀礼化した合戦と考えればよい。それゆえに、神威を傷つければ、朝廷が費用を負担して修復し、警固にあたった武家が処罰される。この場合、神威は興福寺が担ぎ出す春日大社の神木に象徴される。王法仏法相依論《おうぼうぶっぽうそうえろん》による鎮護国家を建前とする朝廷としては、神仏の威を抑え込むことは難しい。王法で対抗できないと考えた以仁王は、権門寺院を頼って仏法の威によって平清盛に対峙しようとした。延暦寺の学僧であった以仁王らしい考えである。

八条院御所囲まれる

以仁王捕縛に失敗した朝廷は、翌十六日、平頼盛を使者として八条院御所に派遣し、以仁王の子供たちの引き渡しを求めた。平頼盛は清盛の弟であるが、八条院を後見する乳母宰相局《めのと》の娘婿で、八条院別当をつとめる側近である。『愚管抄』は、平頼盛の母池禅尼《いけのぜんに》を「夫ノ忠盛ヲモモタヘタルモノナリシシカバ（夫の忠盛を支えた人なので）」と記している。鳥羽院・美福門院の側にいたので、伊勢平氏ではじめて殿上人《てんじょうびと》に列し、美福門院庁の庁務を執ることになった忠盛が失敗しないようにと、いろいろと助言をした賢夫人という意味に理解してよいであろう。清盛は、八条院に手荒なことをしない人物、八条院との対話が可能な人物として頼盛を選んでいる。以仁王の事件は決着をつけなければならないが、八条院とのあいだに禍根を残さない処理をしたいというのが、清盛の考えである。

平頼盛は引き連れた軍勢で八条院御所を囲み、八条院との交渉によって、男子のみ引き渡すこと、ただし僧籍に入れて命はとらないこと、女子は八条院御所にとどめることで合意を取り付けた（『玉葉』・『明月記』）。八条院は越中大夫重実《しげざね》という諸大夫《しょだいぶ》を供につけ、平頼盛に男子（のちの道性《どうしょう》・道尊《どうそん》）を預けている。この子たちは仁和寺《にんなじ》に送られ、守覚法親王《しゅがくほっしんのう》（後白河院の皇子）に預けられた。八条院の手元に残された女子が、三条宮姫宮《さんじょうのみやひめみや》である。のちに八条院が大病したとき、八条院は関白九条兼実を通じて八条院領をこの女子に譲ることの許可を求める奏上をおこなった（『玉葉』）。八条院が最後まで守らなければならなかったのは、この女子である。この日、女院御所に出仕してい女房が語り継いだ話があるのであろう。読本《よみほん》系の『平家物語』は八条院・三位局と女房たちの悲嘆を詳しく記している。八条院は、交渉によって守り抜くべき子供は守り切ったかたちで落着させた。

以仁王事件の展開

平清盛と八条院がこの事件をどのように落着させるかで話し合いを続けているとき、以仁王は両者の思惑からまったくはずれる行動をとって、事件を拡大させていった。園城寺にはいった以仁王は「三条宮寺ニ七八日オハシマシケル間、諸国七道ヘ宮ノ宣トテ武士ヲ催サルル文ドモヲ、書チラカサレタルヲ」(『愚管抄』)と伝える。『愚管抄』を記した慈円《じえん》が以仁王を保護している園城寺の動向を注視している延暦寺の青蓮院門跡《しょうれんいんもんぜき》であることを考えれば、園城寺の情報が一番集まるところにいた人物のもつ情報ということになる。慈円は、園城寺にはいった以仁王が諸国の武士に対して軍勢催促をする文書を発給したと伝えている。

筆者が以仁王令旨を治承四年五月の宮の宣の改竄《かいざん》か、偽文書《ぎもんじょ》かと疑うのは、この文章が根底にある。以仁王の三条高倉亭には、文章道の学者少納言藤原宗信《むねのぶ》が家司《けいし》としている。以仁王令旨は檄文《げきぶん》なので通常の文体でなくてよいと主張する説があるが、宗信なら格調の高い行政文書の漢文で草案が書ける。宗信は以仁王と行動を共にしていたが、園城寺から宇治へ向かう強行軍のときに乗馬が弱くて落伍し、生き残ることになった(『平家物語』)。宇治川合戦直前まで、行動を共にした部下である。しかし、現在伝わる以仁王令旨は、僧侶の文章である。しっかりとした史料批判をおこなう必要がある。

以仁王事件は、延暦寺の動向によって流れが決まった。平氏政権は園城寺に籠もる以仁王の抵抗に手を焼き、園城寺に追捕使を派遣することを決定した。追捕使に任命された武将のなかに、八条院に属する平頼盛・源頼政がいる。八条院とのあいだで妥協が成立したことを示す編成である。この二人を加えることは、以仁王に追捕使は派遣するが、手荒な追捕を強行しようとすれば内部から異論が出ることを意味する。以仁王に対して、話し合いの余地があることを示す編成である。

以仁王挙兵という事件の変質

一方で、平清盛は、園城寺に圧力をかけるために、延暦寺に味方をするか、最低限でも中立を保つことを求める提案をし、延暦寺に兵粮米《ひょうろうまい》を送った(『吾妻鏡』)。この提案をうけた延暦寺は、園城寺を焼討ちする大義名分を得たと勢いづき、延暦寺大衆は満山の合意のもとに園城寺焼討ちの準備を始めた。

延暦寺は大きな寺院なので、衆議がまとまらず、院家や堂塔単位で動くことが多い。その場合は、数百人規模の出陣となる。延暦寺が意思統一した場合を「満山の合意」と表現する。満山の合意は、延暦寺・末寺・寺領に対して大衆・兵士(武装した寺領の住民)を出すように催促がおこなわれる。公称で三万人と表記される動員は、満山の合意である。満山の合意を得るのはなかなか難しく、天台宗本山を自認する延暦寺から分派した宿敵《しゅくてき》園城寺を焼討ちする場合は積極的な賛同が得られるが、ほかには朝廷に対する嗷訴ぐらいである。事態打開のためとはいえ、清盛は招いてはいけない人々を招いた。以仁王事件の本質は王家の内訌《ないこう》であるが、延暦寺は宿敵園城寺を焼討ちする名目としてこの事件を利用した。

延暦寺に武力で対抗する力をもたない園城寺大衆は、以仁王を守って南都に移動する決定をした。天台座主明雲《みょううん》や延暦寺とやりとりする使者は、延暦寺の大衆が満山の合意を得るべく、堂塔・院家を説得している状況を朝廷に伝えている。延暦寺が満山の合意で園城寺を攻めることを知った源頼政は、以仁王を守るべく九条近衛河原にあった館を焼いて園城寺にはいった(『玉葉』)。園城寺から声をかけられて嗷訴に協力すると約束していた近江源氏山本義経《よしつね》は、この状勢を判断して参加しなかった(『玉葉』)。以仁王の挙兵と呼ばれる事件は、平氏と以仁王の物語として語られるが、延暦寺と園城寺の確執が前面に出てきた段階で、主導権は延暦寺に移っていた。延暦寺は、平清盛の行動に制限をかけてきた八条院の意向をまったく考慮しない。

治承四年五月二十六日、興福寺に向かう以仁王の一行と追跡する追討使とのあいだで、宇治川合戦が起きている。朝廷は、以仁王の行動を軍事行動と認定し、反乱鎮圧に目的を変えて追討使を派遣した。治承四年の宇治川合戦は、以仁王の一行を興福寺まで落とすため、源頼政が追討使足止めを目的に宇治平等院《びょうどういん》に籠もったことで起こった。追討使が頼政の意図に気づき、軍勢の一部を以仁王追跡に振り分けたことで、以仁王の逃走は失敗した。

興福寺は嗷訴のつもりで奈良を進発し、嗷訴の先陣は木津川《きづがわ》の河口を渡ったところまで進んでいた。以仁王は光明山寺《こうみょうせんじ》(京都府木津川市)まできていたので、興福寺大衆は合戦のつもりで先遣隊を派遣すれば収容できるところまで近づいていた。収容できないまでも、興福寺大衆が間近にいることを追討使が意識すれば、追跡から戦闘隊形に組み変える必要がある。その時間があれば、以仁王は南都大衆のところに逃げ込むことのできる距離である。以仁王の死は、何か一つよい方向に条件が変わっていれば興福寺に逃げ込めたという運に見放されたものであった。以仁王討死の場所から興福寺大衆のいる木津川渡河点まで、四キロメートルなかったのである。

源頼政は、平等院では防ぎ切れないと判断した段階で、以仁王を追って南都に向かおうとした。『玉葉』や『平家物語』のなかでも鎌倉時代書写が確認される延慶本《えんきょうぼん》は、陣形を組み直して南下を強行したが綺《か》田《ば》(綺河原《かばのかわら》)で負傷して自害したと伝える。以仁王追討の先遣隊は止められないまでも、追討使本隊を最後まで足止めしたことは武将として評価すべきなのであろう。平等院扇の芝《おうぎしば》の物語や「埋もれ木の」で始まる辞世の句は、『平家物語』が語り継がれていくなかで書き換えられていった伝承である。

八条院が失ったもの

八条院は以仁王の事件に巻き込まれた側であり、彼女が処罰の対象となることはなかった。しかし、日常を共にしていた人々がいなくなったことの寂寥感は大きかった。

高倉院政は以仁王の行動を反乱と認定し、以仁王を「刑人(刑罰をうけた人)」とした。これは、建久七(一一九六)年に八条院が手元に残すことのできた三条宮姫宮に八条院領を譲ろうとしたとき、後鳥羽天皇が内親王宣下を許可しない理由となる(『玉葉』)。のちのちに、禍根を残した事件である。

平頼盛に引き渡された王子は、そのまま仁和寺の守覚法親王に預けられ、道尊は真言密教の高僧として安井門跡《やすいもんぜき》を起こした。密教僧として立場が安定したのちは、八条院の高野山参詣に随行したりと(『金沢文庫資料全書　寺院指図《さしず》編』高野山金堂図他)、交流は続いていくが、手元から離されたことは八条院や八条殿に出仕する女房に寂寥感を与えたであろう。『平家物語』は、道尊を腹のすわった利発な王子であったと伝える。鳥羽院を楽しませた自らの幼少時代と同じように、以仁王の子供たちは八条院の日常生活のなかに華やぎを与える存在となっていたと推測される。

この事件では、八条院の武力として残っていた源頼政が討たれた。美福門院の時代から殿上人として出仕した老臣であり、歌人として歓喜光院《かんきこういん》御所でおこなわれた歌会に参加していた(『頼政集』)。頼政に従って八条院御所に出仕していた人々もいなくなったので、八条院御所を警固する武力は、池大納言平頼盛が中心となる。養和元(一一八一)年十二月の「八条院侍所旬日見参」(國學院大學所蔵「高山寺《こうざんじ》文書」)から、頼盛のようなまとまった軍勢を率いる武家以外にも、在京する武家や朝廷の武官が八条院御所に出仕していたことはわかる。ただ、警固や治安維持といったまとまった武力は、頼盛が中心である。

美濃源氏土岐光長は、治承四年十二月に始まる平氏の東国追討で近江源氏や源頼政の残党とともに追討使平知盛《とももり》と戦っている。甲斐源氏の八条院蔵人奈古義行《なごよしゆき》も在京していたが、寿永元(一一八二)年に東国に下向《げこう》しようとして討たれた(『山槐記《さんかいき》』)。八条院の影響力のおよぶ範囲にいれば安全だが、平氏政権は許可なく東国に戻ろうとする武家をゆるさない。

このような状況のもとで、八条院御所に出仕する人々が弛緩していったのは事実なのであろう。寿永二年春から八条院御所に出仕を始めた藤原俊成の娘八条院中納言は、『たまきはる』で出仕した当初の無気力な雰囲気を回想している。以仁王の事件は、八条院の周辺にいる人々を入れ替える転機となった。九条家を新たな家族として迎えることで、八条院の世界はつぎの時代へと移っていく。

第4章　新たな時代の始まり

1　平氏が都を守っていた時期

『たまきはる』の世界

寿永二(一一八三)年春、藤原俊成《としなり》の娘八条院中納言が、八条院御所《はちじょういんごしょ》に出仕を始めた。彼女の回想録『たまきはる』の後半部分には、八条院御所で起きたさまざまなことが書かれている。八条院の人柄や、女房の目線でみた八条院御所の様子は貴重な情報である。前章までの叙述は公家の日記や歴史書・説話文学から素材を得ているので、外からの目線で八条院とその周辺の人々を記録したものが情報源である。一方、『たまきはる』は、八条院御所のなかで活動した女房の目線で書き残されたので、他の史料群とは情報の性質が異なっている。ここには、八条院の日常の姿が記されている。

たとえば『たまきはる』にはつぎのような記述がある。八条院中納言は八条院が持仏堂《じぶつどう》に籠もって念じている最中に呼び出され、持仏堂から随行している。八条院が御所の正殿に戻ってから、「又、たたみ(畳)おき、(八条院の)御まへ(前)にては、かいおほい(貝覆い)、さうき(将棋《しょうぎ》)さしなどあそひしも」と記述する。御所は板敷きなので、祗候《しこう》する女房は畳を敷いた席に座るか、円座《えんざ》と呼ばれる敷物の上に着座している。八条院の御前に遊戯に使う畳を用意させ、貝合せや将棋を指して遊んだと回想している。平安時代の将棋は、平安大将棋と呼ばれる駒数の多いものと、現代の将棋から飛車《ひしゃ》・角行《かくぎょう》を除いた枚数の少ない小将棋の二種類が知られている。どちらで遊んだかは、わからない。将棋の指し手を記録した棋譜《きふ》が残っていないので、どのような将棋を指したかはわからない。この記述だと、八条院も一緒になって将棋を指したのか、祗候する廷臣や女房が指しているのをおもしろがってみていたのかはわからない。ただ、八条院御所に出仕する廷臣や女房のなかに規則や駒の動かし方を知っている者がいて、女院御所でおこなわれる日常の遊びに将棋があったことは興味深い。『たまきはる』は重要な史実を書き残しているが、このような女院御所の日常も書き残している。この頃の将棋は、廷臣や女房が遊ぶ宮廷文化なのである。将棋は、鎌倉時代になると武家が兵略を学ぶ思考実験となり、宮廷文化の遊戯から変質する。

八条家と公卿別当

治承《じしょう》寿永《じゅえい》の内乱期に八条院庁の中枢にいたのは、藤原北家頼宗《よりむね》流の乳母夫《めのと》中御門宗家《なかみかどのむねいえ》、村上源氏の源定房《さだふさ》、八条中納言藤原長実《ながざね》の孫八条三位《さんみ》実清《さねきよ》とその子長経《ながつね》、美福門院《びふくもんいん》乳母夫(後見)・八条院庁年預《ねんよ》をつとめた藤原親忠《ちかただ》の孫親行《ちかゆき》と外孫藤原隆信《たかのぶ》、美福門院・八条院に重代《じゅうだい》の主典代《さかんだい》として仕える大江以孝《おおえのもちたか》（美福門院主典代大江以平《もちひら》の一族）といった人々である。そこに、八条院女房として出仕を始めた八条院中納言、上北面《じょうほくめん》として出仕を始めた弟藤原定家《さだいえ》が加わったというところであろう。『たまきはる』と定家の日記『明月記《めいげつき》』という八条院御所の内面を伝える史料が、この時期から加わってくる。定家は外戚藤原親忠（一〇九五～一一五三年）の縁者としてはいっているので、父藤原俊成の推挙ではない。八条院庁の仕事は事務方が割り振られている。ここには歌人定家の世界はなく、上北面として八条院御所に出仕し、日常の仕事をして帰る日々が続いている。「八条院関係文書群」に記された世界である。

八条院庁から朝廷に申請する書類は、公卿別当が筆頭に位置するか、人事の書類は公卿別当単署で作成する。壮年期まで殿上人《てんじょうびと》として活動する八条家は公卿別当の下につくので、八条院庁の庁務を執る家として筆頭の位置には立てない。そこで、上席に座る公卿別当《べっとう》と年預別当をつとめる八条家が名を連ねる八条院庁発給文書が出される。公卿別当の役割をつとめる家が、中御門家《なかみかどけ》・村上源氏・池大納言家《いけのだいなごんけ》といった議政官《ぎせいかん》をつとめる公卿たちである。八条家は、最後に非参議三位まで昇る公卿の家なので、八条院院司《いんじ》として活動するのは四位別当・五位判官代《ほうがんだい》の時代が長い。公卿の家も、公卿の仕事をつとめる家と、晩年になって公卿に列する家に分けて考える必要がある。

この時期、八条院庁の庁務を執る議政官の公卿別当は、大納言源定房と権大納言中御門宗家である。源定房は源雅兼《まさかね》の子で、藤原得子《とくし》の皇后宮大夫をつとめた源雅定《まささだ》の養子となり、雅定の家族として行動を共にした。この時期の八条院庁に出仕する雅定の孫通親《みちちか》・通資《みちすけ》兄弟の叔父にあたる。定房は、応保元（一一六一)年十二月二十六日の八条院殿上始《てんじょうはじめ》で別当に補任《ぶにん》された。後代に語り継がれるような逸話を残すことのない有能な廷臣とみてよいのであろう。妬《ねた》みを超える有能さでなければ誉められないし、無能なら嘲笑の記事が日記に書き残される世界である。政務で名前が出てくるにもかかわらず、批判されることなく仕事をしている人は、平均点以上の仕事ができる人と判断してよい。なお、定房の子雅行《まさゆき》が八条院の葬送を担当する。八条院に最後まで付き従った家である。

中御門宗家は、同年十二月十六日の八条院院号定《いんごうさだめ》の日に、別当に補任された。定房も宗家も、八条院庁開設以来の宿老《しゅくろう》である。宗家は、美福門院の父藤原長実《ながざね》を『中右記《ちゅうゆうき》』で酷評した中御門宗忠《むねただ》の孫、父宗能《むねよし》は美福門院別当、宗家も美福門院・八条院二代の別当をつとめた重臣である。後白河院も、安元二(一一七六)年三月六日の行事賞《ぎょうじのしょう》で、側近の源資賢《すけかた》が中御門宗家を超越《ちょうえつ》(官位昇進で追い越すこと)しないようにと同日叙位で従二位に昇進させている。院近臣藤原成親《なりちか》が中御門宗家を超えて正二位に昇進したことが『平家物語』の「被流成親事(成親流さるること)」で成親の奢《おご》りとして語られている。後白河院は、葉室《はむろ》家や村上源氏を怒らせて政局を複雑にしている。実行するときは冷徹な手を打つが、守るべき人、配慮したほうがよい人には手厚くすることを学んでいる。八条院の周囲をみても、藤原顕時《あきとき》や葉室惟方《これかた》の子孫は徹底的に冷遇しているが、大炊御門《おおいのみかど》家や中御門家に対しては配慮を怠っていない。有能な廷臣を怒らせて、よいことはないのである。

公卿別当がつとめる仕事の一つが、朝廷に申請する文書の申請者である。一通、現代語訳しながら紹介しよう。

八条院
　正六位上中原朝臣兼国
　　望む豊後介
右、今年正月の臨時御給では、中原景保を彼の国の介に任じた。しかしながら、身に病があると称して赴任しなかった。よって、この兼国に改任するよう、このように請うところである。
　　安元元年十二月六日　　　別当参議正三位行《ぎょう》右衛門督兼近江権守　平朝臣頼盛

八条院は今年正月に八条院臨時御給で中原景保《なかはらかげやす》を豊後介に推挙して補任してもらった。しかし、景保は病気で赴任しないので、中原兼国《かねくに》を新たに任命したいと申請している。実際のところは、知行国《ちぎょうこく》制度になっていて、豊後介は仕事のない名誉職である。それでも望むのは、官職についていない散位《さんに》でつぎの官職を申請するよりも、国司の次官から仕事のある京官《きょうかん》(中央の役所)の三等官を申請したほうが有利であること、八条院の配下にいるという経歴を確定させることが狙いである。任地に赴任しなかったというのは名目上の理由で、八条院の官職補任の申請をうけた実績をつくったので、後任と交替させている可能性がある。名誉職として任官させてもらえればよい人は地方に戻ればよいが、武官なら兵衛尉《ひょうえのじょう》、文官なら仕事のある主計少允《しゅけいのしょうじょう》など寮の官職をつぎに申請する。八条院中納言が八条院のところに仕事が欲しいと訪れる人と『たまきはる』に書き残したのは、朝廷のまだ実態のある役所の官職を狙っているためである。こういう申請をおこなうのが、公卿別当である。八条院がまだ暲子内親王と呼ばれていた時代には、勅別当藤原伊通《これみち》がおこなっていた。院号宣下の頃は花山院忠雅《かざんいんただまさ》がこの仕事をおこなっていた。藤原定家の父藤原俊成も、太皇太后宮《たいこうたいごうぐう》藤原多子《たし》の太皇太后宮大夫として大皇太后宮職の年官(官職補任の推挙権)を使って下級官人の推挙をおこなっている。年爵は実態をもっているが、年官は実態をもっている推挙をおこなっている場合と、推挙する人物はいないが形式を整えるために仮名《けみょう》(架空の人物)を使う場合があるので要注意である。この種の仕事を四位別当はつとめていない。

東国追討

治承四(一一八〇)年十月二十日の富士川合戦敗北ののち、朝廷が派遣した追討使は態勢を立て直すことができず、京都まで敗走した。源頼朝《よりとも》は坂東《ばんどう》を制圧するために常陸国に転進し、甲斐源氏は駿河・遠江両国の制圧をめざして西に軍勢を進めた。この動きをみて、近江源氏山本義経《よしつね》と美濃源氏の諸家、源頼政《よりまさ》の一族美濃国池田郡司池田奉光《ともみつ》が軍勢を起こし、延暦寺《えんりゃくじ》園城寺《おんじょうじ》の大衆《だいしゅ》も加わったことで、追討使と反乱軍の戦いが京都前面で始まった。

平氏政権は、東国の源氏追討から京都防衛戦に名目を変え、京都周辺に軍政を布《し》くとともに、公卿・殿上人や朝廷の官人に対して首都防衛の軍勢として武者を出すことを求めた。藤原定家にも武者を出すように催促がきたので、縁を頼って招き寄せた下級官人の従者に武具を着せ、駄馬に載せて送り出したと記録している。京都が戦場になって荒廃しては困るので、協力せざるをえない(『明月記』)。

源頼朝や木曽義仲《よしなか》の軍勢と違い、この追討で戦っている畿内の源氏には八条院庁に出仕していた武家が含まれている。美濃源氏のなかには、保元《ほうげん》・平治《へいじ》の乱で美福門院・暲子内親王を守った土岐《とき》一族がいる。

ほかにも、源頼政の一族池田氏が美濃源氏に加わって戦っている。八条院は、追討している武家のなかに八条院御所に出仕していた人々がいることを知っているであろう。首都京都を守るための戦いとはいえ、どのように思っていたのであろうか。美濃源氏や池田氏はこの戦いに敗れるが、生き残った人々は寿永二(一一八三)年七月の木曽義仲の上洛に合流して京都に戻ってくる。

京都を飢餓の都とする物流寸断

鴨長明《かものちょうめい》の『方丈記《ほうじょうき》』を読んだことのある人なら、京都を襲った養和《ようわ》の飢饉の厳しさは想像がつくであろう。この飢饉は、戦乱によって物流が寸断されたことに原因がある。西国は干魃《かんばつ》だが、源頼朝や木曽義仲が支配する東国は豊作である。東国の米が京都にはいってこないことが、深刻な飢饉を招いている。朝廷の統治が三河国東部・信濃国以東の国々におよばなくなり、その地域の荘園年貢が途絶している。越後平氏が木曽義仲の進出を抑えている北陸道や、奥州藤原氏が支配する陸奥・出羽は日本海経由の海上輸送でつながっているが、この地域も、木曽義仲が越後平氏や追討使平通盛《みちもり》を破って越前国まで進出すると、平経正《つねまさ》が維持する若狭国の湊に入れる船に海上輸送が限定されることになる。山陰道の年貢はかろうじて送られてくるが、東日本からの物流が途絶している。西日本の干魃による不作だけではなく、内乱によって東日本の物流が途絶したことが、首都の住民を飢えさせている。

朝廷が平氏の軍事力でかろうじて維持している畿内や西日本は、年貢を京都に送ってくる。京都は、絶対量としては食糧不足であるが、豊かな人々はそれなりの生活ができる状態を維持している。ただし、年貢をまだ送ってくる所領であっても、平氏政権が京都を守るための戦いを続けるために兵粮米《ひょうろうまい》徴収をおこなうので、年貢は定数通りに納入されない。

河内国田井庄《たいのしょう》は、藤原実清《さねきよ》が領家《りょうけ》をつとめる安楽寿院《あんらくじゅいん》領荘園である。淡路守平清房《きよふさ》書状は、兵粮米徴収にあたる河内国国衙《こくが》と田井庄庄官が争っているので「当庄兵粮米七十石」を納入するよう藤原実清に求めている（「高山寺《こうざんじ》文書（六曲一双屏風貼付）」）。平氏政権は、惣官惣下司《そうかんそうげし》の制度を新設（書類上は先例ありとする）してこの地域に軍政を布き、追討に必要な兵粮米を確保しようと努めている。田井庄の生産力はわからないが、庄官は国衙に対しては兵粮米納入ができないと訴えたので、平清房が早く納入するようにと領家の藤原実清に対して申し入れてきた。平清房の立場は惣下司であろう。飢饉で生産量が落ちているなかで納入された年貢米を、平氏は兵粮米として徴収しようとしている。養和元（一一八一）年に美濃国で戦った追討使は、京都に対して兵粮米が欠乏していると報告している（『玉葉《ぎょくよう》』）。寿永元（一一八二）年冬から二年にかけて、平氏は大規模な兵粮米徴収をおこなって北陸道遠征の準備をしていた。荘園の下司と争っても埒《らち》があかないので、清房は領家の藤原実清と交渉を始めている。飢饉で米不足のなかで、収穫できた米を誰が収納するかをめぐる救いのない争いである。

安楽寿院領和泉国長泉《ながいずみ》庄の庄官中原家憲《いえのり》は、養和元年十月付で昨年治承四（一一八〇）年の年貢納入は三分の一となったこと、今年は干魃により皆損（未納）になると報告している（「高山寺文書（六曲一双屏風貼付）」）。この荘園は、鎌倉時代に源頼朝の子貞暁《じょうぎょう》の所領となっている。小松家の平維盛《これもり》・資盛《すけもり》など、平氏と運命を共にして没収された平家没官領《へいけもっかんりょう》と考えてよいのであろう。長泉庄は、治承四年の年貢はまだ三分の一納入できたと報告している。飢饉のうえに重なる兵粮米の徴収、京都の住民が食べるのに十分な量の年貢が届いていない状況が容易に推測できる史料である。

2　木曽義仲をめぐる問題

平氏の都落ちと都の混乱

寿永二(一一八三)年七月二十五日に、京都を守ることを断念した平氏が、福原《ふくはら》京跡(兵庫県神戸市)をめざして平安京から撤退した。

これに先立つ七月二日、八条院《はちじょういん》は後白河院《ごしらかわいん》とともに鳥羽に赴き、八条院の催しとして鳥羽院国忌《こっき》供養をおこなった。同行した吉田経房《つねふさ》が『吉記《きっき》』に記録を残している。そこには、中《なか》御門宗家《みかどのむねいえ》・源雅頼《まさより》・徳《とく》大寺《だいじ》実家《さねいえ》・吉田経房・源通親《みちちか》・藤原実清《さねきよ》・藤原頼輔《よりすけ》・高階泰経《たかしなのやすつね》・平親宗《ちかむね》が名を連ねる。後白河院と八条院の側近である。木曽義仲《よしなか》がいつ京都に軍勢を入れるかと騒然としているなかで、鳥羽で催された法要である。ここに参列した人々は、それなりに腹がすわっているのであろう。翌七月三日、八条院は仁和寺《にんなじ》を訪れている。ここには、治承四年に守覚法親王《しゅがくほっしんのう》に預けられた養子道性《どうしょう》・道尊《どうそん》がいる。側に居たかったのであろう(『玉葉《ぎょくよう》』)。八条院は、仁和寺常磐殿《ときわどの》の御所《ごしょ》で平氏都落ちの日を迎えることになる(延慶本《えんきょうぼん》『平家物語』)。

『平家物語』は、平氏が都落ちする七月二十五日について、さまざまな人物を登場させて悲喜劇を語っている。八条院の側は安全地帯とみなされたので、この日、八条院に面会を求める人々が集まったという。延慶本『平家物語』第三末「頼盛道《よりもりみち》ヨリ返給事」は、山科《やましな》に出陣して木曽義仲の軍勢の入京を阻む役割を担っていた平頼盛が、わざと連絡を遅らされて後退の最後尾にされたと考え、一門の人々に見捨てられたと判断した。実際は、平維盛《これもり》の軍勢が頼盛よりさらにうしろにいたので、最後尾ではなかった。平氏の本隊・頼盛の軍勢・源氏の先陣・平維盛の軍勢という順番であり、京都にはここを墳墓の地と覚悟して戻った平貞能《さだよし》の軍勢がいた。平宗盛《むねもり》が率いる本隊も混乱しており、連絡が遅れたり、連絡し忘れたりという状態であった。

本隊から捨て駒にされたと考えた平頼盛は軍勢を解散して京都に戻り、後白河院に相談した。後白河院は、八条院に相談するよう指示した。八条院御所では、八条院の乳母《めのと》をつとめた姑の宰相殿《さいしょうどの》（村上源氏・法印寛雅の娘）が案内をつとめ、八条院との対面がかなっている。後白河院は、頼盛や維盛は京都に残留すると考えていたのではないだろうか。後白河院と源頼朝《よりとも》がすでに話し合っていたのかはわからないが、八条院とは話をつけており、頼盛は八条院の口から坂東《ばんどう》に下って頼朝にかくまってもらうことを勧められている。頼盛の家人平宗清《むねきよ》が、平治《へいじ》の乱（平治元〈一一五九〉年）に敗れて敗走する頼朝を捕らえている。池禅尼《いけのぜんに》（頼盛の母）が助命嘆願した話はどこまで影響力があったかはわからないが、頼朝が頼盛・宗清に対して恩義を感じて保護したことは事実である（『愚管抄《ぐかんしょう》』）。平氏が木曽義仲との戦いに敗れたことが情報として鎌倉に伝わったときから、頼朝の意思として頼盛助命の話が出ていた可能性はある。後白河院は、木曽義仲入京後におこなわれた七月二十八日の議定《ぎじょう》で、平頼盛の処遇をどうするかをはかった。吉田経房が頼

表10　平頼盛経歴

年　月　日	西暦	位　階	経　　歴
久安２年４月11日	1146	正六位上	皇后宮権少進補任
３年８月23日	1147	正六位上	六位蔵人兼任
３年10月10日	1147	従五位下	統子内親王久安元年未給
５年６月４日	1149	従五位下	常陸介補任
６年10月２日	1150	従五位上	美福門院金泥一切経供養行事賞
仁平３年１月５日	1153	正五位下	美福門院御給
保元元年閏９月22日	1156	正五位下	安芸守補任
２年１月４日	1157	正五位下	右衛門佐兼任
２年10月22日	1157	従四位下	造貞観殿賞(保元の内裏造営)
３年11月26日	1158	従四位上	尻付なし
平治元年12月27日	1159	従四位上	尾張守補任，勲功
応保元年２月28日	1161	正四位下	尻付なし
元年４月７日	1161	正四位下	太皇太后亮兼任
元年10月29日	1161	正四位下	右馬頭補任，他官は在任
２年４月７日	1162	正四位下	内蔵頭補任，他官は在任
２年７月17日	1162	正四位下	修理権大夫補任，尾張守・太皇太后宮亮は留任
長寛元年１月24日	1163	正四位下	尾張守を辞任し，子保盛を越前守に補任
仁安元年７月15日	1166	正四位下	大宰大弐兼任
元年８月27日	1166	従三位	大宰府赴任賞
元年10月21日	1166	従三位	太皇太后宮権大夫に転任
２年１月28日	1167	正三位	六条天皇行幸院賞
３年10月18日	1168	正三位	参議補任
３年11月28日	1168	正三位	解官
嘉応元年12月30日	1169	正三位	参議に還任
安元２年12月５日	1176	正三位	権中納言補任
治承３年11月17日	1179	正三位	解官
４年１月23日	1180	正三位	権中納言還任
４年４月21日	1180	従二位	御即位叙位，安徳天皇臨時内給
４年６月４日	1180	正二位	安徳天皇福原行幸，家賞
寿永元年10月３日	1182	正二位	中納言補任
２年４月５日	1183	正二位	権大納言補任
２年８月６日	1183	正二位	解官(除籍ではない)
元暦元年６月５日	1184	正二位	権大納言還任
元年12月20日	1184	正二位	権大納言を辞し，子光盛を左少将に補任

注：統子内親王は上西門院，皇后宮は美福門院，太皇太后宮は藤原多子。

盛の帰順をゆるさなければ誰が降参するのかと主張したことに多くの公卿が同意し、頼盛の帰順は認められた(『吉記』)。頼盛は朝廷の官職を解かれたが、位階は残された非参議となり、公卿の地位は維持された(『百錬抄《ひゃくれんしょう》』)。官位を剥奪されて除籍となった内大臣平宗盛が、庶民として斬首されたのとは大きな待遇の違いである。鎌倉幕府は武家に対しては容赦しないが、公卿や僧侶は朝廷に判断を委ねている。

頼盛が鎌倉に下るのは、後白河院と木曽義仲との関係が決定的に悪くなった十月二十日のことである(『百錬抄』)。木曽義仲も、朝廷が赦免を認めている人物に危害を加えることはなかった。『愚管抄』から推測すれば、八条院が保護できる範囲内で静かにしていたことになる。

八条院別当平重盛《しげもり》の子資盛《すけもり》も、この日八条院御所を訪れ、参上の旨を伝えた。しかし、資盛の参上を取り次ぐ者はなかった。京都にとどまることを諦めた資盛は、兄維盛とともに本隊に合流すべく、京都を離れていった(長門本《ながとぼん》『平家物語』)。

翌七月二十六日、吉田経房は後白河院のいる延暦寺《えんりゃくじ》に登山した。途中で、八条院御所のあたりが騒がしいと聞いた後白河院が、様子を聞くべく派遣した使者前右馬助源経業《つねなり》と逢ったので、情報交換している(『吉記』)。平氏都落ちにあたり、八条院御所に助けを求める人が多く集まったので、騒然としていることを聞いたのであろう。

九条兼実と八条院の接近

この時期、右大臣九条《くじょう》兼実《かねざね》も後白河院と連絡をとることは難しかったようである。八月一日、八条院を間にたてて後白河院に奏上し、返答をもらってようやく得心している（『玉葉』）。木曽義仲入京によって、朝廷がこれからどうするのか、安徳天皇が平氏とともに都を去ったことにより、天皇をどうするのかなど、後白河院の考えを知らなければ判断のつかない問題が山積している。その状況のなかで、後白河院の意向を確認できる人物として浮上したのが八条院である。後白河院は、平氏とともに一度は都落ちしようとした摂政近衛基通《このえもとみち》の留任を認めることで、摂関家を影響下においている（『吉記』・『春日権現験記《かすがごんげんげんき》』）。

八月二十七日、九条兼実は右大臣を辞任し、嫡子良通《よしみち》を後任にすえたいと仮名書状を八条院に送っている（『玉葉』）。仮名と書いているところが、注意点である。源定房《さだふさ》・中御門宗家・藤原実清といった八条院の庁務をとる公卿を通さず、八条院に直接伝えようとしている。八条院本人に対して書いたのか、女房三《さん》位局《みのつぼね》に説明をするよう依頼したのかはわからない。九条兼実が八条院に依頼をした案件は、八条院が体調を崩したことで、後白河院との交渉が先送りになった。後白河院との面談の回答がきたのは九月二十七日で、後白河院の回答は、今は人材も少ないので辞任を認めないというものであった（『玉葉』）。皮肉な話であるが、このときに九条兼実が右大臣を良通に譲任することを認めていれば、のちに後白河院の最大の敵となる摂政九条兼実は誕生しなかった。九条兼実がめざすのは、藤原道長《みちなが》の時代を理想とした摂関家主導の政治である。後白河院政を抑え込みたい源頼朝もこの方針を支持するので、建久三（一一九二）年に後白河院が崩御《ほうぎょ》したのちに摂関家主導の政治が実現する。

九条兼実と八条院三位局を父母とする九条良輔《よしすけ》が誕生するのは、文治元（一一八五）年九月二十日である（『玉葉』）。八条院と九条兼実の密接な連絡がこの頃からみえ出すとすれば、当初は政治的な連携の仲介であった三位局との関係が、夫婦の関係に発展していったということなのであろう。九条兼実は八条院の妹高松院《たかまついん》に親しく出仕していた重臣であり、高松院の最期を看取った人物である。八条院との関係は、もともと良好だった。八条院と兼実が急接近する理由を考えれば、平氏都落ちによって先のみえない状況のなかで、双方が相談し、連携する相手を求めていたということであろう。

少し先のことを述べれば、この半年後に一ノ谷《いちのたに》合戦が起こる。合戦後、後白河院は平氏に勝利したことから安徳天皇が上皇として還御《かんぎょ》することで、和平を結ぼうと平氏に提案をする。後白河院は、後鳥羽天皇を正統な天皇と認めさせることができれば、平氏追討はそこまででよいと考えている。このことを源頼朝に相談したとき、頼朝は摂政を九条兼実に交替させることを提案した。頼朝にその案を示せる人物を考えれば、八条院の側にいて、摂関家のなかで八条院の味方として動くのが九条兼実であることを知っている人物、十月に鎌倉に下向する平頼盛である。近衛家が後白河院支持の立場を変えることはないので、源頼朝は京都での支持者として九条兼実を選び、摂政に推していく。八条院は、頼朝と連絡をとる仲介の人物をもたない。頼盛の鎌倉下向が単なる避難だけではなく、八条院側の人々がもつ情報を頼朝に伝えたという意味で、今後の政局に大きな影響を与えることになる。

木曽義仲が後白河院と対立する理由

治承四(一一八〇)年秋の木曽義仲挙兵は、信濃国の平氏家人笠原頼直《けにんかさはらよりなお》が源頼政《よりまさ》残党として源仲家《なかいえ》(義仲の兄・頼政養子)の弟を監視し、追捕しようとしたことによる(『山槐記《さんかいき》』・『平家物語』)。木曽義仲は、源頼朝よりも戦《いくさ》上手である。義仲挙兵は義仲が信濃国の三分の二を制圧して善光寺平《ぜんこうじだいら》で態勢を立て直した平氏家人笠原頼直と正面衝突するまで、京都には伝わらなかった。義仲挙兵の日は、わからない。伊豆国で挙兵したことが(『玉葉』・『山槐記』)、すぐに京都に伝わってしまった頼朝とは戦争の技術のレベルが違いすぎる。皮肉なことに、義仲挙兵の日がわからないために、一番最初に挙兵したのは源頼朝というのが史実になっている。義仲は信濃国の三分の二を掌中におさめるまで情報の秘匿に成功したので戦況を考えれば、義仲が先でないとおかしい。

平氏からみれば、義仲は頼政残党の範疇《はんちゅう》にはいる。頼朝は二〇年前に伊豆国に配流《はいる》された流人《るにん》で、頼朝挙兵の第一報で名前が思い浮かばないほど、京都の人から忘れられた存在である。頼朝と義仲のいずれが厳しく警戒されていたかは、明白である。

木曽義仲は、軍事における優れた才能を活かして追討使を破り、入京を果たした。北陸道で戦っているとき、以仁王《もちひとおう》の遺児北陸宮《ほくりくのみや》を保護したことから、義仲の戦いは自衛のための戦いから、皇位継承戦争へと性格を変えていった。これが、後白河院と義仲が協調できない最大の理由となる。

後鳥羽天皇即位

寿永二(一一八三)年八月中旬は、安徳天皇が三種の神器をともなって西国に逃れたことで、天皇不在の朝廷をどうするかという重大な決定をしなければならないときである。後白河院は、腹案として四宮《よんのみや》(後鳥羽天皇)を即位させることを考えていた。平氏は、安徳天皇が正統な天皇であるとする立場を崩していない。これだけで、二帝並立となる。そこに、木曽義仲が上洛戦の大義としてきた北陸宮即位を提案してきた。後白河院は、三宮《さんのみや》（惟明《これあき》親王）・四宮・北陸宮の三人を候補とした卜占《ぼくせん》（神祇官《じんぎかん》の亀卜《きぼく》と陰陽寮《おんようりょう》の式《ちょく》占《せん》）により神意を尋ね、決定するということで木曽義仲を納得させたが、神意は三宮と出たため、状況はさらに混沌とした。

このような状況のなかで、後白河院は、八条院御所を訪れ、つぎの天皇について話をしている。八条院中納言は、後白河院と八条院の対話なので気を利かせて退席すべき立場であった。八条院少納言は間合いを取り損なったと判断し、退席するように身振りで示したが、中納言は無視して同席した。少々長いが、『たまきはる』を意訳しながら抄出する。

後白河院が（八条院の御前に）お渡りになられるということなので、人々は退席したけれど、退席する者を指名しなかったので、今漠然と不安に思っていること（皇位継承問題）を聞けるだろうと、こざかしい悪心を起こして、言うかいもない心なき人になって退席しなかった。慌てた少納言局が、困ったものだと思って廊下から手招きをして退席するように指図したが、おかしいとは思っているが、気がつかない振りをして、無視してしまった。八条院の御前には、同席しても問題ない人として、三位局・近衛殿が残っていた。女院（八条院）が、「（つぎの）御位はいかがするのですか」と、お尋ねになった。（後白河院の）お返事は、「高倉の院の四の宮」と仰せられた。このお答えに、たいした身でない私までもが夜の明ける思いになったのは、おかしなものである。女院は、「木曽（義仲）は腹をたてないだろうか」とお尋ねになると、「木曽がどうなるかは知らん。あれ（北陸宮）は筋の絶えた者である。

これ（四宮）は絶えぬうえに、よきことが三つある」とおっしゃられた。（八条院は）「三つとは、どのようなことですか」とおっしゃられた。（後白河院は）「四歳になられた。朔旦冬至（二〇年に一度の吉祥《きっしょう》の年）の即位である。この二つは鳥羽院の先例。四の宮はまろ（後白河院）の例」とお答えになられた。

八条院中納言は、八条院少納言がまだ手招きするので、ここで退席している。よくぞ居座って聞いてくれたという内容である。公家の日記には、こういう生々しい会話は出てこない。『たまきはる』には八条院に関するなまの情報がいくつも出てくるが、白眉はこの一段といってもよい。この一段で、後白河院は当初から四宮（後鳥羽天皇）を考えていたことがわかる。八条院は承知しているものと思って説明していないが、四宮は藤原南家の学者高倉範季《のりすえ》が養育するので、有力な後援者がいない。後白河院が院政をおこなうにあたり、意識しなければならない権臣のいない皇子である。吉祥の年に即位するのは事実なので、暦を知るものから授けられた後付けの理由であろう。鳥羽院の先例を持ち出すのは、八条院に対する配慮と考えてよい。「筋の絶えた者」は、後白河院は木曽義仲の入京にあたり、諸国源氏とその郎党《ろうとう》たちは平治の乱以前の官位に戻したが、以仁王を「刑人（罪科のある人）」（『玉葉』）のままにしていることをいったのであろう。以仁王が罪人のままであれば、北陸宮は王家を継ぐ資格を回復していないことになる。八条院は、このことが三条宮姫宮《さんじょうのみやひめみや》に影響することに気づいていない。また、後白河院は木曽義仲がどうなろうとかまわないと切り捨てている。後鳥羽天皇の践祚《せんそ》が八月二十日であることから、この会話は八月十七日と推定されている。義仲入京から三週間、後白河院はすでに木曽義仲を見限っていた。八条院も、義仲を弁護しない。王家は、後鳥羽天皇即位で動く。これを理解した八条院中納言は、夜明けの気分と自分の感情を表現している。八条院が反対しないことを確認した後白河院は、木曽義仲に対するゆさぶりを強めていく。

法住寺合戦と土岐氏の没落

法住寺合戦《ほうじゅうじかっせん》の前夜である寿永二年十一月十八日の夜、八条院は仁和寺常磐殿から八条殿《はちじょうどの》に移っている。この時期は、木曽義仲とともに上洛戦を戦った北陸の武者たちが朝敵となるのをためらって帰国したり、後白河院の御所で養育されていた北陸宮が御所を出て隠棲したりと、難を避けるために後白河院・木曽義仲双方から人々が離れていた。その時期に、仁和寺の近くにいれば安全な八条院が、八条殿に戻ってくるのは不可解な行動である。忠実な部下たちがさまざまな情報をもっているであろうから、重代《じゅうだい》の御所八条殿で何が起こるかを見極めようとしているのであろうか。

法住寺合戦は京都の街で起きた市街戦なので、『平家物語』や公家の日記から詳細な情報がとれる。『平家物語』は、後白河院御所に詰めていた八条院重代の武家土岐光長《ときみつなが》や後白河院の院分受領《いんぶんずりょう》宇多源氏源仲《なか》遠《とお》の一族など、武家らしい戦いをした人々のことを記すが、勇敢に戦った者はわずかだったとする。後白河院の命令をうけた摂津源氏多田行綱《ただゆきつな》の軍勢は七条大路の東端を守っていたが、突破されて退き、御所に戻らなかった。法住寺殿にはいっていた公家・官人・僧侶の悲喜劇に焦点があたってしまうのが、この合戦の特徴である。

この合戦で、大外記《だいげき》清原頼業《きよはらのよりなり》の嫡子近業《ちかなり》が討たれた。大外記は朝廷に仕える下級官人を束ねる要職、定員は二名、中原氏と清原氏が分け合っていた。清原氏は跡取りが討死したことで後継者をしばらく出せない状態になり、中原氏に分家が成立して中原氏二家、清原氏一家が定員二名の官職を争う競合の時代にはいった。有能な人材を失うことの余波は小さくない。逃げ恥を曝すのは一時の笑い話であるが、長い時間をかけて育てた人材を失うことは大きな損失である。朝廷の技官は、院の近臣のようにつぎの人材が出てくるポストではない。

美濃源氏は、京都と所領を往来しながら武官の仕事をつとめる京貫《きょうかん》の勤務形態をとる。彼らは京都と密接に結びついているので、源頼朝の配下にははいらない。鎌倉幕府が成立すると、源頼朝が信頼をおく信濃源氏大内惟義《おおうちこれよし》が美濃国守護に補任された。鳥羽院政期から治承《じしょう》寿永《じゅえい》の内乱にかけて、鳥羽院・二条天皇親政派・八条院の武力として活躍してきた土岐氏は、この合戦を最後に在京する有力な武家の地位を失った。土岐氏の衰退により、八条院の傘下に有力な武家はいなくなった。

摂津源氏についても一言触れておこう。源頼政の子頼兼《よりかね》は木曽義仲とともに入京し、大内守護《おおうちしゅご》の地位に復活した(『吉記』)。頼兼は、祖父仲正《なかまさ》・父頼政のように和歌を詠まないので、公卿や廷臣との交流をもっていない。頼政の和歌を継承していたのは、頼政が参列する歌会に供をしていた嫡子仲綱《なかつな》であった(『古今《ここん》著聞集《ちょもんじゅう》』第六和歌六二「前大宮大進清輔和歌の尚歯会を行ふ事」)。仲綱は、頼政とともに、治承四(一一八〇)年の宇治川合戦で討死した。八条殿に集まる文人と交流がもてないので、八条院の側から頼兼の話題があがることはない。

有力な郎党であった下総国下河辺庄《しもこうべのしょう》の下河辺氏は源頼朝の御家人《ごけにん》となり、遠江在庁井伊《いい》氏は遠江守となった安田義定《やすだよしさだ》の郎党となった。頼兼は京都周辺の武家や武者を配下とする武家となり、大内守護の仕事をつとめるにも人手が足りない状態となった(『吾妻鏡《あずまかがみ》』・『愚管抄』)。大内守護としては復活できたが、地方の郎党が鎌倉幕府の御家人となったことにより、もはや武家の棟梁《とうりょう》と呼べる存在ではなくなった。

3　平氏追討の時代

九条兼実と源頼朝

元暦元(一一八四)年二月二日、九条兼実《くじょうかねざね》は後白河院《ごしらかわいん》の法住寺殿《ほうじゅうじどの》が焼失したので、どこを仮御所とすべきかの諮問に対し、八条院の八条殿《はちじょうどの》以外に候補がないと回答した(『玉葉《ぎょくよう》』)。法住寺合戦から日がたっているが、後白河院は満足すべき仮御所を見つけていないのであろう。距離をとっている兼実に諮問したのは、八条殿という兼実の回答を期待しての可能性がある。後白河院は、二月十一日には八条院とともに八条殿にいる(『玉葉』)。この日、兼実は八条殿で後白河院に対して政務に関することを奏上したのち、八条院に参上し、続いて三位局と面謁《めんえつ》している。

同年二月七日の一ノ谷合戦に勝利した後白河院は、平氏とのあいだで和議の話し合いをした。平氏追討が有利に展開していると判断した後白河院は、後鳥羽天皇の命令として、元暦元年二月十九日に、源頼朝《よりとも》が木曽義仲《よしなか》・平氏を追討したので、諸国国衙《こくが》は、以後、兵粮米《ひょうろうまい》徴収をおこなってはならないと伝達する宣旨《かんせんじ》を出した(『玉葉』)。少なくとも、戦争が続く西国ではこの宣旨は効力を発揮しなかった。西に進発する源範頼《のりより》率いる追討使は飢饉にあえぐ土地を進撃するので、国衙《こくが》や地元の有力豪族の協力は必須である。西日本で、兵粮米の徴収は続いていく。また、追討使に加わっている御家人たちは、所領から物資を送ってもらえないと戦いを続けることができない(『吾妻鏡《あずまかがみ》』)。この宣旨には、平氏を早く降参させて戦いを終わらせたいという朝廷や公家《くげ》の願望が明確に出ている。

しかし、源頼朝は後白河院がいつ戦争の終了を宣言するかわからないので、可能な限り長引かせること、そのあいだに平氏から奪えるだけ奪うことを考え、源範頼にゆっくり進撃することを命じていた(『吾妻鏡』)。八条院も、早く戦争が終わって日常に戻りたいと考えたであろうが、後白河院と源頼朝が考えていることは食い違っていた。

源頼朝、九条兼実を摂政に推す

元暦元年三月二十三日、明経博士《みょうぎょうはかせ》中原広季《なかはらひろすえ》が、源頼朝が後白河院に奏上した内容を九条兼実に伝えた。それは、源頼朝が摂政・藤氏長者に九条兼実を推挙するという内容であった。近衛基通《このえもとみち》は、平氏とともに都落ちしようとしたが引き返した。それに恩賞を与えるなら知行国《ちぎょうこく》でよい。摂政に戻す必要はないというのである(『玉葉』)。このことは、源頼朝の腹心中原広元《ひろもと》(のちに大江《おおえ》に改姓)が父広季に伝えてきたという。頼朝も広元も、公卿《くぎょう》・殿上人《てんじょうびと》の世界はわからない。鎌倉で朝廷の上層部の状況を把握しているのは、避難している平頼盛《よりもり》ぐらいである。九条兼実は、三月七日に平頼盛が八条院に書状を送ってきたと伝える

（『玉葉』）。帰京の時期に関する相談の可能性が高いが、頼朝が考えていることに対する八条院の意向確認である可能性も捨てきれない。

四月一日には、意味深長な情報のやりとりが記されている。一つは八条院別当藤原隆信《たかのぶ》が九条兼実の館《やかた》を訪れ、和歌を詠むとともに、密事で「女事」を語っていったという（『玉葉』）。八条院の意向で、三位《さんみの》局《つぼね》をどうするつもりかと聞いてきたのである。兼実は八条院御所に行くと、八条院のつぎに三位局と話し込んでいるので、周囲が気にしている様子が伝わる。

同日、九条兼実は、平頼盛を後見する侍《さむらい》中原清業《きよなり》が三月二十八日に上洛し、兼実の人事に関する件を後白河院に奏上したと聞いている。源頼朝は、近衛基通が後白河院のお気に入りであったとしても、平氏に庇護されてきたことを知っているので、摂政に留任していることがゆるせないのであろう。松殿家《まつどのけ》は木曽義仲与党として失脚しているので、後任は九条兼実が最有力になる。兼実の人柄をよく知るのは平頼盛であり、頼盛の側近を使者に選んでいる。頼朝が本気であることは、源雅頼《まさより》が中原清業から預かった源頼朝が鶴岡宝前で祈念をした宝篋印陀羅尼《ほうきょういんだらに》一巻を九条兼実に届け、四月八日の藤原忠通《ただみち》供養に供えるよう手渡していることからもわかる。頼朝の側近中原親能《ちかよし》は、治承四（一一八〇）年十二月に平氏の追捕をうけて京都を出奔《しゅっぽん》するまで、雅頼の嫡子兼定《かねさだ》の後見をつとめていた（『玉葉』）。頼朝の勢力が京都まで伸びたことで、中原親能と源雅頼との交流が再開している。中原親能が木曽義仲の残党追捕や平氏との合戦で武家に負けぬ働きをするのは、京都を追い出されて将来の夢を絶たれたことに対する恨みがあるからである。

元暦元年六月五日、平頼盛が権大納言、その子光盛《みつもり》が侍従、保業《やすなり》が河内守に還任《げんにん》した（『吾妻鏡』）。源頼朝の推挙による人事で、頼朝は平頼盛に鎌倉の意見を朝廷に伝える代理人の役を期待していた。八条院の庇護と源頼朝の後押しで、池大納言家《いけのだいなごんけ》は公家社会に復帰することになる。

この年、八条院宮道尊《どうそん》は、仁和寺の守覚法親王《しゅがくほっしんのう》・道法《どうほう》法親王とともに高野山を参詣した（『金沢文庫資料全書　寺院指図《さしず》篇』高野山金堂図他）。治承《じしょう》寿永《じゅえい》の内乱も京都周辺は戦場から遠ざかり、道尊も自由に動けるようになった。周囲の人々との交流がみえ始めるようになる。

平氏追討で使われた東国の年貢の問題

源頼朝の勢力が畿内を抑えたところで、東国の状況を確認しておこう。八条院領下総国下河辺庄《しもこうべのしょう》の庄司で、源頼政の郎党《ろうとう》として在京した下河辺氏の当主下河辺行平《ゆきひら》の動きから推測できる（『吾妻鏡』）。下河辺行平は、源頼朝から下河辺庄の庄司を安堵《あんど》されている。源頼朝には下河辺氏が源頼政の郎党という認識があり、味方として参陣したという扱いである。下河辺行平は、源頼朝の命により諸国を転戦し、下河辺庄の年貢を戦費として使った。頼朝は寿永二（一一八三）年に朝廷に帰順《きじゅん》したので、この年から荘園領主に対する年貢納入を再開する義務が生じている。しかし、木曽義仲追討・平氏追討と戦いは続いていく。頼朝の代官として追討使を率いる総大将源範頼に従って周防国まで進んだときには、追討使が兵粮米不足で動けなくなっていた。下河辺氏は荘園年貢を戦費に使っているので、荘園領主に年貢を納められる状態にはない。

平氏追討が終わった翌年の文治二（一一八六）年、後白河院政と鎌倉幕府とのあいだで年貢滞納問題が噴出する。後白河院は、平氏追討が終わったのだから、荘園年貢を納入するようにと請求してきたのである。源頼朝が奥州藤原氏追討（源義経《よしつね》謀反《むほん》の問題）までは戦時であると言い張るのは、平和がひとたび宣言されれば、積み上がった年貢未進決済の問題への対応が求められ、御家人が年貢未進を理由に地頭職《じとうしき》を解任されるためである。滞納は事実なので、鎌倉幕府の弁明には限界がある。

その具体例が、『吾妻鏡』文治二年三月十二日条に記載されている。朝廷から送られてきた文治二年二月付の下総・信濃・越後三カ国の年貢未済注文《みさいちゅうもん》は、源頼朝が知行国として治める国を対象としている。日本国惣地頭《にほんこくそうじとう》として地頭を管理する責任があるうえに、国衙行政の責任者としての責務が重なる核心となる国を選んだ請求リストである。ここには、一二六カ所の所領が列記されている。八条院領は、下総国千葉庄・下河辺庄、信濃国諏訪南宮上下社《すわなんぐうかみしもしゃ》・捧《ささげ》庄・小曽根《こそね》庄・東条庄・常田《ときた》庄・大井庄、越後国白鳥庄の名前があがっている。源頼朝は、管理者として御家人に対して年貢を進済するように督促しなければならない。しかし、下河辺庄のように戦費で使ってしまったことは明らかなので、戦争が終わったから未納分を即納せよといわれても御家人には無理である。頼朝としては、朝廷の要求を御家人に伝える一方で、朝廷に対しては延納や減免の交渉をしなければならない。八条院ですら、文治《ぶんじ》の地震（文治元〈一一八五〉年）で壊れた八条殿の殿舎の修理ができないで、仮の建物で過ごしている。京都側が一日も早い税収の回復を望んでいることは確かなのである。

八条院の周辺

八条院が戦争に直接かかわらなくても、荘園年貢が届かないので八条院庁が財政的に厳しい状態になることは推測ができる。それでも、八条院中納言が『たまきはる』に重代の女房は「なり清げ」と生活に困っていない様子を伝える。平氏が都落ちするまでは、兵粮米を先取りされても、西国の年貢は全額滞納にはなっていなかった。畿内近国は戦乱で荒廃していても、元暦元(一一八四)年の一ノ谷合戦以後は平穏である。治承四(一一八〇)年以後年貢納入が止まっている東国が深刻なのである。八条院庁に出仕する人々は、畿内や西国といった比較的滞納の少ない地域からの年貢で、歳入が落ち込みはしても、恵まれた生活を維持していたということであろう。

八条院がほかの人々より条件がよかったのは、八条院の院宮分国《いんぐうぶんこく》丹後国が、朝廷の統治がおよぶ範囲内にあり、かつ国務の執れる状態を維持したことである。丹後国は、八条院の腹心藤原長経《ながつね》(実清《さねきよ》の子)が国守をつとめていた。丹後国の年貢は内乱の時期も一貫して確保されていたので、兵粮米徴収で納入額は減っても、未納にはならない。八条院庁の運営を支え、八条院御所の運営が穏やかにおこなえるだけの収入を確保する重要な財源となったことは推測してよいだろう。

藤原親忠の縁者たち

この時期になると、八条院を取り巻く公家は、村上源氏・中御門《なかみかどの》宗家《むねいえ》・池大納言家・葉室宗頼《はむろむねより》(光頼《みつより》の子)・藤原実清の跡を継いだ四位院司長経が中心になってくる。池大納言家はその所領を引き継いだ村上

表11　池大納言家家領一覧

国　名	所　領　名	領　　主	八条院関係	他の本家	史　　料
大和国	野辺長原庄	平頼盛・光盛・尼戒阿	八条院領		久28-2・28-4
河内国	走井領	平頼盛			久28-1
河内国	麻生大和田庄	女房所領・平光盛・安嘉門院宣旨局		最勝光院法華堂領	久28-2・28-4
摂津国	兵庫三箇庄	平頼盛	八条院領		久28-2
伊賀国	永田庄	平頼盛			久28-1
伊勢国	野俣道庄	平頼盛			久28-1
伊勢国	木造庄	平頼盛・平光盛・安嘉門院宣旨局		六条院領	久28-1・28-4
尾張国	稲木庄	平頼盛			久28-2
尾張国	真澄田社	大納言局・平光盛・安嘉門院宣旨局	八条院領・安嘉門院		久2・28-2・28-4
駿河国	大岡庄	平頼盛			久28-1
駿河国	服部庄	平頼盛	八条院領		久28-2
近江国	龍門庄	平頼盛			久28-2
信濃国	諏訪社	女房所領			久28-2
加賀国	熊坂庄	平頼盛	八条院領		久28-2
丹波国	六人部庄	平頼盛	八条院領		久28-2
但馬国	山口庄	平頼盛			久28-1
美作国	弓削庄	平頼盛			久28-1
播磨国	在田庄	平頼盛			久28-1
播磨国	這田庄	平頼盛・平光盛・三条局		得長寿院領	久28-1・28-4
播磨国	石作庄	平頼盛・平光盛・安嘉門院宣旨局	八条院領・安嘉門院		久28-2・28-13・「安楽寿院古文書」
播磨国	布施庄	平頼盛			久28-2
備前国	佐伯庄	平頼盛			久28-1
安芸国	安麻庄	平頼盛・平光盛・四条局		厳島社領	久28-2・28-4
淡路国	由良庄	平頼盛			久28-1
阿波国	小嶋庄	平頼盛			久28-1
伊予国	矢野庄	平頼盛			久28-1
筑前国	香椎庄	平頼盛			久28-1
筑前国	安富領	平頼盛			久28-1
筑前国	宗像社	平頼盛	八条院領		久28-2
筑前国	三箇庄	平頼盛	八条院領		久28-2
筑後国	三原庄	平頼盛			久28-1
肥後国	球磨臼野庄	平頼盛			久28-1
日向国	国富庄	平頼盛	八条院領		久28-2

注：久＝『久我家文書』

源氏の『久我家《こがけ》文書』に関係史料が残っているし、八条家は「八条院関係文書群」と呼ばれる一群の文書群に書状が残っている。藤原親忠《ちかただ》の孫親行《ちかゆき》は官位が低いので、朝廷での活動はほとんど追えない。『たまきはる』や「八条院関係文書群」の藤原親行書状、大阪市の大通寺《だいつうじ》阿弥陀如来像の像内納入品に含まれる藤原親行追善の文書から親行の活動がわかる（神奈川県立金沢文庫特別展図録『仏像からのメッセージ像内納入品の世界』二〇一一年）。

　藤原親忠の家は、美福門院《びふくもんいん》の乳母夫《めのと》・八条院庁年預《ねんよ》をつとめた地位は低いが重要な院司《いんじ》である。この時期は、八条院判官代《ほうがんだい》となった親忠の孫親行がその仕事をつとめている。彼の名前が史料に残るのは、八条院庁の日常的な運営をつとめる家として藤原親忠の家族が八条院の私的空間で仕える腹心となったためである。大通寺阿弥陀如来像像内納入文書の藤原親行書状は、八条院庁の発給文書が用意できたこと、八条院の意向は直接聞いたこと、播磨国石作《いしづくり》庄には下人を派遣して状況を確認したことを伝えたうえで、今年度の年貢上納は難しいのではないかと領家平頼盛の家司《けいし》と推測される藤蔵人《とうのくろうど》に、親行がもっている情報の事実確認を求めたうえで、無理は言えないが何とかするようにと対応を求めている。八条院と平頼盛が八条院御所という公的な空間で話のできない問題の折り合いをつけようと、双方の部下が主人の意向をうけて、書状と使者でやりとりしている。表に出てこないが親行の役割がわかる書状である。「高山寺《こうざんじ》文書（六曲一双屏風貼付）」の書状も、山城国久世《くぜ》庄（領家源通資《みちすけ》）・讃岐国姫江《ひめのえ》新庄《しんしょう》（三善《みよし》頼行《よしゆき》所領）の経営に関する書状である。朝廷や権門を相手とした仕事は村上源氏や中御門家、八条院の財務や日常的な仕事は藤原長経・藤原隆信・藤原親行がおこなっていたと考えてよい。親行の所領は、八条院領遠江国初倉《はつくら》庄が確認されている(「東寺百合文書《とうじひゃくごうもんじょ》」)。

藤原親忠は、妻伯耆局《ほうきのつぼね》が美福門院の乳母《めのと》をつとめたことから、美福門院の側近となった。国司を最後の官職とする地下官人《じげかんにん》であるが、美福門院の院分受領《いんぶんずりょう》をつとめ、歌人として名を残した娘美福門院加賀《かが》の縁で交流を広めたことで、歴代女院に仕える家として地位を確立した。加賀の最初の夫美福門院判官代藤原為経《ためつね》(法名寂超《じゃくちょう》)とのあいだに誕生した藤原隆信は、親忠の嫡孫藤原親行とともに八条院庁の庁務をつとめる実働の院司である。

藤原為経は、八条院の幼少時代の逸話を書き残した歴史書『今鏡《いまかがみ》』の作者と考えられている。情報源を妻と考えれば、収集できない話ではない。隆信は、美福門院の院分受領をつとめたのち、八条院判官代に再任され、四位に昇進して八条院別当をつとめた。養和元(一一八一)年三月二十九日には、八条院御給《ごきゅう》で従四位上に昇進している。八条院領のなかの歓喜光院《かんきこういん》領播磨国矢野《やの》庄預所《あずかりどころ》として、「東寺百合文書」に名前が出てくる。矢野庄は美福門院の乳母伯耆局の所領を継承したもので、子の隆範《たかのり》に譲られている。隆信は後白河院が朝夕美福門院に祗候《しこう》して自分には挨拶もしないとうらんだ五人のうちの一人なので、後白河院政のもとでは生きられない。『たまきはる』は、藤原親行とともに八条院のそば近くに仕える近臣として隆信の子隆範の名前をあげる。

藤原定家にとっての八条院

美福門院加賀を妻とした縁で八条院とつながりを深めたのが、藤原俊成《としなり》である。藤原定家《さだいえ》は、八条院御所に出仕し、御所で見聞したことを『明月記《めいげつき》』に書き残している。定家の父俊成が兄の成家《なりいえ》の昇進を急いで定家を後回しにしたため、八条院への出仕は、地下公達《じげのきんだち》が詰める上北面《じょうほくめん》からとなった。治承元（一一七七）年正月五日の叙位で、藤原成家が八条院御給によって正五位下に叙されているので、俊成・成家が八条院御所に出仕する時期は安元年間（一一七五〜七七）以前である。俊成は葉室顕頼《はむろあきより》の養子として葉室家知行国の国司を歴任しているので、葉室家を介して早くから美福門院に出仕していた。美福門院殿上始《てんじょうはじめ》の殿上人に藤原顕広《あきひろ》（改名して俊成）の名前がみえる。

定家は、『明月記』に治承四年五月十六日に平頼盛の軍勢が八条院御所を囲んだときの状況を、八条院御所にいた王子が仁和寺に移されるまで書き残している。舅の藤原親弘《ちかひろ》がいるので、八条院御所のできごとには関心を寄せている。

藤原定家は、歌人としての才能で生きようとしている。歌人として実力を発揮しやすい環境をつくるために、高い官位が必要であることも知っている。その点では、現実主義者である。ただ、定家の日記『明月記』は、中御門《なかみかどの》宗忠《むねただ》の『中右記《ちゅうゆうき》』や九条兼実の『玉葉』のように、仕事の先例として使える公務日記として評価できるものではない。『明月記』は、八条院庁内部の人間関係がよくわかる事件や風聞《ふうぶん》を書き連ねた週刊誌的な日記である。八条院の儀式に参列して詳細に記録した近衛家実《このえいえざね》の『猪隈関白記《いのくまかんぱくき》』のような分析可能な情報を書いてほしいと不満が残る。

和歌の世界で生きたいが、そのためには自分を引いてくれる権門が必要である。それが、定家の姉が女房として出仕する八条院である。定家の姉妹には、八条院坊門局《ぼうもんのつぼね》（藤原成親《なりちか》妻）・八条院三条局・八条院中納言・八条院按察《あぜち》(中御門宗家妻)といった女房たちがいる。同時期に出仕していたのは、八条院中納言である。定家の面倒は、八条院中納言がみていた。

4　新しい家族九条家

文治の京都地震

『玉葉《ぎょくよう》』を読んでいると、九条兼実《くじょうかねざね》という人は本当に筆まめな、真面目な人だと感じる。文治元(一一八五)年四月二十一日、兼実は頭中将《とうのちゅうじょう》源通資《みちすけ》(源通親《みちちか》弟)から連絡をうけ、後白河院《ごしらかわいん》の御所で三種の神器のうち、回収できた璽《じ》と鏡について議定《ぎじょう》があるので参上するように伝えられた。この日の条文は、この会議の内容で終始している。最後に、つぎの文章がついている。「退出のついで、八条院《はちじょういん》に参る、深更(深夜)に及んだ」。字面通りに読めば八条院に報告に行ったとも読めるが、一日重要な会議で疲れているだろうにと考えると、三位局《さんみのつぼね》に逢いに行ったのかとも読める。三位局の腹には五カ月ぐらいの子がいるので、様子を見に行ったのであろう。八条院への説明は、蔵人頭《くろうどのとう》と八条院別当を兼ねる源通資がおこなうであろう。

文治元年七月九日午刻、文治《ぶんじ》の大地震が起きている。八条院は、この日後白河院の御所に向かっていた。九条兼実は院御所に駆けつけているが、公務をおこなう寝殿《しんでん》は傾き、北対《きたのたい》(館《やかた》の主人が使用する私的空間)が使用可能なので避難場所となっていた。地震のとき、後白河院は寝殿から庭に出て、樹下にいたという。八条院は牛車《ぎっしゃ》で移動中であったが、庭に降り立ったという。このあと、続報として被害報告があがってくるが、内裏も院御所も使えない状態となった(『玉葉』)。八条院の御所八条殿もこの地震で被害をうけた。詳細は、八条殿の様子を見に参上した吉田経房《つねふさ》の日記『吉記《きっき》』に記されている。八条殿は、寝殿以下御所の建物は傾き、屋内の破損は甚だしいという。八条院と同宿していた式子内親王《しょくしないしんのう》は、北対の前庭に仮屋を建て、そこに避難していた。文治二年正月五日、後鳥羽天皇の御方違《おんかたたがえ》行幸《ぎょうこう》の候補地として八条殿があがったとき、「未だ、修復に及ばず」として候補からはずされた(『玉葉』)。八条院は数多《あまた》の所領をもつ富裕な女院の印象が強いが、地震から半年たっても八条殿の修理を終えていない。八条院でさえ、修造の費用を十分に確保していないことを伝える。年貢が十分に届いていない京都は、厳しい状況におかれている。

九条良輔誕生

文治元年八月二十七日、後白河院・八条院以下の朝廷の人々は、明日おこなわれる東大寺開眼供養《かいげんくよう》のため、奈良に旅立っていった。治承《じしょう》寿永《じゅえい》の内乱が終わってみると、公家の日記や儀式の記録で後白河院のつぎに名前が記されるのは八条院になっていた。両者が同じ集団を形成しているのであれば連名と理解できるが、後白河院は鳥羽院から遺産を継承していないので、宣陽門院《せんようもんいん》領となる後白河院の皇統が継承する王家領荘園をつくろうとしている。八条院は、鳥羽院・美福門院《びふくもんいん》から継承した遺産や廷臣や縁故を頼って寄進してくる人々の荘園の本家職《ほんけしき》をつとめることで八条院領を形成している。どちらも、部下やその縁者の所領を守る本家として振る舞うので、王家はいまだに分裂した状態である。八条院は掌中にある三条《さんじょうの》宮姫宮《みやひめみや》に継承しようとしているので、遺産を後白河院とその後継者に譲るつもりはない。それゆえに、八条院に仕える廷臣たちは八条院から離れない。朝廷の仕事をつとめるために、後白河院と八条院を兼参する院司はいる。八条院が政治的に後白河院と対立することを考えていないので、兼参は問題ないのである。後白河院と八条院は、八月二十九日に京都に戻っている。

文治元年九月二十日、九条兼実と八条院三位局を父母とする九条良輔《よしすけ》が誕生した(『玉葉』)。兼実は、家司《けいし》の源国行《くにゆき》に護刀《まもりがたな》を持たせ、三位局のもとに派遣している。良輔は、八条院の御所で三位局が育てていくことになっていた。八条院は良輔を養子として迎え、八条院御所に華やぎを与える男の子として育てていくつもりである。以仁王《もちひとおう》事件で安井門跡《やすいもんぜき》道尊《どうそん》が仁和寺《にんなじ》に移されてから五年、八条院待望の養子である。良輔は、八条院と九条家を結ぶ絆であるが、それだけにとどまらない。八条院からみると、九条良輔も以仁王の遺児も家族である。この家族が一体として動くようになるので、九条家は以仁王・源頼政《よりまさ》の遺児たちも面倒をみていくことになる。その仕事は兼実ではなく、弟の天台座主《てんだいざす》慈円《じえん》が引き受けていた。慈円は延暦寺にいる以仁王・源頼政の縁者(真性《しんしょう》と慈賢《じけん》)を弟子として受け入れ、天台座主がつとまる学僧に育て上げるのである。

源頼朝と九条兼実のすれちがい

文治元年九月二十五日、源頼朝《よりとも》が九条兼実に対して申し入れてきたことに対し、兼実が疑問を日記に書き残している（『玉葉』）。頼朝は、内乱時に兼実の所領伊豆国馬宮庄《まみやのしょう》を走湯山《そうとうさん》（源頼朝が二所《にしょ》と崇める別格の地方有力寺院）に寄進してしまったので、八条院領肥後国豊田《とよた》庄を代替地として贈りたいと伝えてきた。頼朝は兼実と良好な関係をつくりたいので、自ら提案している。頼朝は、平家没官領《へいけもっかんりょう》と呼ばれる平氏の没収地を所領としてもつので、そこに八条院を本家とする八条院領が含まれていてもおかしくはない。兼実が問題としているのは、頼朝が走湯山に寄進したのは領家職《りょうけしき》、兼実に提案してきた代替地が預所職《あずかりどころしき》であったことである（『玉葉』）。

最上位の貴族摂関家の立場であれば、本家職をもつのがふさわしい。所領の伝領で八条院領の領家職をもつのはまだよいが、預所職は恥と記している。領家なら、上位に八条院しかいない。預所は領家の下なので、八条院とじかに話をするのではなく、領家職をもつ公家と話をし、領家が八条院と話し合う手順となる。最上位の公家と自認している兼実が、下位の官職にいる公家に上申しなければならないので、この代替地は断るべきものと考えた。伊豆国の流人《るにん》として地方暮らしが長かった源頼朝や、切れ者ではあっても太政官の書記官をつとめただけの大江広元《おおえのひろもと》には、このあたりの機微はわからない。頼朝の好意は伝わっても、配慮の足りなさがみえる。

八条院と九条兼実は、これから連携していくことになる。朝廷のなかで後白河院につぐ地位をもつ八条院と、摂政という最上位の地位につく公家との間合いのとり方のむずかしさが垣間見えるトラブルである。

文治元年の廟堂粛清

文治元年冬は、治承寿永の内乱の戦後処理をどうするかの政治課題に費やされた。

文治元年三月に平氏が滅亡したあと、後白河院は平氏追討を命じた源頼朝とともに戦った人々に恩賞として官位を授けた。

寿永二(一一八三)年七月に上洛した木曽義仲《よしなか》の場合、平氏を討った恩賞の授与で、内輪もめから自壊した。木曽義仲と源行家《ゆきいえ》は、授かる官位の高下による序列で不満をぶつけ合い、分裂した。遠江国から軍勢を率いて合流した安田義定《やすだよしさだ》は遠江守をもらって満足し、帰国して国内の武士を郎党に取り込むべく勢力拡大に努めた。美濃源氏や摂津源氏は、官位を得たことで満足し、元の主人のもとに戻っていった。義仲のもとに残ったのは、信濃や北陸で家人《けにん》に加えた武士やの源氏の人々である。

源頼朝が、木曽義仲が急速に弱体化した理由を知らないとは考えがたい。頼朝は無断で官位をもらった者は墨俣川《すのまたがわ》を渡って鎌倉の勢力圏にはいってはならないと、御家人《ごけにん》を厳しく譴責《けんせき》した。朝廷の官位をもらうことは官人《かんにん》になることを意味するので、頼朝以外の人物の命令系統にはいることになる。頼朝は、朝廷の官位をもらう場合は必ず頼朝の意向を確認することと制限をかけている。このあたりから、後白河院と源頼朝の駆け引きが熾烈化してくる。

このことにまったく意識のおよんでいなかったのが、源義経《よしつね》である。凱旋将軍として京都に迎えられ、後白河院の推挙による任官を名誉と思い、京都の治安維持にあたる警邏隊《けいらたい》の隊長検非違使大夫尉《けびいしたいふのじょう》に補任《ぶにん》されたことを誇らしがった。源頼朝の意向に反した伊予守補任も、受け入れている(『吾妻鏡』)。後白河院の意向は、頼朝が鎌倉に巨大な武力集団を形成しているので、京都を守るための自前の武力を再編成することである。頼朝とは別の武家の棟梁《とうりょう》を育てるため義経の官位昇進を急いでいる。これは、鎌倉の武力を二つに割ることになるので、頼朝が警戒するのは当然である。

一方で、京都の人々は八幡太郎と恐れられた源義家《よしいえ》の勢力を削ぐために兄弟を抜擢し、河内源氏に複数の武家の棟梁をつくって分裂させたことを覚えているのであろう。同じやり方で、義仲と行家も破滅させている。官位を授ける人事権で相手を揺さぶるのは、常套手段なのである。後白河院と源頼朝は、源義経をどう処遇するかで衝突し、ついに義経の謀反《むほん》へと発展する。これを好機として、頼朝は北条時政《ほうじょうときまさ》を京都に派遣し、追討使としてもっていた戦時の軍事指揮権を平時の軍事指揮権に移行させるための守護地頭《しゅごじとう》設置と、源義経追討を名目とした戦時体制の継続を後白河院に承認させた。

続いて、十二月六日付の奏上で、源義経謀反に与したことを名目とした後白河院側近の解任と源頼朝が推す人物の任命を要求した(『吾妻鏡』・『玉葉』)。この奏上で、近衛基通《このえもとみち》の後任として九条兼実を摂政に推挙している。この人選は、後白河院に仕えるが距離をもつ人々を選んでいるので、八条院に近い中御門《なかみかどの》宗家《むねいえ》(八条院別当)・源通親《みちちか》(八条院別当・旧高倉親政派)・葉室宗頼《はむろむねより》(光頼《みつより》の子)といった人々が昇進することになった。

九条良輔のこと

文治二(一一八六)年二月四日、八条院が、九条兼実と八条院三位局とのあいだに誕生した子良輔を養子として迎え入れるので、九条兼実は父として八条殿に参上した。乳母《めのと》は、大蔵卿葉室宗頼の妻（葉室惟方《これかた》の娘）である。迎えの牛車は、八条院が手配した（『玉葉』）。御産のために一時的に移動していた産所《さんじょ》から戻る日である。二月十日、九条良輔の五十日《いか》・百日《ももか》の祝いが八条院御所でおこなわれた。父として招かれた九条兼実は、八条院が自ら口に含んだものを良輔に与えたと記している（『玉葉』）。九条兼実は、摂関家の作法から祖母がつとめる役と理解している。八条院は九条良輔を養子として迎え入れたが、孫の扱いなのである。

未婚の皇女八条院は、腹心の三位局の子を養子として御所に引き取り、家族を形成している。八条院は、以仁王の子も、九条兼実の子も、三位局を母とする子は家族としてあつかった。

文治二年三月十六日、九条兼実は摂政に就任した。この日、摂関就任にともなう政所家司《まんどころけいし》補任がおこなわれた（『玉葉』）。八条院別当の大蔵卿葉室宗頼が、政所別当に名を連ねている。宗頼は、八条院と摂関家の別当を兼ねることで、両方の意向を知る人物として中間にたつことになる。九条良輔は、八条院御所で育てられる。九条兼実は、良輔が母親三位局のもとにいる状態を「八条院祗候《しこう》」と表記している。八条院は養子として手元に引き取ったが、兼実は良輔が八条院御所にいる状態を出仕と考えている。両者の意識の違いがみえる表記である。

以仁王の供養と道性の死

文治二年六月二十六日、後白河院・八条院・守覚法親王《しゅがくほっしんのう》・八条院宮《はちじょういんのみや》（道尊）以下の人々が仁和寺南院《なんいん》に

参列し、以仁王の供養として一品経《いっぽんきょう》供養がおこなわれた（称名寺聖教《しょうみょうじしょうぎょう》『皇后宮一品経供養　御』）。法華《ほけ》経《きょう》を一品ずつ（一章ずつ）書写して二八巻つくるにあたり、以仁王の遺筆を漉き返した料紙を用いたと書かれている。道尊が持っているとは考えがたいので、八条院や三位局をはじめとした八条殿に集う人々のものを集めたのであろう。

料紙を漉《す》き返した事例として参考になるのが、称名寺伝来資料である。称名寺に金沢《かねさわ》貞顕《さだあき》自筆書状が多く残るのは、貞顕が父顕時《あきとき》の三十三回忌供養の際に顕時の遺筆を漉き返して『円覚経』を造った例にならい、貞顕の嫡子貞将《さだゆき》が称名寺長老釼阿《けんあ》に貞顕自筆の書状を預けていたことが理由である。南北朝時代以降に書写された釼阿本・熙允《きいん》本（熙允は釼阿が正嫡と考えていた弟子、称名寺五世長老什尊）に金沢貞顕自筆書状が使われるのは、金沢氏の滅亡によって別置しておく必要がなくなったためである。このときまで、八条殿には以仁王自筆の書き物が供養のために残されていたということである。

後白河院は以仁王をゆるしていないので、「刑人」のますすえおいている。以仁王の挙兵（治承四〈一一八〇〉年）から治承寿永の内乱が始まり、鎌倉幕府の成立で新しい時代に移行していくというのは『吾妻鏡』によって提示された鎌倉幕府の認識で、後白河院はそのように考えていない。後白河院は、八条院に招かれたのでつきあいで参列したと推測してよい。この供養を密儀とするのは、八条院が親族として催すのはよいが、後白河院の参列を公式のものとしないためである。導師は、八条院の妹高松院《たかまついん》の非公認の夫安居院《あぐい》法印《ほういん》澄憲《ちょうけん》がつとめた。澄憲と高松院の子八条院高倉《たかくら》は、八条院御所に祗候し、八条院領荘園の領家をつとめている。仁和寺御室《おむろ》守覚法親王は、八条院の養子道尊を預かって弟子として育てている。八条院が家の行事として、縁者を集めておこなったものである。

文治三年正月十日、仁和寺を訪れた九条兼実は、以仁王の王子で八条院の養子となり、以仁王事件で仁和寺に預けられた道性《どうしょう》(道尊の兄)が病死したことを聞いている。一八歳と伝える。兼実は、「究竟の法器」と才能を惜しむ評価を『玉葉』に書き残した。仁和寺の僧は、兼実を縁者と判断して伝えたのであろう。正月十四日、兼実は弔問のため八条院御所を訪れた。三位局から、八条院が御堂に籠もっていることを聞いている。母である三位局の悲嘆も、限りないものと記している(『玉葉』)。八条院のそばに寄れる人だけに、数は少ないが『玉葉』には八条院の内面をのぞける情報がある。

八条院は長命であるが、周囲にいる人々が若くして先立っていくのを見送り続けている。『玉葉』からみえてくる九条良輔を慈しむ姿は、祖母が孫を可愛がるものである。八条院は、五一歳。同じ皇統の親族は、表に出せない妹高松院の子仁和寺理知光院《りちこういん》の海恵僧都《かいえそうず》(一一七二〜一二〇七年)と八条院高倉ぐらいになっている。

文治三年七月二十六日、殷富門院《いんぷもんいん》院号宣下による参内《さんだい》のとき、九条兼実は摂政として行列に供奉《ぐぶ》するか否かの先例を書いている。そこには、待賢門院《たいけんもんいん》・美福門院・建春門院《けんしゅんもんいん》は家格の低い家なので、摂関家は供奉しないと先例を記している。供奉するのは、白河院の子孫令子《れいし》内親王行啓《ぎょうけい》や鳥羽院の皇女八条院など国母《こくも》をつとめた人としている(『玉葉』)。兼実が、八条院を重んじ、礼をつくす理由がここに書かれている。藤原頼長《よりなが》との違いは、摂関家より低い家の場合は参列しないと考えた点である。

豊かさを取り戻した八条院の世界

文治三（一一八七）年十月二十三日、九条良輔の真菜始《まなはじめ》（魚味始）が八条院御所でおこなわれた。九条兼実は、三位局から密儀でおこなうので参上するように伝えられたので、贈物は用意したが、貢馬《こうば》（贈答用に飾り立てた馬）は用意しなかった。ところが、儀式は整然とおこなわれ、八条院の引出物は十分な物であった。密儀と聞いて略礼でよいと判断した兼実は、場違いの空気を感じることになる。兼実は、「本所の儲け、已に過礼（八条院の用意した物は、贅沢すぎる）」と感じている（『玉葉』）。文治二年の年貢が確保されていると推測すれば、八条院御所の経営は安定している。

この直前であるが、朝廷は後鳥羽天皇の朝覲行幸《ちょうきんぎょうこう》に用いる銀器が納殿《なでん》に保管されていないことを確認した。そのことを知った葉室宗頼が八条院御倉《みくら》を探し、朝覲行幸に使える銀器一具を見つけ出して、摂政九条兼実にこれを使うのはどうかと相談した。兼実は、この件を八条院に相談するのは恐れ多いと戻すように指示している（『玉葉』）。八条院中納言は、「又、聞こえあるほどの物は、二条院・後白川院申させ給けるとて、御倉には、塵とりほかに残りたる物なしと聞きしかど、何ともおぼしめさず」と『たまきはる』で回想している。このようなかたちで、八条院御倉に納められていた調度品が朝廷に持ち出されたことを伝えているのであろう。

九条兼実は実直な性格なので八条院御倉に戻すよう指示を出したが、保元《ほうげん》の乱から三〇年続いた内乱で、朝廷が儀式に用いた調度類で失われたものが多いのであろう。不足した調度があると、女院に提供を求める傾向はあったようである（『吉記』）。八条院中納言が回想して語ったことの実例を、摂政九条兼実の家司と八条院別当を兼ねる部下葉室宗頼のやりとりから知ることができる。

生まれながらにして父母から所領を継承し、信頼のおける側近をつけられた八条院が、物不足を経験したのは、御所の修理がままならなかった文治の地震(文治元〈一一八五〉年)のときぐらいであろう。内裏に不足している調度があるので所持していれば提供してほしいと要望されれば、断ることはなかったと思われる。

文治四年四月二十九日、八条院御所のあたりで火事があった。焼失したのは、文治元年正月八日に亡くなった八条三位藤原実清《さねきよ》の子、丹後守藤原長経《ながつね》の倉である(『玉葉』)。藤原長経は、八条院の院宮分国《いんぐうぶんこく》丹後守に寿永二(一一八三)年八月十六日に補任されてから、在任を続けている。八条院には毎年恒例の分を納め、国司の取り分は自らの倉ということである。実清・長経は八条院別当をつとめる重代の廷臣であり、美福門院・八条院の院宮分国の国司をつとめていた。美福門院・八条院の二代に仕える院分受領《いんぶんずりょう》として、館《やかた》に倉を建てる富を築いた。八条院を取り巻く人々の中枢部もまた、豊かな人々であったことがわかる。

九条家と村上源氏の面子争い

話は少し戻るが、文治四年正月七日に、のちのちに禍根を残す争いが起きた。源通親は、九条良経《よしつね》が叙位儀で正二位に昇るので、自分も辞官申任《じかんしんにん》の手続きで(現任の官職を辞任し、替わりの官位を申請すること)、この日おこなわれる加叙《かじょ》(追加の叙位)で正二位に昇りたいと申請した。摂政九条兼実は、「濫望濫訴」と退けている(『玉葉』)。村上源氏は、大臣をつとめる家なので正二位まで昇るのは家の例である。兼実が不快に思ったのは、九条家の跡継ぎと並ぶつもりかという通親の意識に対する問題である。平治《へいじ》の乱（平治元〈一一五九〉年）ののち、藤原忠通《ただみち》は二条天皇の母方大炊御門経宗《おおいのみかどつねむね》の栄達を警戒し、後白河院の経宗潰《つぶ》しを見て見ぬふりをした。摂関家と大臣家とのあいだには、このような競合がときどき起きている。申請の認められなかった通親は、後白河院の遺産を継承した宣陽門院の母丹後局（高階栄子）と結び、のちに建久七（一一九六）年の政変で九条兼実を追い落とすことになる。通親からみれば、大臣家として三条家・大炊御門家よりも優位にたっている村上源氏の頭を抑えるのかという反感につながる。八条院は九条家との親密な関係を重んじるので、村上源氏嫡流は九条家が勢力を失うまで、八条院からしばらく離れることになる。再び接近するのは、一品宮昇子内親王《いっぽんのみやしょうし》（春華門院《しゅんかもんいん》）を支える家として村上源氏が再登場してくるときである。それまで、通親の弟通資が八条院別当として村上源氏と八条院の関係をつないでいく。

八条院の世界、侵すべからず

文治四年五月二十日、八条院は九条兼実のもとに葉室宗頼を使者として派遣した。八条院が九条兼実に伝えたのは、醍醐寺座主《だいごじざす》の勝賢僧正《しょうけんそうじょう》と寿海阿闍梨《じゅかいあじゃり》が醍醐寺遍智院《へんちいん》と大智院《だいちいん》の件で争っていると聞いたが、この二つの院家は、八条院御祈願所である（『醍醐寺新要録』）ので、何が起きているのか伝えてほしい、というものであった。勝賢僧正は信西《しんぜい》入道の子、後白河院が信頼をおく側近である。摂政九条兼実は、八条院の意向をうけて調べることになった。これに対し、醍醐寺は文書をそろえて訴訟を起こし、後白河院も藤原定経《さだつね》を使者として文書を兼実に示した。五月二十三日、兼実が文書をそろえて八条院に届けたところ、八条院は葉室宗頼を使者として派遣し、勝賢僧正の所行が違乱であると判断したことを伝えた。兼実は、「実に、女院の仰せ、至極道理」(『玉葉』)と筋の通っていることを認めている。事情は、以下の通りである。

醍醐寺大智院は、堀河左大臣源俊房《としふさ》が創建し、源通能《みちよし》が美福門院に寄進したことで美福門院御願寺となった。八条院はこれを継承している。創建当初は醍醐寺座主が大智院別当をつとめていたが、源通能が美福門院に寄進したときに院家として自立したので別当職が座主から離れている。寿海阿闍梨は村上源氏が推している別当である。遍智院は、義範《ぎはん》が創建した院家で、文治二(一一八六)年二月十四日に林覚《りんかく》から寿海が譲与されたと譲状《ゆずりじょう》にある。遍智院は、八条院が寄進をうけて御願寺とした。勝賢は後白河院の意向を背景に、交替したばかりの寿海から大智院を取り戻そうとし、それに合わせて遍智院も掠《かす》め取ろうとした。大智院は八条院の祖母源方子《まさこ》の父左大臣源俊房創建であり、村上源氏が檀越《だんおつ》として影響力をもつ院家なので、寿海は村上源氏の了承のもとに補任された別当と推測してよい。遍智院のほうは、背後にある俗縁がみえない。法縁から寿海が継承した院家で、大智院の縁により八条院御願寺とした可能性が高い。八条院が御願寺別当寿海を守ることは、外護者である村上源氏を守ることでもある。この二つの院家が勝賢の管理下に移ることは、八条院の勢力圏から後白河院の勢力圏に移ることを意味する。八条院としては、勝賢の主張を潰して寿海を守りきる必要がある。この相論は、八条院の勝訴に終わっている(『醍醐寺新要録』)。八条院中納言が、八条院に出仕する人々を「御陰《かげ》に隠れたるならば(八条院の力で庇護されている人々)」(『たまきはる』)と評価する。女院御所にいる人々だけではなく、八条院が形成する世界のなかにいる人々は、この世界に侵入してくることをゆるさない八条院のもとにいる限り、安全なのである。

文治年間（一一八五〜九〇）にはいると、八条院は後白河院につぐ地位をもっている。八条院がもつ院宮分国と八条院領荘園の収入により、経済的に豊かな世界を形成している。後白河院と皇位継承を争っていた頃と比べると、出入りする人々も少なくなり、縮小均衡のうえでの豊かさであることは考える必要がある。重要な話は、摂政九条兼実と相談している。八条院庁の庁務は、源雅定《まささだ》の孫源通資や八条三位藤原実《さね》清《きよ》の子長経が執っている。九条兼実との連絡は、葉室光頼の子宗頼が八条院別当と摂関家政所別当を兼ねているので、円滑におこなっている。八条院御所は、以仁王の遺児三条宮姫宮と九条兼実の子良輔が養子として同居しているので、八条院三位局を母とする疑似的な家族は再生している。八条院の世界は、九条兼実と結びつくことで再構築され、安定期にはいっている。

第5章　しずかなる晩年

1　大病をしてみえてきたこと

豊かなる八条院御所

文治五(一一八九)年五月二十一日、三条宮姫宮《さんじょうのみやひめみや》と九条良輔《くじょうよしすけ》が熊野詣《くまのもうで》をおこなった。八条院三位局《はちじょういんさんみのつぼね》を母とする異父姉弟で、八条院御所《ごしょ》で養育された二人である。先達《せんだつ》は、大蔵卿葉室宗頼《はむろむねより》がつとめた。吉田経《つね》房《ふさ》は、宗頼の伯父雅宝《がほう》の服喪なのに問題ないかと葉室惟方《これかた》入道(宗頼の叔父)に尋ねたところ、養育者だから問題ないと返答がきたことに納得せず、書き残している(『吉記《きっき》』)。

建久元(一一九〇)年正月十一日、九条兼実《かねざね》の娘任子《にんし》が入内《じゅだい》をした。この日、八条院は慶賀の使者として藤原成家《なりいえ》(俊成《としなり》の子、定家《さだいえ》の兄)を派遣している。この日、葉室宗頼は九条家の家司《けいし》として、慶賀を言祝《ことほ》ぐ諸家の使者に対応している(『玉葉《ぎょくよう》』)。葉室宗頼も蔵人頭《くろうどのとう》に昇進しているので、朝廷の仕事が忙しくなっている。史料が多く残るようになる文治・建久年間(一一八五〜九九)になると、八条院が院号宣下《せんげ》をうけてからすでに三〇年がたっている。八条院の周囲にいるのは、美福門院《びふくもんいん》から数えて三世代、八条院院号宣下から数えても二世代となる人々が多くいる。葉室宗頼も、顕頼《あきより》・光頼《みつより》・宗頼と三代の廷臣である。建久六年には、参議《さんぎ》に昇って公卿《くぎょう》に列している。

建久元年十一月十七日、九条良輔が六歳になったので、着袴儀《はかまぎ》が八条殿《はちじょうどの》でおこなわれた。兼実は父として招かれ、密儀としておこなう儀礼に参列した。兼実が『玉葉』に書き残しているのは、手持ちの資金に困ることのない八条院御所の豊かな生活である。

摂政に就くまで九条兼実がもっていた不満は、摂関家が昔日の勢いをもっていないこと、摂政・関白の順番がまわってこないことである。最上級のエリートがもつ不満である。摂関家の水準を当たり前と考えている兼実が、八条院御所の儀式に「過差《かさ》(贅沢すぎる)」の印象をもっている。治承寿永《じしょうじゅえい》の内乱が終わって平常に戻った八条院御所は、鳥羽院政の時代の王家の作法に則った儀礼が復活していたことを推測してもよいのかもしれない。八条院は、重代《じゅうだい》の廷臣や女房を中心とした人々で閉じた世界を形成している。ここに集まる人々は、鳥羽院政華やかなりし時代の宮廷生活を知る人々である。この人々が八条院の豊かな財政を背景に、往事の生活を復活させていた可能性が高い。八条院中納言が、世間の感覚からずれた別世界と感じる点である。

兼実も良輔が成長して通過儀礼が少なくなってくると、八条院御所の儀式に顔を出すことが少なくなる。

建久二年五月四日条に、「次いで、余、八条院に参る、今年いまだ参らざるのゆえなり」と記している。多忙もあるであろうが、三位局と打ち合わせる用件がなければ、顔を出さないという感じになった。三位局との打ち合わせは内容を記さないので、『玉葉』から八条院周辺の情報が引き出せなくなる。

後白河院の崩御

建久三(一一九二)年正月三十日、摂関家に出入りする藤原定長《さだなが》は、巫女《ふじょ》が語る話として、後白河院《ごしらかわいん》の呪詛《じゅそ》を八条院三位局がおこなっているという噂を九条兼実に伝えた(『玉葉』)。後白河院はまもなく崩御《ほうぎょ》するので、体調がよくないのであろう。兼実は「太《はなはだ》しき、悪事を聞くなり」と書いている。後白河院の側近筋から出ている話なのであろう。三位局は妻であり、九条良輔の母なので、兼実は困ったことになったと心配している。この一件が、大きく取り扱われることはなかった。八条院も九条家も、この話に反応してよいことはないので、言わせておくという対応をとった。九条兼実と源頼朝《よりとも》の関係は良好であり、鎌倉幕府は兼実を支持する。八条院・九条兼実を揺るがす展開にはならなかった。

建久三年三月十三日、後白河院が崩御した。これにより、鎌倉幕府の支援があってという条件はつくが、九条兼実による摂関家主導の政治が始まった。白河・鳥羽・後白河・高倉・後白河(再)と続いてきた院政が、九条兼実と源頼朝の意志によって途切れたのである。

旧後白河院政派は、丹後局《たんごのつぼね》(高階栄子《たかしなのえいし》)を母とする宣陽門院覲子内親王《せんようもんいんきんしないしんのう》の御所を拠点として再結集した。後白河院の遺産長講堂《ちょうこうどう》領は宣陽門院が継承しているので、経済基盤に揺らぎはない。鳥羽院政派の残存勢力が、八条院のもとで結束を維持したのと同じ構図である。この時期、丹後局・宣陽門院の信頼を得た権臣として源通親《みちちか》が頭角《とうかく》をあらわしてくる。政変があったわけではないので、朝廷の官位はそのままである。一時権力の座から遠ざかっても、この人々がすぐに困ることはない。

八条院からみると、最大の支持勢力であった村上源氏の嫡流源通親が宣陽門院側の主導者である。雅《まさ》定《さだ》・雅通《まさみち》・通親と三代にわたって仕えてきた重代の廷臣が、親しくしている九条家と対立する立場をとったということになる。状勢が変化したと、考えざるをえないであろう。

大臣家の地位を守っていくことを優先する村上源氏は、九条兼実追い落としの機会を狙って、鎌倉幕府との接近を試み始める。源頼朝晩年の汚点となる大姫《おおひめ》入内問題である。大姫は、源頼朝と木曽義仲《よしなか》が和解したとき、義仲の長子義高《よしたか》の許嫁《いいなずけ》となった頼朝の長女である。その後、結婚していない。後鳥羽天皇の後《こう》宮《きゅう》に入れるには、摂関家の養女にするなど手順を踏まないと難しいと判断できず、頼朝は通親の甘言に乗って宣陽門院側に接近する。

源通親の弟通資《みちすけ》は、八条院の公卿別当として庁務をとっている。村上源氏嫡流は九条兼実と対立する立場をとり始めたが、八条院を敵にまわす必要はないので、八条院とのつきあいは変えない。八条院領のなかにある村上源氏の所領は、維持しなければならない。八条院は、このあたりの事情を承知しているであろう。兼実とは手を結んでいるが、村上源氏にも敵意を示さない。八条院は、五七歳である。九条良輔は八歳。八条院御所に賑わいを与える子供盛りである。八条院は気心の知れた重代の廷臣や女房との世界に籠もり、日々の静かな生活のなかにある楽しみを大切にしたいのであろう。

建久五年正月五日、九条兼実の娘中宮藤原任子が御方違《おんかたたがえ》行啓《ぎょうけい》で八条院御所を訪れた。このとき、兼実は寝殿で八条院とともに中宮に対面し、そののち東面に移って良輔とともに対面している（『玉葉』）。八条院御所に引き取られている良輔は、任子との対面ははじめてかもしれない。父として両者を引き合わせるため、家族で話せる東面に移ったのであろう。二月七日、九条良輔は八条殿で元服式をおこなった（『玉葉』）。

昇子内親王の養育と八条院領継承問題

建久五（一一九四）年八月十七日、八条院御所が焼失し、八条院は鳥羽の歓喜光院《かんきこういん》に避難した（『玉葉』）。

建久六年正月二十八日、九条兼実は八条院に新年の挨拶に赴いている（『玉葉』）。八条殿はまだ復興していないので、八条院は鳥羽にいる（『玉葉』）。

建久六年十月十六日、中宮任子を母とする昇子女王《しょうしにょおう》が内親王宣下をうけ、政所家司《まんどころけいし》が補任された（表12）。多くは、九条兼実の家司の縁者、任子に仕える中宮職の職員であるが、そのなかに八条院別当藤原長経《ながつね》が加えられた。長経は八条院庁の年預別当《ねんよべっとう》をつとめる腹心である（『三長記《さんちょうき》』）。十二月五日、昇子内親王は八条院御所に行啓し、八条院の猶子《ゆうし》となった。八条院はそのまま預かり、養育することになる（『三長記』）。この姫宮の養育係が、八条院中納言である（『たまきはる』）。

建久七年正月十日、九条兼実は八条院御所を訪れ、深刻な相談をしている。八条院の葬儀から後生のことは仁和寺《にんなじ》の守覚法親王《しゅがくほっしんのう》（養子道尊《どうそん》の師）が託されていること、葬儀は仁和寺が仕切り、八条殿が葬家をつ

表12　昇子内親王庁職員

役　職	名　前	官　職	関　　係
職事	三条公房	左中将	三条実房の子
家司	藤原長経	丹後守	八条院別当
家司	藤原能季	伊予守	九条兼実妻兄弟
蔵人	源国朝		九条家諸大夫国行子
侍者	源季忠	中宮六位進	母中宮任子の職員
御監	源重継	元中宮侍長	中宮職職員，重定子
庁年預	安倍資兼	中宮属	中宮職職員

出典：『三長記』建久6（1195）年10月16日条

とめること、八条院の跡を継ぐ三条宮姫宮(以仁王《もちひとおう》の王女)の家政運営は年預藤原長経が引き継ぐことを確認している。八条院の容態は、相当に悪いということであろう。かなり、具体的なことを打ち合わせている(『玉葉』)。

正月十二日、八条院は自筆の書状を認め、三条宮姫宮に内親王宣下を授けることを願い出た。しかし、朝廷は事務官レベルで王の子に親王宣下をする先例はないと難色をしめした(『玉葉』)。最初の段階で、つまずいている。

正月十四日、八条院の容態がさらに悪化したとして、九条兼実は参内《さんだい》した。八条院は、迎えの牛車《ぎっしゃ》を用意し、藤原長経を同行させ、遺産のことを打ち合わせている。八条院は、三条宮姫宮が遺産を継ぐことを希望している。ただし、安楽寿院《あんらくじゅいん》と歓喜光院は、後鳥羽天皇に返上するとしている。安楽寿院は鳥羽院・美福門院が本願とした所、王家の祭祀にかかわる寺院なので後鳥羽天皇に託すと伝えている。八条院庁分(八条院庁直轄の所領)は、九条良輔に譲ると指定した所領以外を三条宮姫宮に譲ると伝える。養子・猶子は複数いるが、九条良輔のみ指定したのは、九条家に対する配慮であろう(『玉葉』)。後鳥羽天皇は、所領の譲与を認めている。

正月十六日、守覚法親王が三条宮姫宮の内親王宣下について左大臣三条実房《さねふさ》に相談したところ、納得の得られる提案ではないので、公卿には伝えないほうがよいという回答を得た(『玉葉』)。これによって、内親王宣下の話は消えた。

この前月、昇子内親王が八条院御所にはいっているので、八条院は三条宮姫宮と考えていたが、相談をうけた九条兼実も、守覚法親王から相談をうけた三条実房も、後継者は昇子内親王がよいと考えていた可能性が高い。

正月三十日、九条兼実は八条院御所を訪れ、八条院の病状が回復してきたことを確認している(『玉葉』)。八条院の体調回復により、遺産相続をめぐる問題は現状のままとなった。内親王宣下の認められなかった三条宮姫宮は、約束されていたと思っていた未来が失われていることを知ることになった。以仁王の遺児は、僧籍にある真性《しんしょう》が慈円《じえん》(九条兼実の弟)の指導により、天台座主《てんだいざす》まで上り詰めることができた。道尊も守覚法親王や殷富門院《いんぷもんいん》の支援も加え、真言密教の高僧として活躍した。朝廷は、宗教の世界で活動している限りは栄達を問題としないが、世俗の世界で力をもつことは認めない立場である。八条院は三条宮姫宮を以仁王事件(治承四〈一一八〇〉年)のときに守り通した大切な後継者と考えていたが、朝廷は遺産の継承以外は認めないことを明確に示した。

この年、建久七(一一九六)年の政変が起き、九条兼実は失脚した。遺産継承問題は、兼実が八条院のために動いた最後の仕事となった。

2　藤原定家がみた八条院御所

六条藤家と御子左家

ここで、八条院《はちじょういん》の晩年を記録した人々として、御子左家《みこひだりけ》を簡単に整理しておこう。

この家は、藤原俊成《としなり》・藤原定家《さだいえ》と二代にわたって俊才を出し、また、六条藤家《ろくじょうとうけ》が『続詞花和歌集《ぞくしかわかしゅう》』を撰んだ藤原清輔《きよすけ》の代に家学の継承で諍《いさか》いのあった隙に頭角をあらわした。二条天皇の命によって清輔が勅撰集として撰集を始めた『続詞花和歌集』は、二条天皇の崩御《ほうぎょ》によって私撰集となった。六条藤家はここで大きく躓《つまず》いている。

二条天皇親政派と対立した後白河院《ごしらかわいん》の院政が始まったことで、六条藤家は居場所を失ったことも大きく影響している。六条顕季《あきすえ》の末流は、後白河院政を支える受領《ずりょう》国司《こくし》として信頼を得た藤原俊盛《としもり》が、『春日権現験記《かすがごんげんき》』に希代《きだい》の幸臣として描かれている。八条院に仕える重代の廷臣として院分受領《いんぶんずりょう》をつとめた八条三位藤原実清《さねきよ》の家も富裕な家として残った。しかし、国司は朝廷の財務を支える要職なので、院宮や摂関家などの権門や役所に割り振る給分となっている国以外は、つねに政権の中枢に近い人々が任命される。六条藤家の和歌を継承する藤原清輔は九条兼実《かねざね》の和歌の師となり、その兄弟も九条家の家司《けいし》となることで宮廷社会のなかに生き残る場所を見いだした。しかし、清輔が亡くなったのち、九条兼実の和歌の師は藤原隆信《たかのぶ》の推薦で藤原俊成が引き継ぐことになった(『玉葉《ぎょくよう》』)。

六条顕輔《あきすけ》の家は崇徳《すとく》上皇に近かったことで、美福門院《びふくもんいん》・八条院とのつながりは薄かった。顕輔は、崇徳上皇の命により勅撰集『詞花和歌集』を撰んでいる。顕輔の子のなかで公卿《くぎょう》に昇進する重家《しげいえ》は、待賢門院《たいけんもんいん》判官代《ほうがんだい》で宮仕えを始め、後白河院別当《べっとう》となって従三位に昇った(『公卿補任《ぶにん》』)。六条重家は、後白河院政派である。これが、嫡流の清輔を重家が見下す理由の一つとなる。

藤原俊成は、葉室顕頼《はむろあきより》の養子となり、顕広《あきひろ》を初名とした。顕頼の「顕」である。それによって、葉室家の縁で美福門院殿上人《てんじょうびと》に加えられた。俊成の経歴は、六条顕季とほぼ同じである。大治二(一一二七)年正月十九日に鳥羽院《とばいん》の院分美作守に補任されたことに始まり、加賀守・遠江守・三河守・丹後守と国司を歴任し、左京権大夫・左京大夫をつとめたのちに、従三位に昇った。従五位下から従三位に昇る六回の叙位のうち、四回が美福門院の推挙である。美福門院加賀《かが》(藤原親忠《ちかただ》娘)を妻に迎えたことで、美福門院とのつながりは強まった。妻の人脈にはいった俊成は、待賢門院・崇徳天皇・後白河天皇と渡っていく和歌の家六条藤家の家に対抗する歌人として、美福門院に眼をかけられた可能性がある。俊成もまたその期待に応え、『源氏物語』を古典として重んじる新たな和歌の世界を切り開くなど、今までにない動きを見せ始めた。文治四(一一八八)年四月二十二日には、『詞花和歌集』につぐ勅撰和歌集『千載《せんざい》和歌集』を後白河院に奏覧した。

御子左家は、鳥羽院政派を母体とする派閥が解体して八条院を頂点とした集団に再編されるなかで、八条院の世界のなかに官人《かんにん》として生き残る道を見いだした。美福門院は村上源氏や伯母の婚家となる公家を交流の相手と考えているので、異母兄弟の子を家政を執る院司《いんじ》や財務担当として処遇している。八条院はその人脈を引き継いでいるので、俊成の子供たちは八条院庁の運営にあたる家の待遇である。

藤原成家と藤原定家

後白河院政以後の御子左家は、俊成の嫡子の成家《なりいえ》が近衛府《このえふ》の次将《じしょう》（中将・少将）に在任しながら、三度の八条院御給《ごきゅう》・春華門院《しゅんかもんいん》御給で位階を正三位まであげた（表13）。近衛中将・少将は殿上人に列するにふさわしい良家の子弟を補任する官職で、朝廷の儀式に参列する名誉職である。近衛府は、年中行事で武官として役を分担し、儀仗兵《ぎじょうへい》として儀式に参列し、雷鳴陣《かみなりのじん》のように破魔の仕事をつとめた実務のある役所である。ただ、現場を握るのは近衛将曹《しょうそう》以下の下級職員で、それを束ねる上級職員が何人必要か明らかでない。ほとんどの中将・少将は、近衛府の職務をつとめる必要のない名誉職である。藤原成家は、国司をつとめていない。成家は、院分受領の地位を失い、近衛次将の官職で八条院の使者として『玉葉』に出てくる。鳥羽院・美福門院・八条院と続いていく人脈のなかを生き、近衛次将を肩書きとして儀式に参列することで、公家社会のなかを生きていたということである。俊成は、従三位に昇ったのちは歌人の家として御子左家の地位を固めようとしているので、成家を昇進させたように、定家を昇進させる機会はめぐってこない。定家は、放置された状態になっている。

定家は、仁安元（一一六六）年十二月三十日に従五位下に叙された（表14）。翌年に紀伊守に補任され、国守を一期つとめたのち、父俊成が左京大夫を辞任して定家を侍従に補任した。自らの官職を辞官する代わりに指定した人物を推挙する辞官申任《じかんしんにん》の慣例を使っている。これが、俊成にできる最後のことであった。

表13　藤原成家経歴

年　月　日	西暦	位　階	経　　歴
保元２年３月26日	1157	従五位下	暲子内親王久寿二年大嘗会御給
仁安元年１月12日	1166	従五位下	侍従補任
３年１月５日	1168	従五位上	
治承元年１月５日	1177	正五位下	八条院御給
文治元年６月10日	1185	正五位下	右少将補任
３年１月５日	1187	従四位下	近衛府労
建久元年１月５日	1190	従四位上	
２年１月５日	1191	正四位下	
正治元年12月９日	1199	正四位下	右中将に転任
建仁３年10月24日	1203	従三位	
承元４年12月26日	1210	正三位	御即位叙位，春華門院
建暦元年10月２日	1211	正三位	兵部卿補任
建保３年８月21日	1215	正三位	出家，61歳

表14　藤原定家経歴

年　月　日	西暦	位　階	経　　歴
仁安元年12月30日	1166	従五位下	叙爵
２年12月30日	1167	従五位下	紀伊守補任
安元元年12月	1175	従五位下	父俊成左京大夫を辞して侍従に補任
治承４年１月５日	1180	従五位上	簡一
寿永２年12月19日	1183	正五位下	八条院御給
文治５年11月13日	1189	正五位下	左少将補任
建久元年１月５日	1190	従四位下	少将留任
６年１月５日	1195	従四位上	
正治２年10月26日	1200	正四位下	
建仁２年閏10月24日	1202	正四位下	左中将に転任
承元４年１月21日	1210	正四位下	中将を辞し，為家を左少将に補任
４年12月17日	1210	正四位下	内蔵頭補任
建暦元年９月８日	1211	従三位	同日侍従に補任
建保２年２月11日	1214	従三位	参議補任
４年１月13日	1216	従三位	治部卿兼任
４年12月14日	1216	正三位	俊忠卿天永二年春日行幸行事賞
６年７月９日	1218	正三位	治部卿から民部卿に遷る
貞応元年８月16日	1222	従二位	参議を辞し従二位昇進
安貞元年10月21日	1227	正二位	民部卿を辞し正二位に昇る
貞永元年１月30日	1232	正二位	権中納言補任
元年12月15日	1232	正二位	権中納言を辞す，71歳
天福元年12月11日	1233	正二位	出家
仁治２年８月20日	1241		薨去，80歳

侍従は良家の子弟を補任する官職なので、公卿・殿上人に昇る人を補任する。しかし、治承四(一一八〇)年正月の叙位で従五位上に進んだときは、叙位の理由を記す尻付《しつけ》に「簡一《ふだいち》」と昇進の理由が書かれた。これは、従五位下に在級する者のなかで、従五位上に昇る要件を満たしている者の最上位という意味である。行事賞《ぎょうじのしょう》や院宮の御給で後任の者がつぎつぎと昇っていくなかで、最後まで昇れなかった人という意味である。従五位下は初任者の位階なので、公卿に昇るためには可能な限り早く、上の位階に昇る必要がある。一四年間誰も推さなかったので、式部省が在級者名簿の最上位の者を昇進させる規則に従っておこなった叙位である。現存する『明月記《めいげつき》』がこの年からなのは、それ以前に書いていた日記は定家自身が残さなかった可能性を考えてもよい。現存する部分を読んでいても、叙位や官職補任がかなわなかったときの定家の嘆きは怨嗟に近いものがあり、八条院御所《ごしょ》に出仕する周囲の人々もそれを知っている。

八条院御所に居場所を見いだした定家

定家は、治承四(一一八〇)年十月八日に外舅の藤原親弘《ちかひろ》(親忠の子)が亡くなったと『明月記』に書いている。親弘を通じて、八条院の世界と結びついていたのであろう。俊成は嫡子成家を推して家の存続を考えていたので、定家と八条院の世界を結びつけていたのは八条院庁年預《ねんよ》藤原親弘ということになる(『明月記』)。定家は、養和元(一一八一)年三月十五日、八条殿《はちじょうどの》にはじめて参上し、八条院と対面した(『明月記』)。寿永二(一一八三)年十二月十九日、定家は八条院御給で正五位下に昇っている。八条院の推挙権で誰を推すかが話し合われたとき、冷遇されている俊成の子になったのであろう。定家の姉八条院中納言が八条院御所に出仕を始めるのは、寿永二年春である（『たまきはる』）。建春門院《けんしゅんもんいん》御所に出仕した経験者としてはいってきたので、最初から存在感を示している。八条院中納言が、弟の窮状を八条院に伝えた可能性を考えてよいであろう。

式部省に出仕する漢詩文の専門家は、対策《たいさく》（献策）といわれる得業生《とくぎょうしょう》（大学院相当の専攻課程）の修了試験に合格すると「対策」と呼ばれる叙位の昇進枠が適用されて六年一級ぐらいで昇級していく。和歌の世界には、大学寮のような教育とともに人事の推挙権をもつ役所がない。定家のように、一四年据え置きという放置が生まれる。定家は、八条院御給で救われている。八条院御所に居場所を見いだせたのは、姉八条院中納言の存在が大きいだろう。

この時期、定家は八条院御所に出仕すると、格子戸の上げ下げをしている。まだ、五位の官人なので、地下公達《じげのきんだち》と呼ばれる殿上人の予備軍である。殿上人は、蔵人など役職によって昇殿がゆるされる場合、館《やかた》の主人が認めた場合でなければ、従四位下に叙されて四位の位階に昇ることが必要条件となる。北面《ほくめん》は、五位の者が詰める上《じょう》北面と六位の者が詰める下《げ》北面がある。上北面は、地下公達・五位の武官・国司や京官の官人が詰める。正六位上の位階で長年仕事をつとめてきて者に対する功労として従五位下に昇進させた者など、さまざまな人が集まった。「北面の武士」という歴史用語が誤解を招いているが、護衛や警固のための武士が詰める場所ではない。定家は、八条院御所で地下公達の仕事を始めた。

建久九年春の人事

建久九(一一九八)年の春は、後鳥羽天皇が譲位して院政を始め、土御門天皇即位により蔵人所とその所管の内廷職員を一新する新たな任命がおこなわれるので、大規模な人事となった。現代は昇進と転勤が人事異動として一括でおこなわれるが、中世の朝廷は先に叙位(昇進)をおこない、そのあとで官職補任の除目《じもく》をおこなう。春除目は、正月五日の叙位で昇進した人を上位の役職に移す人事や、国司など任期満了による交代など大規模な人の入れ替えがおこなわれる。そこに、院政開始と天皇代替わりにともなう人事が重なるので、数十年に一度の人事となる。

正月五日の叙位で、大江以忠《おおえのもちただ》が外衛労《がいえいのろう》(兵衛少尉・衛門少尉をつとめた勤務の労)により、従五位下に昇進した。五位以上の官人は年労《ねんろう》(勤続年数)で数えるが、六位以下の分番官《ふんばんかん》(一二〇日以上勤務することと定めた交替勤務)は、上日《じょうじつ》(勤務日数の累積)で勤務評定をする。大江以忠の昇進は上日の労なので、衛府《えふ》の仕事もした実働の官人である。『吾妻鏡《あずまかがみ》』に出てくる鎌倉の左衛門尉のような名誉職ではない。

この推薦は衛府がおこなうので、本来なら八条院が絡む話ではない。しかし、八条院院司が不正をおこなったという風聞《ふうぶん》が流れた。八条院の側近藤原長経《ながつね》が書類を偽造し、以忠の名前を忠時に改めたと八条院主典代《さかんだい》大江以孝《もちたか》が検非違使別当《けびいしべっとう》源通資《みちすけ》(八条院年預別当)に讒言したというのである(『明月記』)。大江以孝は、藤原得子《とくし》の皇后宮権大進から美福門院主典代に役職変更した大江以平《もちひら》の縁者とみてよい。源通資・藤原長経・大江以孝の三人は、八条院庁下文《くだしぶみ》など八条院庁発給文書で連署する八条院庁の中枢にいる人々である。この三人は顔を合わせる機会が多いだけに、八条院庁を動かすための情報交換は密でなければならない。その三人がいがみ合っているので、八条院庁のなかで何が起きていたのかと憶測したくなる。八条院の世界が、八条院中納言が『たまきはる』で回想する優雅な世界でないことは確かである。『明月記』のおもしろさは、八条院中納言から聞いたこと、自身が体験したことなど、八条院庁のなかで起きていたさまざまな問題を書き残しているところにある。定家が、八条院御所を居場所と考えていたことが、さまざまなことを書いていく理由である。八条院はこの件で動かず、「沙汰なし」ということになった。

正四位下に昇れない定家

同年正月五日の叙位で、八条院は以前保留した御給を八条院未給《みきゅう》として行使しようとした。それを誰にするかで、内輪もめが起きている。この年は、当年分として八条院が行使できる八条院御給と留保していた分を使う八条院未給で二人を推挙しようとした。しかし、『明月記』に書き残された正月五日の叙位の記録には八条院御給がない。定家は、誰を推すか絞り込めなかったので、正月五日は申請を見送ったと『明月記』に書いている。

それによると、三条《さんじょう》公清《きみきよ》は四条《しじょう》隆衡《たかひら》が七条院御給で正四位下に叙されるので、超越《ちょうえつ》(同格や下位の者が追い越して昇進すること)されると八条院御給を申請した。八条院庁としては、年預別当源通資が子雅《まさ》親《ちか》を推すことになっているので変えられないと判断し、藤原高通《たかみち》に授けることになっていた八条院未給を取りやめ、公清に授けることにした。ところが、藤原高通が公清に授けると超越になると訴えてきた。公家社会の序列争いは、熾烈である。これだけでも十分ややこしいと思うところに、八条院中納言は弟定家も正四位下にあげてほしいと要望を出していた。この騒動、定家も渦中の一人であった。定家は、八条院御給で正五位下に昇ったのちは六年一級の間隔で昇進し、建久九年正月には従四位上の位階に在級している。在級七年なので、そろそろあげてほしいという要望である。定家は、ここで三条家と揉めると対立することになると忠告をうけたうえで、別の推挙をうけるかと姉から聞かれている。定家は、他家の推挙は恥になると姉に意向を伝えている。八条院庁から申請を出してほしいという意向である。八条院庁は申請したい人が多いので、養育している昇子《しょうし》内親王御給や、九条家に頼んで中宮藤原任子《にんし》の未給を使わせてもらうことも検討した可能性がある。のちのちに禍根を残さないために、他家から御給を融通してもらい、全員あげようと努力していたのであろう。八条院中納言は、昇子内親王や中宮任子ではどうかと聞いてきたと思われる。中宮任子は建久七(一一九六)年の政変で内裏を退いているが、中宮職は解散になっていない。建久八年に申請していなければ中宮未給がある。政変に敗れて静かにしている九条家は、使えないでいる叙位の申請権を溜め込んでいる可能性がある。ここに、交渉の余地がある。

三条公清は鳥羽院の重臣で美福門院別当をつとめた三条公教の孫、藤原高通は太政大臣藤原伊通の曽孫、八条院はこの二人に先任・後任の序列をつけることになる超越を避けたい。建久七年の政変で源通親と九条兼実が衝突したのも、摂政時代の九条兼実が源通親の昇進希望を超越として抑えたことが要因の一つである(『玉葉』)。官僚の世界である公家社会では、昇進の順番をめぐる競争が激しい。超越がどれほど人間関係を狂わせるかを八条院が知らないわけがない。定家が他家からの申請を拒めば、八条院中納言は定家に対し叙位は公清と高通の二人に譲り、定家はつぎの機会にするよう忠告するしかないのであろう。この両家の争いに巻き込まれれば、八条院御所にいづらくなる。後日、定家は三条公清の縁者大納言局が激怒し、西御方《にしのおんかた》に対して、以後、八条院御所に出仕するなと息巻いていたと姉の八条院中納言から聞かされている。公家にとっては死活問題である官位昇進の問題が、八条院御所では廷臣や女房の意見で左右されていた。鳥羽院の皇女として孤高の世界を形成する八条院の世界だけにみられることかもしれない。

八条院中納言出仕停止となる

建久九年二月二十六日、八条院別当源通資の子雅親が八条院当年御給で従四位上に昇った(『明月記』)。超越をめぐって争った公清・高通の二人は、七条院御給であがるはずだった四条隆衡《しじょうたかひら》も巻き込んで、十一月におこなわれる土御門天皇即位大嘗会《だいじょうえ》の大嘗会叙位の加叙《かじょ》(追加でおこなう叙位)で三人そろって正四位下に昇進した。同日付の昇進にして、先後の順をつけない判断である。八条院御給の申請を取り下げたことで、定家はこの争いの圏外にいる。安全なはずであった。

しかし、この騒動は八条院中納言に波及していった。定家は姉に関する悪い噂をいろいろと聞かされたのであろう。「凶女の舌端、虎口に入るがごとし」(『明月記』正治元年正月十三日条)と悪口を言う大納言局(三条公清の縁者)のことを書いている。正月の叙位を遅らされた三条家の不満が、定家の姉八条院中納言にも向かっているのである。三月二十八日、八条院中納言は、日頃から喧嘩が絶えない不吉な人物と言われ、八条院御所を退くことになった。このとき、八条院は「灸治をおこなうので、退出すると説明するように」と指示している(『明月記』正治元年三月二十八日条)。大納言局と対立することになったが、八条院は八条院中納言を切り捨てるつもりはないので、いつでも戻れる病気理由にせよと指示したのである。八条院が八条院中納言を信頼していることがわかる。

昇子内親王に対する期待

正治元(一一九九)年三月三日、八条殿で昇子内親王の節供がおこなわれた。九条家が政争に敗れて雌伏している時期であり、密儀なのであろう。陪膳役は八条院別当兼昇子内親王別当をつとめる藤原長経、役送は藤原定家と藤原資家《すけいえ》、定家は人手がないので六往復となり、大変だったと書き残している(『明月記』)。定家は自らの立場を「四位の院司」と記しているので、八条院別当である。定家は毎日参上していないので、庁勢の中枢にいて毎日のように参上しなければならない藤原長経のような年預ではない。定家の忙しさの背景にあるのは、長経の催促なら応じて人が集まってくるが、新参の定家の催促では、つきあいのある人しか応じないということであろう。この時期は、姉が一時退下しているので、八条院周辺の情報もはいってこない。

正治元年六月二十三日、定家は美福門院御月忌《がっき》(永暦元〈一一六〇〉年十一月二十三日薨去)の布施取《ふせとり》をつとめた。藤原隆信《たかのぶ》・藤原長経・源頼房《よりふさ》・藤原隆範《たかのり》・藤原隆兼《たかかね》が参上したと記している。美福門院の時代から仕える重代《じゅうだい》の廷臣で、子・孫の代になっている。この日、八条院の御前で将棋《しょうぎ》が指されたと定家は記録している(『明月記』)。姉八条院中納言の『たまきはる』、弟定家の『明月記』の双方に将棋が指されていたことを記録するので、八条院御所でおこなわれる宮廷社会の遊戯の一つに、将棋のあったことは間違いない。定家は、また『明月記』に九条良経《よしつね》（兼実の子）の周辺で将棋が指されていたことも記録するので、九条家の人々が八条院の世界に持ち込んだ可能性もある。将棋は、盤上に情報がすべてあり、運という要素の介入しない緻密な思考の完全情報ゲームなので、理路整然とした思考をする九条兼実や八条院には向いている。白河院は、賽《さい》の目が思い通りにならないといって「天下の三不如意《ふにょい》」に数える双六《すごろく》好きである。政治は先のみえないゲーム、自分の出方と相手の出方の組み合わせで最適の選択が決まる。そこに、賽の目という不確定要素が加わるので、白河院が勝負好きならやめられないであろう。好む遊びの違いで、思考の型も推測できる。

正治元年六月二十日、八条院中納言が八条殿に再出仕を始めた。御所のなかの対立で排除されたので普通は再出仕しないが、定家は姉から、八条院のほうがこの籠居は自身の過ちと考えているので早く参上するようにと催促されていたと聞いている（『明月記』）。八条院中納言が、よい主人に恵まれたと考えるのも無理のない話である。八条院中納言の復帰により、定家は八条殿に参上すると、あわせて、姉が後見をつとめる昇子内親王にも参宮するようになる。

正治元年八月四日、定家は八条院の意向をうけて昇子内親王の日吉社《ひえしゃ》経供養《きょうくよう》と百箇日参籠の出発に随行した（『明月記』）。定家は左大臣九条良経と八条院を兼参するので、八条院には、姉の八条院中納言とともに、昇子内親王付の廷臣とする意図があるのかもしれない。

八条院の後継候補を祝う儀式

正治元年十一月二十九日、八条殿で昇子内親王の着袴儀《はかまぎ》がおこなわれた。この儀式に招かれた近衛家実《このえいえざね》は、詳細な記録を残している（『猪隈関白記《いのくまかんぱくき》』）。筆者が『明月記』に感じる不満は、ここである。定家の日記は長文であるが、自分の思いや聞き込んだ情報を書いていて、現場を見ている四位の院司であるにもかかわらず、儀式の記録の体をなしていない。家実が書き残してくれたことで、着袴儀の次第がよくわかるし、八条院御所運営の状況もよくわかる。この日は、後鳥羽院が参列している。昇子内親王の供奉は、内大臣源通親《みちちか》がついていた。通親は、中断していた院政を再開させた権臣であり、源頼朝が九条兼実に書いた書状に「源博陸《げんはくろく》（源氏の関白）」と記した朝政の主導者である（『玉葉』）。摂政近衛基通《もとみち》は、おもしろくないので来ない。八条院・九条家・村上源氏が主催者側として催す盛儀であり、近衛家としては誰かを出席させなければならない。名代《みょうだい》として、子供を派遣したというところであろう。家実は、近衛亭に戻れば細かく報告しなければならないので、しっかりと観察した。経営にあたる八条院側は権中納言葉室宗頼《はむろむねより》や右京権大夫藤原隆信が儀式の運営にあたっていた。九条家は左大臣九条良経《よしつね》が参列し、この盛儀を見守っていた。

三条宮姫宮を後継候補からはずさざるをえないので、八条院は昇子内親王が後継者であることを示すための儀式として、多くの人を招いた。九条家と仲良くしている八条院は、近衛家とあまり接点がない。しかし、再び大病したときに、八条院が後継者に相続の手続きをおこなう際に、現任の摂政から反対や異論を出されては困る。九条良経や源通親が援護の弁論を張っても、基通はその上席である。八条院の側も、近衛基通が摂政である以上は、近衛家も招いて事前承諾を得ておく必要がある。基通としては不快であるが、後鳥羽院の皇女に対する礼として子を代参させた。

正治二（一二〇〇）年正月二日、藤原定家は八条殿に参上している。八条殿でおこなわれる恒例の月忌《がっき》に参上したのは、定家・長経・隆範・隆兼の四人だけだったと記している。ただし、八条殿に同宿する昇子内親王に参宮する人々は多かったと記している（『明月記』）。八条院の法事に参列するのは、美福門院時代から仕える重代の廷臣とよき主人に出会えたと考える定家など少なくなってきたことは考えてよい。人々は、八条院の後継者とすでにみなされている昇子内親王のもとに参上した。八条院は、六五歳である。今後のことを考えれば、公卿・殿上人《てんじょうびと》が昇子内親王と接点をもとうと考えるのは、当然の動きである。

九条良輔を公卿に

正治二年正月五日、八条院御給で葉室顕俊《あきとし》が正五位下に叙され、昇子内親王御給で藤原行家《ゆきいえ》が従五位下に叙された。顕俊は八条院別当葉室光頼《みつより》の孫、宗頼の甥にあたる。八条院御所に出仕する重代の廷臣の縁者が推挙されていることに、変わりはない。ただ、九条家から申し入れがあった藤原能季《よしすえ》（九条兼実妻の兄弟）や建久九年に先送りされた藤原定家は先送りとされた。葉室顕俊は超越されたので、優先させる必要があるとの判断である。昇子内親王御給は、家司として部下を祗候《しこう》させている八条院と九条家の意向のすりあわせで決められるのであろう。藤原行家がどのような人物かは特定できないが、昇子内親王の周辺についた人物の縁者とみてよいのであろう。

藤原定家は、正治二年十月二十六日の除目で正四位下に叙された。この件について定家は自ら動いておらず、姉八条院中納言と藤原長経が話し合って八条院にあげ、八条院御給という形式をとらずに執りおこなったようである。この日は、八条院の養子九条良輔《よしすけ》が従三位に叙されている。八条院庁は良輔の従三位を実現するために動いているので、連名で遅れている藤原定家正四位下昇進の話も動かした可能性が高い(『明月記』)。良輔を公卿にすることが最大の眼目であれば、その情報を定家に伝える必要がない。定家を正四位下にあげる運動は、八条院庁のなかで姉が中心になって動いている。建久九年の叙位からたびたび浮上した話なので、三年かかったことになる。藤原長経も、八条院の意向で呼び戻された八条院中納言と八条院のために精勤する少なくなってきた院司藤原定家の存在を認めている。

歌人としての定家を評価するのは

八条院庁の人々は藤原定家を院司として評価するようになったが、それは八条院庁によく顔出ししている院司としてである。八条院の世界で、歌人としての評価はない。八条院の側にいる腹心藤原隆信が歌人として評価がある。定家に和歌の話がまわってこないのは、隆信に相談しているためといえる。

建仁元(一二〇一)年七月二十六日、後鳥羽院は和歌所を設置し、一一人の寄人《よりうど》を任命した。定家は、この一一人に選ばれている。このなかから六人の『新古今和歌集《しんこきん》』の撰者が厳選されていく。定家はこの人選でも残り、勅撰和歌集『新古今和歌集』の撰集という大仕事が始まる。朝廷は、こういう人選をおこなうときに最初の段階で能力のある人を選抜するが、第二段階の絞り込みでは本人の官位や家の実績が重要な要素となる。定家の歌人としての才能は私的に開かれる歌会では知られている。推薦をする人がいて寄人に選ばれることになるが、父俊成が『千載和歌集』を撰んでいること、本人も正四位下の位階をもつことは重要な要素となる。六人の選考には、崇徳天皇勅命の『詞花《しか》和歌集』を撰んだ六条顕輔の孫有家《ありいえ》も含まれている。藤原有家も正四位下、この翌年には大蔵卿に補任され、承元二(一二〇八)年には従三位に昇っている。藤原有家は、文人貴族がつとめる少納言を経て従四位下まで昇り、四位に昇ってから八条院御給によって昇進を早めている。有家もまた、八条院の世界のなかにいる。和歌の世界で、定家の競争相手となる人物である。撰者には飛鳥井雅経《あすかいまさつね》も含まれているが、飛鳥井家は参議に昇る議政官の公卿、和歌は家の教養である。雅経が和歌が上手でも、和歌の才能に家の存亡をかける人々には含まれない。

建仁二年十一月十九日の臨時除目で昇子内親王朔旦冬至御給により、定家の嫡子為家《ためいえ》が従五位下に叙された(『公卿補任』)。定家の家は、美福門院加賀《かが》の縁で美福門院の派閥の中心に近づいた経緯をもつ。美福門院・八条院・昇子内親王(春華門院)と続いていく女院の地位の継承に寄り添い、俊成・定家・為家と重代の廷臣となっていった。八条院があとを託しているのは、八条院別当と昇子内親王庁別当を兼務させている藤原長経とともに、昇子内親王の後見につけた姉八条院中納言である。公卿別当としては、源通資の子雅親《まさちか》や九条家とのつなぎ役である葉室宗頼の孫資頼《すけより》がその立場にあると推測される。

昇子内親王と呪詛

建仁二年八月二十二日、一品宮《いっぽんのみや》昇子内親王の眼病が回復に向かっていると記したあとで、藤原定家は最近の呪詛《じゅそ》騒ぎのことを『明月記』に記している。昇子内親王は病気なので、体調を崩したのは理由がある。このことに呪詛の噂が広がるのはなぜか。何かが狂っていると書いている。続いて、前年昇子内親王がおこなった日吉社参籠は呪詛のためにおこなったと噂されていると記している。幼い姫宮が考えることではないので、その背後にいる人々、九条家や八条院周辺の人々がしかけたことになる。定家はこの参籠に随行しているので、根拠がないことはよく知っている。八条院と親しく、ときどき八条殿に滞在していた式子《しょくし》内親王(一一四九〜一二〇一年)が前年に薨去したのも、八条院や式子内親王に悪念を放った者がいると聞いている。昔の話であるが、後白河院が崩御したとき、八条院と八条院三位局が呪詛したという風聞も、このときに再び流れている。

これらの風説は、八条院・九条家が標的となっていることは間違いがない。建久七年の政変(一一九六)で失脚した九条家の周囲の人々がおこなったと誘導したいのであろう。昇子内親王は九条兼実の外孫であることから、標的に含まれた可能性が高い。後鳥羽院政派の人々ににらまれているということを、確認しておけばよいのであろう。この風聞で、何かが起こるということはなかった。

定家は、「末代《まつだい》の極み」と嘆いている。相手に無理矢理傷をつけてほじくり返す泥仕合のような政局になっているのであろう。八条院・八条院領の自立性の高さが、目障りなのである。

3　八条院の晩年

三条宮姫宮のこと

元久元（一二〇四）年二月十二日、八条院《はちじょういん》は鳥羽歓喜光院《かんきこういん》に御幸《ごこう》した。随行したのは、公卿《くぎょう》が藤原雅《まさ》隆《たか》・藤原長経《ながつね》・藤原成家《なりいえ》・三条公清《さんじょうきみきよ》、四位が藤原定家《さだいえ》・源雅清《まさきよ》、五位判官代《ごいほうがんだい》が藤原清季《きよすえ》・藤原隆範《たかのり》である。鳥羽院時代からの廷臣のおおむね孫の代になっている。八条院は、六八歳である。

二月二十七日、三条宮姫宮《さんじょうのみやひめみや》（以仁王《もちひとおう》・八条院三位局《さんみのつぼね》の娘）が三五歳で亡くなった。急に容態が悪化したようで、母の三位局は賀茂に参籠していて、重篤になったことを知らなかったと定家は聞いている。三位局の賀茂参籠は、病気平癒なのであろう。八条院もまた、八条殿の御堂であろうか、七日間のお籠もりをしている（『明月記《めいげつき》』）。三条宮姫宮は、八条殿の外に出ることは少なかったが、養母・母に大切に守られて育った娘と推測してよい。定家は何も記さないが、二人の嘆きは大きい。

三条宮姫宮は、以仁王事件（治承四〈一一八〇〉年）のとき、八条院御所《ごしょ》で養育されていた一一歳の姫宮である。平氏との交渉で男子は仁和寺《にんなじ》の守覚法親王《しゅがくほっしんのう》に預けられたので、八条院の手元に残ったのは彼女だけであった。鍾愛《しょうあい》の姫宮で、建久七（一一九六）年に八条院が大病したときは、この姫宮に八条院領の多くを譲ろうとした。八条院は後継者として大切に育ててきたが、この姫宮にも先立たれることになった。これで、八条院の遺産を継承するのは昇子内親王《しょうしないしんのう》で確定した。

元久元年三月二十五日、藤原定家は家領の近江国吉富庄《よしとみのしょう》に卿三位《きょうのさんみ》高倉兼子《たかくらかねこ》(後鳥羽院の乳母《めのと》)を後ろ盾とした長楽寺《ちょうらくじ》の僧杲云《こううん》が乱入したと、八条院庁に訴状を提出した。吉富庄は園城寺《おんじょうじ》が管理権をもつ新《いま》熊野社《くまのしゃ》の社領であったが、八条院領の一つ安楽寿院《あんらくじゅいん》領に本家《ほんけ》が変わっていた。定家は腰痛のところを無理して参上したので、すぐに退出して灸治《きゅうじ》したと『明月記』に書いている。京都のそばにあり、住民とも直接交渉することのある所領なので、定家としては守りきらなければならない。腰痛を無理して動くのは激痛が走るが、背に腹は変えられないので、定家も必死である。御子左家《みこひだりけ》がもつのは、預所職《あずかりどころしき》である。安楽寿院領には新熊野社であった所領が三カ所あると記録されている(「安楽寿院古文書」)。元の領家新熊野社が、後鳥羽院の乳母を味方につけて強硬手段に訴えたのであろう。この騒動は、吉富庄の前の領家新熊野社がおこした騒動である可能性を示唆する。『冷泉家《れいぜいけ》古文書』に関係文書がないのは、御子左家は二条・京極・冷泉の三流に分かれるので、冷泉家に伝領されなかったということであろう。

この問題がどう展開したのかはわからないが、定家はこの所領は維持している。安楽寿院領なので、八条院が守り切ったということであろう。『明月記』にこの話題が出てこないのは、この訴訟が安楽寿院と新熊野社で争われたので、預所の定家に出る幕はない。この一件で定家がやりとりをするのは、八条院判官代藤原隆範《たかのぶ》(隆信の子)や藤原親行《ちかゆき》(親忠《ちかただ》の孫)で、八条院側が訴訟文書で現状説明するための情報を八条院判官代に伝える程度である。あとは、八条院庁の上級職員や安楽寿院が考えることである。政権の要人が起こしてくる訴訟に一歩も引かない八条院、こういうところで廷臣の信頼関係が再確認される。定家もまた、姉の表現を借りれば「御陰に隠れたる」者の一人である。

石清水御幸と源雅親

元久元年八月十八日、藤原定家は石清水放生会《いわしみずほうじょうえ》参列のために御幸する八条院に供奉《ぐぶ》した。公卿の随行者は源雅親《まさちか》、殿上人《てんじょうびと》・地下公達《じげのきんだち》の随行者が源雅行《まさゆき》・藤原定家・藤原行長《ゆきなが》（藤原顕時《あきとき》の孫）・藤原仲房《なかふさ》・藤原信実《のぶざね》（隆信の子）である。村上源氏源雅親は雅定から数えて四代目、父の通資は八条院庁の庁務を主導する公卿別当である。父の推挙によるが、八条院の恩顧があって参議の地位にあることを認識している（二〇七ページ表17）。八条院と重代の廷臣との濃密な関係が、人事と所領の保護によってつぎの世代へと引き継がれていく。

この行列に、『平家物語』作者と推測される人物の一人藤原行長が加わっている。行長の祖父顕時《あきとき》は、平治《へいじ》の乱（平治元〈一一五九〉年）で葉室光頼《はむろみつより》と示し合わせて藤原信頼《のぶより》を潰《つぶ》した人物である。行長は下野守を一期つとめたのみで要職につかなかったが、八条院の側で活動していた。『平家物語』がどのような目線から書かれていったかを考える要素となる。

八条院の世界が閉じていく理由を考えると、八条院自身が後白河《ごしらかわ》院政以後の政局にかかわろうとしていないことから、権力に意欲をみせる権臣が離れていったことが大きい。政局の読みが鋭い源通親などは、物足りないであろう。一方で、八条院がもつ人事権や八条院領荘園がもたらす富は、この世界に属していれば公卿に昇ることのできる位階まで推挙してもらえること、八条殿で優雅な宮仕えができる安心感がある。源雅親のように、公卿に昇れる位階まで八条院御給《ごきゅう》であがり、あとは官職狙いでいくという昇進の型もある。村上源氏は、八条院・宣陽門院《せんようもんいん》・春華門院《しゅんかもんいん》の御給を給われる地位をもっている。通親《みちちか》・通資の子供たちがつぎつぎと公卿になっていく位階の供給源は、院・女院・三宮《さんぐう》の御給と、村上源氏の人々が仕事をつとめて給わる行事賞《ぎょうじのしょう》である。位階を授かる機会を数多く確保すること、これが公卿を輩出する条件になっている。

また、八条院の権威によって所領が守られるので経済的な安心感が得られる。八条院に属することは、八条院の保護で家が守られることを意味する。出仕をうるさくいわないので、兼参として必要なときに顔を出していればよい。大臣家として存続していくことを最優先する村上源氏をはじめとしたいくつもの公卿の家が八条院のもとを離れないのは、宮廷社会のなかで地位を上昇させる攻めの思考から考えれば、魅力ある主人となるためである。家の存続という守りの思考から考えれば、多くの恩恵と保護が得られる主人である。八条院によって救われたと考える定家は八条院御所を訪れる人が少なくなり、昇子内親王に参謁する人が多くなったと『明月記』に記している。晩年の八条殿は、きたるべき昇子内親王の時代に備えて顔出しするようになった人々が増えているが、供養を中心とした静かな日常となった八条院の周辺は長年のつきあいで信頼を得ている廷臣が顔を出す静かな世界になっていた。

定家の姉八条院中納言も、常駐しているのは藤原隆範(隆信の子)・藤原親行(親忠の孫)ばかりという。八条院と同世代の藤原隆信は元久二(一二〇五)年二月二十七日に六四歳で亡くなっているので、そのあとのことかもしれない。世代交代で疎遠になった人々が離れていくので、行事の少ない日常は出入りする人も少ない静かな空間となっていたであろう。定家も『新古今《しんこきん》和歌集』撰者という歌人としての大仕事があるので、八条院庁の日常的な運営にかかわる院司藤原隆範・藤原親行のように常駐してはいない。藤原親行は、大阪市の大通寺《だいつうじ》阿弥陀如来像像内納入文書に藤原親行自筆書状や縁者の納入品が新たに発見され、判官代の立場でおこなっていた仕事がわかるようになった（神奈川県立金沢文庫特別展図録『仏像からのメッセージ　像内納入品の世界』二〇一一年に翻刻）。

『新古今和歌集』に力を入れる定家

藤原定家が八条院御所に頻繁に出仕する事務官と違うのは、「近日は（後鳥羽院が）和歌の部類を、毎日催されているというけれども、所労により術なき由を披露した」（『明月記』元久元年九月二十三日条）と、和歌を家学とする専門家としては後鳥羽院御所で『新古今和歌集』に関する和歌の分類の仕事をしたいところだが、疲労で毎日通うのは難しいと伝えたことが書かれている点である。

八条院の和歌が勅撰集に名を連ねていないところをみると、和歌に関心のある人ではなさそうである。定家からみると、よき主人ではあるが、同好の士とはなれないところが近寄りがたさにつながるのであろう。八条院は歌人藤原定家が宮廷社会で活動するために必要な官位を与えてくれたが、その官位を使って自らの才能を発揮する機会を与えたのは後鳥羽院なのである。

この時代の文人は、私の世界で文才が認められただけでは、家業として認められない。公的な場でその才能を認められてはじめて、当代一流の文人の地位と名誉が得られる。官人《かんにん》としての仕事であとに残る名文や名歌を残さないと、私の世界なのである。和歌の家の場合は、勅撰集の撰者となることの意味は大きい。六条藤家《ろくじょうとうけ》にとって痛手となったのは、二条天皇の勅命によって藤原清輔《きよすけ》が撰集を始めた『続詞花和《ぞくしか》歌集』が、二条天皇早世で勅撰集にならなかったことであろう。そのため、崇徳《すとく》天皇の勅命で六条顕輔《ろくじょうあきすけ》が撰んだ『詞花《しか》和歌集』につぐ勅撰集は、後白河院の勅命で藤原俊成《としなり》が撰んだ『千載《せんざい》和歌集』(文治四年四月二日奏覧)となった。

定家は、後鳥羽院が進める『新古今和歌集』撰集に選ばれている。ここには、六条顕輔の孫有家《ありいえ》もはいっている。六条藤家の和歌と、藤原俊成が切り開き始めた御子左家の新風がせめぎ合う場である。『新古今和歌集』は元久元年三月二十六日に竟宴《きょうえん》をおこなって完成を祝っているが、そののちも改訂作業が続いている。後鳥羽院の意向をうけた和歌部類《わかぶるい》(改訂作業)が、定家の生活の中心にはいっている。定家が八条院御所に出仕する回数が少なくなる理由の一つである。

4 最後の日々

進む世代交代

元久元(一二〇四)年十一月二十六日、八条院は鳥羽殿《とばどの》から仁和寺常磐殿《にんなじときわどの》に移っている。八条院中納言はこの移動に随行をするため鳥羽殿にはいるので、藤原定家《さだいえ》は姉に同行した。鳥羽にはいった定家は、鳥羽が無人であると記している。八条院の仁和寺常磐殿御幸《ごこう》には、三位局《さんみのつぼね》と中納言が随行している(『明月記《めいげつき》』)。『たまきはる』は八条院の腹心の女房八条院少納言が亡くなったことを記しているので、この時期は、八条院中納言が八条院少納言の後任として八条院御所《ごしょ》を仕切っていた。八条院は、三条公清《きみきよ》の縁者(中納言典侍《てんじ》、『明月記』では「黄門《こうもん》」と表記して定家の姉と区別する）と対立して八条院中納言が八条院御所を退こうとしたとき、早く出仕せよと何度も呼び戻した。八条院中納言は、春華門院《しゅんかもんいん》後見も兼務しているので、八条院は、後事を託す人の一人と考えていた可能性がある。

元久二年八月三日、藤原定家は八条院領荘園の相続問題に関する女房たちの内輪もめを書いている。中《なか》御門宗家《みかどのむねいえ》が妻の中御門尼上《あまうえ》に譲与した所領を八条院が没収し、中御門宗家の娘八条院五条局《ごじょうのつぼね》に授けたと書いている。この所領は、中御門宗忠《むねただ》の妻が日野兼光《ひのかねみつ》の子少納言基長《もとなが》を養子に迎えて譲ったが、基長が早世したので領家職のいない闕所《けっしょ》となった。そこで、八条院は女房として出仕する宗家の娘八条院五条を領家に補任《ぶにん》した。藤原定家は、院司《いんじ》として早く補任することを勧めていたが、中納言典侍が八条院の近習《きんじゅう》としていろいろと言ったので、今まで補任されなかったという（『明月記』）。定家は悪く書くが、中納言典侍にも言い分はあるであろう。八条院中納言・定家姉弟と対立する人物なので、定家の書いたことは割り引いて考える必要がある。

八条院御所には力で押し切ろうとする剛腕の女房がいるが、八条院は専横にならないように頭を抑えている。建久七（一一九六）年に大病を患い、六八歳と高齢になっているが、八条院御所の家政の要所をしっかりと押さえている。

元久二年九月八日、八条院は逆修《ぎゃくしゅ》をおこなった。招僧のなかには、高松院《たかまついん》の忘れ形見海恵《かいえ》（澄憲《ちょうけん》と高松院のあいだに誕生した母を公表できない子）が名を連ねている。逆修は、生前に葬儀をおこなって寿命が延びることを祈願する増寿《ぞうじゅ》の法会である。八条院は、所領を譲ろうとしていた三条宮姫宮《さんじょうのみやひめみや》に先立たれ、昇子内親王《しょうしないしんのう》もまだ幼い。

この年は、二月二十七日に藤原隆信《たかのぶ》、七月八日に源通資《みちすけ》と、信頼のおける重臣が相次いで亡くなった。藤原隆信の後は子の隆範《たかのり》が継いでいるが、源通資の嫡子雅親《まさちか》はまだ参議中将、議政官《ぎせいかん》の公卿《くぎょう》としては末席に近い。摂政九条良経《よしつね》とは親交を重ねているので摂関家の支持は得ているものの、家政の運営は、従三位藤原長経《ながつね》や八条院中納言の双肩にかかってきている。まだ死ねない状況になったという思いがあるのであろう。

藤原定家の出仕停止

建永元(一二〇六)年十二月三日、八条殿で鳥羽院供養の仏名会《ぶつみょうえ》がおこなわれた。参列した公卿は、源定通《さだみち》(通親《みちちか》の子)・藤原長経・藤原成家《なりいえ》であった。殿上人は藤原定家・藤原隆範・藤原長清《ながきよ》(長経《ながつね》の弟)・平保教《やすのり》(頼盛《よりもり》の孫)、奉行は藤原長季《ながすえ》(俊盛《としもり》の孫)・藤原清季《きよすえ》(長経の弟)である(『明月記』)。村上源氏・八条家・御子左家《みこひだりけ》・池大納言家《いけのだいなごんけ》・藤原親忠《ちかただ》の家族である。鳥羽院の時代からみると、孫・曾孫の世代にはいっている。

承元元(一二〇七)年二月二日、八条院が八条殿で御堂供養をおこなった。この日は昇子内親王も同席した。重代《じゅうだい》の廷臣や女房とおこなってきた供養に九条家の縁者がはいってくるので、いつもよりは賑わいをみせている。定家は、別当《べっとう》として役を仰せつかっている。「御営み、千万人の力の費え、休む方なし、貧乏の身、休むに方なし」と疲れたことを記している。今まで担当してきた藤原長経が従三位に昇って公卿の座に着座するので、この役が定家にまわってきた。

八条院御所の仕事の中枢にはいることは、いずれ八条院が従三位に推すので、定家が公卿に名を連ねる日が視座にはいってきたことを示している。はじめて主担当をつとめた定家は、贅《ぜい》をつくした営みに驚く一方で、人の出入りが減って仕事を分担する院司が少ないので、休む暇がなかったとこぼしている。

『明月記』を読んでいても、国宝『明月記』に使われている料紙を見ても、定家が豊かな生活をしていた公家とは想像できない。八条院の家政を預かって富を築いた藤原長経とは違い、人手や立て替える資金を自分で用意して運営することができないのであろう。定家がようやく八条院御所の儀礼を書いてきた史料が、自らの貧しさを思い知られたという感想では、八条院庁の儀式運営はおこなえない(『明月記』)。姉の八条院中納言は「なり清げ」(『たまきはる』)と皆様お金持ちでお綺麗な御服を召されていたと上品に回想しているが、定家は「貧乏の身」には重代の廷臣のようにお金持ちの仕事はできないと『明月記』に露骨に書いている。和歌の世界では技巧を凝らして名歌を詠む定家が、日記の『明月記』には覆い隠さずに書いているところがおもしろい。定家は、一緒に仕事をしたくはないが、愛すべき天才である。

根底には、つぎのような事情がある。村上源氏・中御門家・葉室《はむろ》家・池大納言家は公卿として知行国をもっていたり、国司をつとめている。藤原実清《さねきよ》・藤原長経父子は八条院の院分《いんぶん》受領《ずりょう》をつとめた家である。奉行をつとめる清季は本人は国司をつとめていないものの、八条家として富を蓄えている。御子左家は、俊成《としなり》は院分受領や葉室家知行国の国司をつとめて富裕であっても、俊成の子供たちは国司をつとめておらず、朝廷の儀式に参列するための名誉職として近衛次将をつとめただけである。成家は俊成の築いた資産でなんとか八条院庁の仕事をつとめてきたものの、弟の定家は立て替え払いや、叙位をもって返礼となすでは通らない生活水準になっている。『明月記』からは、八条院庁の財務を支える家がつとまる経済力を定家がもつとは推測しがたい。

承元元（一二〇七）年十二月二日、承明門院《しょうめいもんいん》の御仏名《おんぶつみょう》がおこなわれた。四位院司がいないので五位別当藤原頼房《よりふさ》がつとめている様子を定家はみている。院・女院の別当は三宮の亮《すけ》に相当する四位官人の役職である。五位別当がつとめるのは、「人出が足りない」と考えている（『明月記』）。翌三日は、八条院の御仏名である。四位院司の定家は連日なので辛いと奉行の藤原長季に伝えたが、出席することになった。『明月記』に「心中冷然」と記しているので、腹の底から憤りが湧き出ているのであろう。公卿に列した兄成家は着座していればよいが、定家は担当として仕事をしなければならない。『明月記』には、予定していた職員が六人不足していると書かれている。年中行事を院・三宮・女院が一斉におこなえば、参列しなければならない公卿、役をつとめる院司も辛いであろう。この日、定家は持ち分である院司の役だけではなく、六位の侍《さむらい》の仕事まで割り振られている（『明月記』）。この日はなんとかおさまったが、十二月十七日の後鳥羽院御仏名に、定家は九条道家《みちいえ》の供として随行した。四位院司が足りていないのは、後鳥羽院も同様であった。案内が、十分でないのであろう。公卿たちが席次を守って着座しないことを定家は不快に思って見ている。老練の参議左大弁藤原長兼《ながかね》は、座った順番に行香《ぎょうこう》させるしかあるまいと判断したが、定家はこのことを参列した人々に言ってしまった。これが、後回しとされる九条道家に恥をかかせることになると気づいていたかはわからないが、事を荒だててしまったと藤原長兼を嘆息させている。

太政官の中枢を動かしてきた事務官からみればトラブルは起きるもので、この程度の儀式の混乱も上手にさばけないのかという思いであろう。このあたりが、歌人であることに価値を見いだす定家と、事務官として出世競争を勝ち残った公卿の意識の差である。この冬以後、定家は九条家への出仕は続けるが、八条院への足は遠のいている。八条院庁の側も、出仕しなくなった定家に、仕事を割り振らなくなる。

春華門院院号宣下

承元二(一二〇八)年八月八日、昇子内親王が皇后として立后した。皇后宮大夫《こうごうぐうだいぶ》源通光《みちてる》、権大夫九条良《くじょうよし》平《ひら》、亮藤原清季《きよすえ》、権亮大炊《おおいの》御門《みかど》家嗣《いえつぐ》、大進葉室資頼《すけより》、権大進藤原成長《なりなが》・藤原定高《さだたか》、少進藤原光経《みつつね》、権少進高階資兼《たかしなのすけかね》、大属《だいさかん》中原国兼《なかはらくにかね》、少属安倍資範《あべのすけのり》、権少属安倍資朝《すけとも》である(『猪隈関白記《いのくまかんぱくき》』・『明月記』)。上位の役職を村上源氏・九条家・八条家で占め、大進以下は朝廷の事務官を選んでいる。

定家は、皇后宮亮に補任された藤原清季に「見知り給う人なし」(『明月記』)の傍注を付している。藤原清季は今まで現任の官職がない散位であり、この前年に昇子内親王当年御給で従四位上に昇っている(『公《く》卿《ぎょう》補任《ぶにん》』)。引退を間近にした兄藤原長経の後任として、昇子内親王庁職員から皇后宮職職員に補任されたのであろう。長経の弟として八条院の仕事をしてきた人で、朝廷の仕事のうえで接点をもつ人は少ない。

定家は、九条道家の随行として立后の儀に参列した。定家は、皇后宮殿上人に加えられた。このあたりは昇子内親王に養育係としてついていた姉八条院中納言の計らいのようで、八月十六日には皇后宮の奉幣《ほうへい》使《し》をつとめている(『明月記』)。前日には、十五夜の月を「空《むな》しく清光を忘れ、病臥に伏す」と記している。

十六日、定家は奉幣使はつとめたものの、内大臣九条良輔《よしすけ》の作文《さくもん》和歌《わか》会を欠席した。院司として事務官の仕事をすることを求めた八条院と、歌人としての才能を認める九条家では、定家に対する評価に違いがあった。

九月二十六日、正三位藤原長経が出家を遂げた(『公卿補任』)。長年親しんできた腹心がまた一人、八条院のもとを離れていくことになる。長経の背後に隠れていた清季を急いで昇進させた理由がこれである。

表15　昇子内親王皇后宮職(承元2〈1208〉年8月8日)

官　職	名　前	官　職	関　　係
大夫	源通光	権大納言	源通親の子
権大夫	九条良平	権中納言	九条兼実の子
亮	藤原清季	散位	藤原長経の弟
権亮	藤原家嗣	右少将	大炊御門経宗の曽孫
大進	藤原資頼	五位蔵人	葉室宗頼の孫
権大進	藤原定高	肥前守	藤原光長の子，経房甥
少進	藤原光経		藤原定経の子，経房孫
権少進	高階資兼	正六位上	高階仲基子
大属	中原国兼	正六位上	
少属	安倍資範	正六位上	
権少属	安倍資朝	正六位上	

出典：『明月記』・『猪隈関白記』

表16　春華門院院号宣下の院司

役　職	名　前	官　職	関　　係
別当	源通光	権大納言	皇后宮大夫
別当	九条良平	権中納言	皇后宮権大夫
別当	源定通	権中納言	新加
別当	藤原清季	元皇后宮亮	皇后宮亮
別当	藤原家嗣	右少将	皇后宮権亮
別当	藤原宣房	右中弁	新加
判官代	藤原定高	右少弁	皇后宮大進
判官代	藤原成長		皇后宮権大進
判官代	藤原光経		皇后宮少進
判官代	藤原長資		新加
主典代	中原国兼		皇后宮大属
主典代	安倍資尚		新加

出典：『猪隈関白記』承元3年4月25日条(古写本断簡)

翌承元三年四月二十五日、皇后宮昇子内親王が院号宣下をうけて、春華門院となった。昇子内親王は八条殿を出て、女院御所となる白河押小路冷泉殿に移った（『院号定部類記《いんごうさだめぶるいき》』）。『猪隈関白記』は、春華門院別当に源通光（皇后宮大夫）・九条良平（権大夫）・源定通（新加）・藤原清季（亮）・藤原家嗣（権亮）・藤原宣房《のぶふさ》（新加）を補任したと伝える。判官代《ほうがんだい》は、藤原定高《さだたか》（大進）・藤原成長（権大進）・藤原光経（少進）・藤原長資《ながすけ》（新加）、主典代は中原国兼（大属）・安倍資尚《すけひさ》（新加）である。皇后宮職の職員を院司に改補し、若干の増員をおこなうのは慣例である。九条道家は、六月二十五日に殿上始《てんじょうはじめ》がおこなわれたと『玉蘂《ぎょくずい》』に記している。この日は、殿上人を選ぶとともに、院司の増員がおこなわれた。村上源氏・九条家・美福門院縁者が上層部を固める。大炊御門家嗣も母が葉室光雅《みつまさ》の娘なので八条院重代の廷臣である。八条院御所の人々と九条家・村上源氏が相談し、原案を作成したと考えられる人選である。春華門院が八条院領を継承するのであれば、八条院御所に出仕する人々は安泰である。

建暦元（一二一一）年二月十二日、続いて三月二十八日、順徳天皇は八条殿に御方違行幸《おんかたたがえぎょうこう》をしている（『猪隈関白記』）。目的地の方位が凶方なので、直行することは避けなければならない。吉方への移動になるように中継点となる場所を設定し、儀式の当日は中継点を出発地するL字移動で凶方を避けるための行幸である。陰陽師《おんようじ》が示した方位の難を避けるという名目で、八条殿にはいったわけである。五月十日、順徳天皇は八条院と春華門院が同宿する八条殿に行幸した（『玉蘂』）。春華門院は新たな女院御所を構えているが（『玉蘂』）、五月十日には八条殿に移っていたことがわかる。順徳天皇が立て続けに行幸をおこなっていること、春華門院が八条殿に戻ったことは、八条院の病状が思わしくないことを示している。九条家の最上位は、八条院に養育された右大臣九条良輔である。八条院の容態は、九条家に逐次報告されていたと考えられる。

八条院薨去

八条院は、神祇伯仲資王《じんぎはくなかすけおう》の日記『仲資王記』・「安楽寿院古文書《あんらくじゅいん》」に、建暦元（一二一一）年六月二十六日に仁和寺常磐殿で薨去《こうきょ》したと書き残されている。その跡は、春華門院に譲られるとある。『たまきはる』には、体調を崩している八条院のそばには八条院中納言と宰相殿の二人がつき、病身の八条院のお召し替えを手伝っていたと書き残されている。薨去ののち、八条院は廂御車《ひさしのおくるま》（檜皮《ひわだ》で廂を葺《ふ》いた葬送用の牛車《ぎっしゃ》）で常磐殿から嵯峨の蓮華心院《れんげしんいん》に移された。八条院中納言は仁和寺常磐殿に籠居《ろうきょ》し、喪に服することになった。ほかの女房も一緒であろう。

葬礼は、建久七（一一九六）年に九条兼実と今後のことを打ち合わせた仁和寺の守覚法親王《しゅがくほっしんのう》の弟子道法《どうほう》法親王がつとめた。葬儀は六月二十七日から嵯峨の蓮華心院でおこなわれた（「御室相承記」）。順徳天皇は、王家の服喪を軽服《きょうぶく》とし、服喪の期間にあたるので六月祓《みなつきのはらえ》（神祇官や二十二社が六月晦日《みそか》におこなう祓）を取りやめとした。

藤原定家は八条院御所から足が遠のいていたので、八条院の薨去を悼みつつも、葬儀の手伝いには行かなかった。定家のもとに集まってきた情報では、法会を仕切ったのは春華門院、実際に指示を出したのは大納言三条公房《きみふさ》、常磐殿にはいって法要の運営をしたのは平保盛《やすもり》（頼盛の子）・六条有家《ありいえ》（顕輔《あきすけ》の孫）、藤原家衡《いえひら》(顕輔の孫)・源雅行《まさゆき》(定房《さだふさ》の子)・藤原清季(長経の弟)である。葬儀の空間にはいると禁忌に触れることになるので、慎み(自宅謹慎)が必要になる。その期間は、朝廷に出仕できなくなるので、葬儀にかかわる人は限定される。従三位平保盛は、八月十四日に出家した。池大納言家は八条院の庇護で公卿の家として存続できたので、保盛は八条院の供養で余生を過ごすことを考えたと推測したい。

養子の右大臣九条良輔は、服喪にはいった。順徳天皇の仰せにより、十月二十五日に出仕を再開している。八条院領のうち、九条良輔が伝領した所領は、良輔薨去後に天台座主《てんだいざす》慈円《じえん》(良輔の叔父)が継承し、延《えん》暦寺妙香院《りゃくじみょうこういん》領となった(『門葉記《もんようき》』)。八条院領の大半は、八条院の養女春華門院が継承した。

八条殿にあらわれた物怪

建長六(一二五四)年に成立した説話集『古今著聞集《ここんちょもんじゅう》』に、「庄田頼度《しょうだよりのり》八条殿の変化を縛る事」という一段がある。後鳥羽院の時代に八条殿にあらわれた物怪《もののけ》を鎮めた話である。八条院在世中なら、このような怪異は陰陽師に相談するか、出仕する武士に破魔の作法をおこなわせて鎮める。主なき館《やかた》となった八条殿の荒廃を伝える説話である。

この話の主人公庄田頼度は、伊勢平氏の一族。父康房が平清盛に重臣として仕えた関出羽守信兼《せきでわのかみのぶかね》の従兄弟で、庄田は伊賀国である。関信兼は平氏都落ちのときに伊勢国に戻り、西海に同行しなかった。地元に戻った人々は、寿永二(一一八三)年冬に木曽義仲追討の前段階としておこなわれた源義経の伊勢国鎮定戦(『源平盛衰記《げんぺいじょうすいき》』)、元暦元(一一八四)年に伊賀・伊勢国に残っていた人々が近江国に攻め込んだ第一次三《みっ》日平氏《かへいし》の乱、元久元(一二〇四)年に伊勢伊賀両国守護山内首藤経俊《やまのうちすどうつねとし》を攻め破った第二次三日平氏の乱と三度戦っている。庄田一族は、第二次三日平氏の乱で庄田佐房《すけふさ》・師房《もろふさ》父子が挙兵した軍勢のなかに名前が見える(『吾妻鏡』)。『尊卑分脈《そんぴぶんみゃく》』は、頼度の家の歴代に女院蔵人の傍注を振る。在京した武家なので、反乱に関係していないとみなされたのであろう。

この一段は、物怪の話を聞いた春華門院が、八条殿に庄田頼度を派遣したと推測される。主人から「件のばけ物、見あらはしてまいれ」という言葉を伝えられているので、従五位下若狭守をつとめたというのは事実なのであろう。五位の官人が詰める上北面《じょうほくめん》に着座する武士であろう。頼度が捕まえた物怪は、「ふるき狸の毛もなきにぞはべりける」であった。この一段、頼度は御所内を自由に移動している。春華門院が院号宣下によって新しい御所に移り、八条殿にいた官人や女房は春華門院とともに移動している。八条殿は、急速に荒廃したのであろう。八条殿に行くことを考える人物は春華門院ぐらいなので、建暦元(一二一一)年に起きた騒動の可能性が高い。庄田頼度は、八条院・春華門院の二代に仕えた女院蔵人と推測してよい。京都で独立した勢力として残る女院のもとには、鎌倉とも、後鳥羽院政とも距離をとる必要のある武家が集まっていたのであろう。

第6章　八条院を取り巻く群臣たち

1　村上源氏

源方子と源雅定

本書には、美福門院《びふくもんいん》・八条院《はちじょういん》・春華門院《しゅんかもんいん》三代を取り囲んだ人々が登場する。この三代に仕える廷臣・女房も、三代・四代となる。婚姻を重ねているので、それぞれの家は、濃密に結びついている。本編は第1章から第5章で、第6章は本書に登場する人々の整理とお考えいただきたい。内容としては、第5章までで十分である。なお、文章だけでは理解が難しいので、巻末に付録として年爵一覧・関係年表・系図集をつけた。お読みいただくうえで、参照していただきたい。

まず、八条院の祖母源方子《まさこ》(一〇六六〜一一五二年)である。六条顕季《ろくじょうあきすえ》の嫡子長実《ながざね》の妻となり、得子《とくし》が誕生した。『兵範記《ひょうはんき》』仁平二（一一五二）年三月二十一日条に記された年齢が八七歳なので、生年は逆算である。長実より一〇歳年上であり、美福門院は方子五一歳の子となるので書写の際に誤記が生じた可能性がある。年齢は、要検討である。

方子の弟権中納言源師時《もろとき》の日記『長秋記《ちょうしゅうき》』が、藤原長実や方子のことを書き残している。権中納言藤原長実（一〇七五〜一一三三年）は、方子とのあいだに誕生した得子（一一一七〜六〇年）を村上源氏の血を引く大切な娘として育て、平凡な公卿《くぎょう》の妻にはしないと語っていた（『今鏡《いまかがみ》』・『長秋記』）。『栄華《えいが》物語』は、藤原道長《みちなが》が「をのこはめがら（男の格は婚家で決まる）」と語ったと記録している。長実は、左大臣源俊房《としふさ》の娘を妻に迎えたことを大変な名誉と考えている。本書の第1章で紹介した六条顕季母の御堂に有足の蛇が現れた吉徴《きっちょう》が菩提寺善勝寺《ぜんしょうじ》の由来となるので、長実・方子夫妻が得子を吉徴のもとに誕生した子と考えて行動したことは十分に考えられる。吉徴が重要なのではなく、顕季・長実・方子が吉徴を信じて行動したことが重要なのである。

得子が、鳥羽院の寵愛をうけるのは長実が薨去《こうきょ》したのちである。得子を吉徴のもとに誕生した娘として入内《じゅだい》に持ち込んでいったのは、村上源氏の嫡流と話のできる母方子と考えないといけない。源雅定《まささだ》の正室は、六条顕季の娘である。長実と雅定が入内の話を進めたとも考えられるが、実現するのは長実没後なので、方子と雅定が話を進めたと考えてよい。雅定は、妻の縁で六条顕季の家に伝えられる吉徴を知っている。この吉徴があたっていれば、それはそれでよい。雅定がやらなければならないことは、得子を大臣家として競合する三条家《さんじょうけ》が擁する待賢門院璋子《たいけんもんいんしょうし》に対抗できる后に立てることである。藤原得子は村上源氏の外孫であり、吉徴によってあらわれることを予告された娘という強みをもって入内を実現し、村上源氏は全面支援を開始していく。六条顕季に示された吉徴は、あたってもはずれてもよい。その吉徴を、藤原得子と村上源氏が実現してしまったことが大切なのである。

永治元(一一四一)年十二月十七日、藤原得子は皇后となった。皇后宮大夫《こうごうぐうだいぶ》には、源雅定が補任《ぶにん》された。美福門院・八条院母子と村上源氏嫡流の強い絆はこの時に始まり、雅定・雅通《まさみち》・通資《みちすけ》・雅親《まさちか》の四代におよぶことになる。雅定が大臣に昇進したことで、後任の皇后宮大夫に補任されるのが、暲子内親王《ないしんのう》勅別当《ちょくべっとう》藤原伊通《これみち》の弟成通《なりみち》である。雅定と伊通、この二人が美福門院を支持する勢力の中核にいた。

久安二(一一四六)年十月四日、源方子は藤原得子を母とする孫近衛《このえ》天皇が即位したことで、正一位の位階に叙された(『本朝世紀《ほんちょうせいき》』)。官位三十階のなかで最上位の位階、現任の摂政・関白でも通常は従一位である。正一位は、没後に贈位で贈られる。朝儀に列席するわけではないが、方子は摂関家よりも上席に座る資格を与えられた特別な女性になった。娘の吉徴を信じた方子は、その余慶をうけたことになる。

待賢門院と美福門院の競合は、鳥羽院が崇徳《すとく》天皇の皇子を正嫡とせず、美福門院を母とする近衛天皇に正嫡の立場を与えたことで村上源氏の勝利となった。待賢門院側は、三条公教《きみのり》が鳥羽院・美福門院側に移ったことで崇徳上皇支持は少数勢力となり、崇徳上皇の皇子重仁《しげひと》親王を養育する平忠盛《ただもり》は、鳥羽院・美福門院の別当を兼務する延臣である。近衛天皇の皇統は揺るがないと誰もが思う状況を現出させた。暲子内親王の勅別当藤原伊通が内大臣に昇格したことで、その後任は源雅定の嫡子雅通となった。村上源氏は、美福門院とその後継者暲子内親王の周囲を固めていた。

誰も想定していないこととして起きたのが、近衛天皇の早世である。鳥羽院・美福門院は、暲子内親王を女帝として立て、養子として迎えている守仁《もりひと》親王(二条天皇)につなごうした。暲子内親王が即位していれば、称徳天皇以来の四〇〇年ぶりの女帝であった。源雅定は、守仁親王(二条天皇)の父雅仁《まさひと》親皇(後白《ごしら》河《かわ》天皇)を即位させるべきだと諫言《かんげん》した。関白藤原忠通《ただみち》や三条公教も同じ考えだったので、鳥羽院は暲子内親王即位を思いとどまり、後白河天皇即位へと方針を転換させた。源雅定は素直で柔和な気品のある人で、大臣家村上源氏の家長にふさわしい振る舞いのできる人物だったと『今鏡』は評価している。

源雅通

源雅通は、暲子内親王勅別当藤原伊通が保元元(一一五六)年九月十三日に内大臣に昇進したことで、後任として勅別当に就任した。別当は四位から大納言までがつとめる役職で、大臣に昇ると辞するのが通例である。五位別当も主人が特に認めた者のみ補任する例外である。源雅通はこの日に参議から権中納言に昇進したので、美福門院も雅定の嫡子雅通を最適と考えたであろう。この年、雅通三九歳。六四歳になった伊通の後任として、申し分のない年齢である。

応保元(一一六一)年十二月、太政大臣藤原伊通の奏上によって、暲子内親王は八条院の院号宣下をうけた。村上源氏から、雅通と定房《さだふさ》(雅定の養子)の二人が別当にはいった。

永万元(一一六五)年に二条天皇が崩御《ほうぎょ》し、翌仁安元(一一六六)年に憲仁《のりひと》親王(高倉天皇)の立太子がおこなわれると、皇統は鳥羽院・近衛・二条・六条と続いてきた鳥羽嫡系から、後白河天皇の皇統に移ることが明らかになった。村上源氏は、六条天皇を支持する八条院のもとに集まる人々と、仁安三(一一六八)年に憲仁親王の母平滋子《じし》の皇后宮大夫に源雅通がなったことで、平氏との結びつきを強めていく人々に分かれていくことになる。村上源氏は二条天皇親政派として後白河院と対立した経緯があるので、後白河院政で重く用いられることはない。つぎの時代を担う憲仁親王の周囲に居場所を見いだし、その母方である平氏と協調していく路線に転換している。平清盛《きよもり》の台頭によって平氏は栄達しているが、朝廷のなかに味方となる勢力は多いほうがよい。後継者近衛基通《このえもとみち》を養育することで摂関家のなかに支持勢力をつくり、皇太后を共に支えることで村上源氏と結びつくことは悪い話ではなかった。

一方で、八条院がもつ人事の推挙権御給《ごきゅう》と、八条院が継承する八条院領のなかに村上源氏の所領がある。八条院との連携を維持しつつ、平氏とともにつぎの時代を担う勢力として地位を得ること、それが源雅通の方針になる。

平滋子の皇太后職職員は、皇太后宮大夫大納言源雅通、権大夫平宗盛《むねもり》が上層部を形成し、以下平氏と元鳥羽院政派の廷臣、吉田経房《つねふさ》や葉室光雅《はむろみつまさ》(光頼《みつより》の子)といった有能な事務官が中堅以下を占めている。平氏と結ぶことによって政治の主導権を掌握した後白河院であるが、上層部の公家をどこまで掌握していたかは定かでない。院庁発給文書から後白河院司の一覧をつくっても、立場上従うだけの人を多く含んでいる。源雅通が平宗盛と打ち合わせをおこないながら、吉田経房や葉室光雅といった朝務に通じた若手が現場感覚であげてくる意見を参考にしつつ、皇太后宮の庁務を動かしていける人の配置である。

嘉応元(一一六九)年四月八日、平滋子は院号宣下をうけて建春門院《けんしゅんもんいん》となった。皇太后宮の職員の多くは建春門院に移行し、殿上始《てんじょうはじめ》で追加の院司補任と殿上人《てんじょうびと》が定められる(『院号定部類記《いんごうさだめぶるいき》』)。このとき、源雅通は内大臣であるにもかかわらず、建春門院別当となった。美福門院の従兄弟太政大臣花山院忠雅《かざんいんただまさ》も建春門院別当に補任された。建春門院が仲立ちとなることで後白河院と平氏が蜜月の時代を築いたとよくいわれる。そのことは、間違いないであろう。しかし、二条天皇親政派であった重臣が建春門院に集まってくることは何を意味するのであろうか。後白河院政では冷遇されることのはっきりしている人々が、つぎの高倉院政の時代に期待をかけ、建春門院との結びつきを強めていると考えるのが適切である。

皇位継承からはずれた八条院との関係は、さまざまな既得権があるので存続させる必要がある。一方で、大臣に昇る家としての地位を維持していく必要もある。政治の中枢にいるためには、建春門院の皇子(高倉天皇)の側にいる必要があるという判断である。必然的に、平氏を支持し、平氏と親しくしていくことが求められる。平氏が後白河院と連携する以上は、平氏を支持することで、間接的に後白河院政支持の立場をとることになる。

源雅通は、安元元(一一七五)年二月二十七日に山城国久我庄《こがのしょう》の別亭で亡くなった。五八歳であった。

高松院領と建春門院

源雅通が亡くなったとき、嫡子通親《みちちか》は正四位下右近衛中将、弟通資《みちすけ》は従四位下左近衛少将(四位少将)である。村上源氏の重鎮としては、雅通の弟定房《さだふさ》(養子)が大納言に在職する。通親の叙位には皇太后宮御給(滋子)が一階、通資の叙位には暲子内親王御給と建春門院御給が一階ある。村上源氏の嫡流が八条院と建春門院を兼参しながら、大臣家の地位を維持している状況がみえる。

安元二(一一七六)年六月十三日、八条院の妹高松院《たかまついん》が薨去した。高松院もまた鳥羽院旧臣の集まる場所であり、源雅通は中宮大夫《たいふ》のときから高松院に仕え、院号宣下とともに別当となった。高松院が薨去すると、高松院が父母から相伝した所領高松院領を誰が継承するかが問題となる。村上源氏は、建春門院が継承することが望ましいと考えた。鳥羽院の旧臣からみると、彼らを冷遇する後白河院を本所に仰ぎたくない。平氏からみると、建春門院領が増えることは悪い話ではない。村上源氏と平氏の合意によって建春門院による高松院領継承の話が進められたと考えれば、後白河院の関与は難しくなる。しかし、二カ月後に建春門院も大病で薨去した。高松院領の継承者は、建春門院を母とする高倉天皇に決まる。村上源氏を中心に二条天皇親政派であった人々が、平氏と結んで高倉院政を動かすことになる経済的な結びつきがここに形成された。

源　通　親

源通親の最初の妻は、美福門院の側近太政大臣花山院忠雅《かざんいんただまさ》の娘で、通宗《みちむね》の母となった。二条天皇の時代を考えていた頃の妻である。第二子通具《みちとも》の母は平教盛《のりもり》の娘、建春門院御所に殿上人として出仕し、高倉天皇に将来を考えるようになった時期の妻である。建春門院御所で、平氏一門と旧二条天皇親政派が合流した高倉院政派の母胎が形成される。

治承四(一一八〇)年六月、高倉院政のもとで、以仁王《もちひとおう》事件に与した興福寺《こうふくじ》にどのような処罰を下すかという議定《ぎじょう》が開かれた。摂関家や藤原氏の公卿は、摂関家が興福寺と話し合って事件の張本となった人々を明らかにし、そのうえで処罰することを主張した。藤原氏の氏寺《うじでら》の問題なので、後白河院政派も高倉院政派も関係はない。ここで、平氏に同調する姿勢をみせると藤原氏から追放されることも考えなければならない。平氏に与する摂政近衛基通も中立の九条兼実《くじょうかねざね》も同意見であった。平氏や高倉院政派の源通親は追《つい》捕使《ぶし》を派遣し、興福寺が拒否するなら園城寺《おんじょうじ》に対して厳しい処罰をしたのと同様に強硬手段も辞さずと主張した。この議論は白熱したものとなり、めまいを起こす公卿もいた(『玉葉《ぎょくよう》』)。この議論は決着がつかず、十二月の追捕使派遣が南都焼打ちという最悪の結末を引き起こすことになる。

九条家は八条院と親しくし、村上源氏嫡流も八条院に対して好意的という立場に変化はない。九条兼実政権のとき、源通親は九条兼実に反発して宣陽門院《せんようもんいん》庁に集まる人々を束ね、建久七年の政変(一一九六)をしかけていく。藤原道長の摂関政治を理想とする九条兼実の政権運営のなかに、村上源氏の居場所はなかった。源通親の狙いは、院政の再開であった。

源定房・通資・源雅親

村上源氏の嫡流源通親が平氏との連携による高倉院政の時代を考えていたのに対し、庶子・庶流は八条院庁に居場所を見いだして、八条院のもとに残っていた。源雅定の養子となった大納言源定房は、朝儀には参列するが、政治的にめだった活動はない。八条院庁発給文書には政所別当として署名を続けているので、八条院のもとに残った村上源氏の筆頭である。定房は、文治四(一一八八)年に薨去した。

表17　源雅親経歴

年　月　日	西暦	位　階	経　　歴
寿永元年12月30日	1182	従五位下	八条院臨時内給
元暦元年12月９日	1184	従五位上	八条院御給
文治５年４月13日	1189	従五位上	侍従補任
建久２年１月５日	1191	正五位下	八条院御給
６年２月２日	1195	正五位下	左少将補任
７年１月６日	1196	従四位下	八条院御給
９年２月26日	1198	従四位上	八条院御給
建仁元年１月29日	1201	正四位下	
元年10月26日	1201	正四位下	左中将転任
２年８月26日	1202	正四位下	蔵人頭補任
２年閏10月20日	1202	正四位下	参議補任，左中将留任
３年10月24日	1203	従三位	
元久２年１月19日	1205	正三位	朝覲行幸賞
承元元年12月９日	1207	正三位	権中納言補任
建暦元年４月１日	1211	従二位	
２年３月21日	1214	正二位	去年七条殿行幸賞
３年12月10日	1215	正二位	中納言補任
承久２年１月22日	1220	正二位	権大納言補任
寛喜３年４月26日	1231	正二位	大納言補任
暦仁元年３月７日	1238	正二位	大納言辞任
仁治元年10月20日	1240	正二位	大納言還任
建長元年12月５日	1249	正二位	薨去，71歳

そののち、八条院庁の公卿別当として発給文書に署判を加えるのが源通資である。通資は、八条家の藤原長経《ながつね》とともに八条院庁の庁務を執った公卿別当で、通資・長経の二人が別当として連署した八条院庁発給文書が多くある。通資の嫡子雅親は、叙爵から従四位上までの叙位五階がすべて八条院御給である。そののち、蔵人頭《くろうどのとう》をつとめて大納言まで昇るので、地下公達《じげのきんだち》・殿上人時代の叙位を八条院から給わったことがわかる(表17)。公卿に名を連ねてからの昇進が家格を考慮した年功序列になるのを考えれば、早く公卿に名を連ねたほうがよい。通資は、八条院のために庁務を主導する公卿別当として働き続け、給わった御給で雅親を昇進

させていった。建久九年の八条院御給を誰が給わるかの騒動をみても、該当者四名のなかで、雅親を次年度に送ることは議論の対象とならない。残りの一つを三人が競合していた。村上源氏が、八条院を離れない理由がよくわかる。雅親の弟雅清《まさきよ》も、参議に昇るまでの叙位のうち二階が八条院御給である。通資が八条院に忠実に仕えるのは、公卿の家として地位を保ち、子供たちを公卿まであげるためには八条院が権利としてもつ御給(八条院御給・昇子内親王御給)が不可欠だからである。

宣陽門院の側に居場所を移したようにみえる通親もまた、八条院別当を兼務で残した。晩年には子の通《みち》光《てる》の叙位に八条院御給を使っている。通親は、弟通資を通して八条院御給を使うこともあるが、八条院の後継者春華門院とのつながりも維持しておかないといけない。九条家とのあいだにわだかまりはあるとしても、八条院との関係で設定されている所領の問題、御給授与の問題があり、切ってしまえるほど強い立場の公家ではない。八条院の重臣として残った村上源氏は通資が中心になっていくが、通親の嫡流もつながりは維持している。

2　八条院のそばにいた人々

藤原実清

六条藤家《ろくじょうとうけ》は、顕輔《あきすけ》が勅撰集『詞花《しか》和歌集』を撰んだことで和歌の家として名を残した。ただし、和歌の家六条藤家は美福門院《びふくもんいん》の異母兄弟で、美福門院は彼らを女院庁の財務を支える院分受領《いんぶんずりょう》として用いた。

非参議公卿《ひさんぎくぎょう》の処遇で十分と考え、参議に登用する動きはなかった。八条家の人々は、朝廷の官人《かんにん》として職務をつとめ、美福門院・八条院《はちじょういん》庁の運営をおこない、院分受領として国務を執ることで国衙《こくが》領の収入から女院の取り分を上納する。家政と財務をつとめるのが彼らの仕事である。後白河院《ごしらかわいん》が、「朝夕、女院に祗候する者」(『山槐記《さんかいき》』)として自分に挨拶もしないとうらんでいた人々にはいるので、後白河院庁に出仕するわけがなかった。

藤原実清《さねきよ》の父長輔《ながすけ》は、白河院の院分甲斐守はつとめたものの、それ以後は官人としての勤務実績による昇進労《ろう》や国司としての勤務を評価した治国賞《ちこくのしょう》であり、権門の後押しをうけた昇進がみえない。鳥羽院の推挙がないことは、官人としての勤務実績で家格相応の従三位に昇った人と評価してよいであろう。美福門院には、異母兄弟を積極的に推す意思がみえない。美福門院が目をかけたのは、美福門院の指示で動く甥の世代である。

長輔の子実清は、仁平元(一一五一)年正月十日に、美福門院六位判官代《ろくいほうがんだい》から六位蔵人《くろうど》に補任《ぶにん》された。六位判官代は名誉職で補任される人も多いが、六位蔵人に推挙するための前歴として通過する人も少なくない。六位蔵人も五位に昇るための実績づくりであり、五日後の正月十五日には近衛天皇内給で従五位下に叙された。正六位上の官職から宮仕えを始めたが、六位官人は、家格による先例として、通過する必要のある経歴である。

仁平三年四月六日には、越前守に補任された。越前国は、葉室惟方《はむろこれかた》・藤原俊盛《としもり》・藤原隆信《たかのぶ》・藤原実清・藤原季能《すえよし》と鳥羽院・美福門院の人脈で国司を補任してきた。特定の権門や役所が推挙権を握っていない税収の多い国である。政権を握る人々が優先的に任命される要国なので、この時期は鳥羽院・美福門院の縁者が補任された。保元二(一一五七)年十月二十二日には保元の内裏《だいり》造営で承明門《しょうめいもん》を修造し、従五位上に昇進した。保元四年四月六日には、美福門院御給《ごきゅう》で正五位下に昇進。永暦元(一一六〇)年には丹後守に転任するも、すぐに交替となった。翌応保元(一一六一)年九月十五日、近江守に補任された。同年十月十六日、八条院の院号宣下がおこなわれた。五位の相当は五位判官代であるが、藤原実清は特例として五位別当に補任された(『院号定部類記《いんごうさだめぶるいき》』)。この経歴から明らかなように、美福門院が目をかけ、抜擢で昇進させた甥である。藤原伊通《これみち》・源雅通《まさみち》といった八条院庁の中枢にいる公卿は、美福門院の家政運営の中心にいる腹心として実清を考えていた。この認識が、八条三位《はちじょうさんみ》と呼ばれることになる実清の家に対する評価として定着する。

実清は八条院御給で正四位下まで昇進し、非参議公卿の家が従三位に昇る官職の一つ内蔵頭《くらのかみ》に補任された。実清は、治承元(一一七七)年十一月に高倉天皇が八条院御所の八条殿を閑院《かんいん》内裏修造が終わるまで仮の内裏として使用する際、八条院側の担当者として運営にあたった。その行事賞《ぎょうじのしょう》で、従三位に昇った。朝廷の官人として職務をつとめるかたわら、八条院の別当として女院御所運営に努めてきた結果が、正五位下から従三位までの位階はすべて美福門院・八条院御給による昇進となった。この母子あっての八条三位家である。

実清の兄隆輔《たかすけ》は、姝子内親王《しゅしないしんのう》の中宮亮《ちゅうぐうのすけ》をつとめたが、高松院《たかまついん》院号宣下では別当とならなかった(『院号定部類記』)。院司にならなかったものの、隆輔は暲子内親王御給と高松院分の行事賞をそれぞれ一階うけて、従三位に昇った。美福門院は、実清を八条院、兄隆輔を高松院と割り振っている。

藤原長経

実清の子長経《ながつね》は、寿永元（一一八二）年八月十四日、立后の日に皇后宮権大進に補任され亮子《りょうし》内親王（のちの殷富門院《いんぷもんいん》）にも仕えた。十月二十四日には皇后宮入内賞《じゅだいのしょう》を給わって従五位上に進んだ。三宮《さんぐう》（中宮・皇后・皇太后）の職員は官職なので、朝廷の除目《じもく》で補任される。院号宣下のときに役職変更で院司になるので、生涯仕える人が多い。長経は、八条院と殷富門院の兼参である。

翌寿永二年八月十六日、八条院の院宮分国丹後守となり、以後、建久二（一一九一）年まで丹後守をつとめ、その間に八条院御給で二階昇進し、正四位下に昇った。官人としての勤務に対する功労と、殷富門院と八条院御給で正四位下まで昇っている。正四位下に昇ったのちは、大蔵卿・内蔵頭と転任し、内蔵頭労《ろう》で従三位に昇った。親子二代女院に信頼されて院分受領をつとめ、長経は八条の館《やかた》に倉をもっていた（『玉葉《ぎょくよう》』）。八条院に仕えることで富を築いた富裕な院司である。

長経の弟清季《きよすえ》は、八条院判官代をつとめ、皇后宮亮《こうごうぐうのすけ》を経て春華門院《しゅんかもんいん》別当となった。清季の場合、官職は、中務大輔や皇后宮亮がみえるのみである。皇后宮は、八条院が養女として八条殿で育てた後継者昇《しょう》子《し》内親王（春華門院）である。八条院が、昇子内親王につけた長経の後任となるため、八条院御給で位階を急速にあげた側近である。清季は、兄長経が出家を考えなければ、めだたなかった人である。皇后宮亮に補任されたとき、昇子内親王立后に参列した公卿は、皇后宮亮はどのような人かと噂していたと藤原定家《さだいえ》は『明月記《めいげつき》』に書いている。八条殿で同居する八条院と昇子内親王に仕え、八条院領のなかにある所領を経営していれば暮らしていけるのであれば、宮廷社会の要人と面識が少なくとも生きていける。それが、八条院の世界である。清季の弟長清《ながきよ》も官職は斎宮頭《さいぐうのかみ》のみである。従三位にいたるまでの叙位をみると、昇子内親王が一階、八条院が一階である。従三位も斎宮頭の労である。実清の子供たちは、八条院・春華門院に仕えることで位階をあげ、公卿に名を連ねた。八条院に仕えた忠実な腹心の家である。

藤原伊通とその家族

藤原伊通(一〇九三〜一一六五年)は、暲子女王《しょうしにょおう》が内親王宣下をうけた保延四(一一三八)年四月十四日に暲子内親王庁の勅別当《ちょくべっとう》に補任された。時に従二位大納言、四六歳である。九条《くじょう》・大宮《おおみや》を通称とする。和漢の才を兼ね備えることを公卿の習いとする伝統的な考えの持ち主で、『古事談《こじだん》』には、「詩を作らざる人、卿相に昇ること、顕雅卿《あきまさ》より始まる、消息を書かざる人、卿相に昇ること、俊忠《としただ》より始まる」と二条天皇に奏上したことが書かれている。伊通の和歌は、勅撰和歌集をはじめとした歌集や説話文学に多く残されている。平安・鎌倉期の王朝漢詩は翻刻されているものが多くないが、伊通の漢詩は『和漢兼作集《わかんけんさくしゅう》』に収められている。

二条天皇に奏上した仮名の訓戒書『大槐秘抄《たいかいひしょう》』が今日に伝わっているので、保守的な教養をもつ人であったことはわかる。『大槐秘抄』を二条天皇が読むのであれば、漢文で書けばよい。一度は仏門にはいって仏典を学び、還俗《げんぞく》して帝王学を修めている。『群書治要《ぐんしょちよう》』は文章道《もんじょうどう》の学者から必須の教養として学んでいる。二条天皇は、高度な漢文が読めるはずである。仮名で書いたのは、二条天皇を取り巻く美福門院・八条院といった頭脳明晰な女性が読むことも意識していたと推測してよい。鳥羽院が八条院を頭がよいとほめるのは親の評価と割り引く必要があるが、九条兼実《かねざね》が政務やりとりで理路整然とした思考をすると認めた女性である。王家の女性としての判断、国政に関与する女院の立場での判断を教えたのが藤原伊通と考えれば、八条院がその生涯にわたって有能な政治家であり続けた基礎をつくった人物と考えることができる。八条院が読むことも意識したと考えれば、『大槐秘抄』を仮名で書く理由が明確になる。八条院は、まだ十代である。

『古事談』には、父藤原宗通《むねみち》が伊通・季通《すえみち》の兄弟をともなって一条殿《いちじょうどの》(宗通の姉全子《ぜんし》、関白藤原師通《もろみち》室・忠実《ただざね》母)のところに挨拶に出かけたとき、一条殿が「兄は大臣まで昇る子である。弟は平凡」と評したことが書き残されている。全子の人物評であるから、師通・忠実には伝わっていると考えてよい。鳥羽院政・二条天皇親政と続いていく時期に、美福門院・八条院の側にたつ賢才として伊通を評価してよい人物である。

伊通の周囲をみると、久安五(一一四九)年八月三日の美福門院院号宣下、十月二日におこなわれた美福門院殿上始《てんじょうはじめ》で、伊通・成通《なりみち》・重通《しげみち》の兄弟と、子の為通《ためみち》・伊実《これざね》が美福門院別当に補任された。弟の成通は、院号宣下の前日に藤原得子の皇后宮大夫に補任された。別当に補任するための人事である。初任の別当一七人のうち五人が伊通の家族であることは、この家が美福門院庁の中枢にいることを意味する。村上源氏とともに、二条天皇親政の時代まで、美福門院・八条院の世界の中心に座る家である。伊通の娘が近衛天皇中宮となった九条院《くじょういん》（藤原呈子《ていし》）である。九条院御所で以仁王《もちひとおう》の還俗《げんぞく》がおこなわれたこと、伊通の甥が、高倉宮以仁王を観相して帝王の相があると占ったお騒がせ者相少納言藤原伊長《これなが》である（『玉葉』）。以仁王を八条院に近づけたのは、この家である。

伊通は、美福門院薨去《こうきょ》（永暦元〈一一六〇〉年）によって二条天皇の後ろ盾となる大きな存在がなくなったときに、太政大臣の立場で三宮（中宮・皇后・皇太后）をつとめた人が授かる院号宣下を、二条天皇の准母暲子内親王に授けるよう奏上し、八条院院号宣下（応保元〈一一六一〉年）を承認させた（『百錬抄《ひゃくれんしょう》』）。八条院の歩むべき道を決めた人物である。藤原伊通は、美福門院の時代と八条院の前半生に、二人の相談役をつとめた要人である。

九条兼実と高松院

九条兼実は、日記『玉葉』に高松院・八条院のことを書き残した本書の主要登場人物の一人である。関白藤原忠通《ただみち》の三男で、嫡流の近衛家《このえけ》がしっかりとしていれば、摂政・関白の地位に就くことはなかった。仁安元（一一六六）年に忠通の嫡子藤原基実《もとざね》が早世したことで、摂関家の家督をめぐって基実の嫡子基通《もとみち》（近衛）と弟基房《もとふさ》（松殿《まつどの》）の対立が深刻化した。摂関家は嫡流を争う近衛・松殿と、家督継承の圏外にいる兼実（九条）の三流に分裂した。治承《じしょう》寿永《じゅえい》の内乱を勝ち残った源頼朝《よりとも》は、後白河院と密接に結びつくことで生き残った近衛基通を警戒し、九条兼実を摂政に推挙した。藤原道長《みちなが》の政治を理想と考えて後白河院に対して批判的であり、道理にかなった意見を議定《ぎじょう》で述べてきたことが、源頼朝の好感につながった。

この情報を頼朝に伝えた人物の候補は、木曽義仲《よしなか》の上洛で鎌倉に避難した池大納言《いけのだいなごん》平頼盛《よりもり》を第一に考えてよい。鎌倉には朝廷の議定に出席できる立場の人がいないので、頼盛のほかには、治承四(一一八〇)年に京都を出奔するまで権大納言源雅頼《まさより》の嫡子兼定《かねさだ》の乳母夫《めのと》をつとめた中原親能《なかはらのちかよし》しか情報のとれる人物がいない。源頼朝は、一ノ谷《いちのたに》合戦(元暦元〈一一八四〉年)の直後から平氏都落ちに同行しようとした摂政近衛基通の解任を求め、後任に九条兼実を推している(『玉葉』)。早くから、兼実の存在を意識していた。

九条兼実は、高松院御匣殿《みくしげどの》(中御門宗能《なかみかどのむねよし》娘、藤原季行《すえゆき》室、定能《さだよし》母)を乳母《めのと》としている。季行の娘が兼実の正室となり、良通《よしみち》・良経《よしつね》の母となる(『玉葉』)。乳母の縁で兼実は高松院に出入りし、高松院と同宿することの多い八条院とも面識をもつことになった。藤原季行は、美福門院の皇后時代に皇后宮御給で二階昇進し、殿上人の官職である姝子内親王(のちの高松院)の中宮亮を従三位でつとめた。美福門院が、娘のそばにおくために地位よりも低い官職に就けた人である。季行は応保二(一一六二)年八月二十三日に亡くなったので、高松院別当としては出てこない。季行の嫡子定能は、中宮御給・高松院御給で位階を二階あげているので、高松院に出仕していたことは推測してよい。兼実は家族の縁で、高松院の最期に立ち会い、その死に様を『玉葉』に記録することになる。八条院と九条兼実とのつながりは、高松院との縁で始まっている。

九条良輔

八条院と九条家を密接に結びつけたのが、八条院三位局《はちじょういんさんみのつぼね》(一二一八年没)である。八条院のほうから外に話をもっていく場合は院司《いんじ》が派遣されるが、八条院御所を訪問する人の応対は女房が申次《もうしつ》ぎをつとめる場合があった。九条兼実は三位局、三条実房《さねふさ》は少納言、平頼盛は宰相殿《さいしょうどの》である。八条院のそばで活動する側近の女房と接点のある人は、側近の女房を通している。

兼実の場合、八条院に相談をかけるための下打ち合わせの相手として、八条院に対面するために申次ぎとして三位局と接触していた。それが恋仲と噂され、懐妊したことで八条院が介入し、妻とするにいたった経緯である。八条院は側近の院司藤原隆信を兼実のもとに派遣し、三位局との結婚をどうするかを聞いてきた(『玉葉』)。隆信が兼実と話した内容は、いずれ生まれてくる子を養子として八条殿に引き取りたいという話であろう。八条院は、治承四(一一八〇)年の以仁王事件のときに、八条殿に引き取って養育していた以仁王の王子を仁和寺《にんなじ》に預けることになった。八条殿には、三条宮姫宮《さんじょうのみやひめみや》しかいない。八条院は、八条殿で育てる子供が欲しいのである。九条兼実の子が誕生したときは、養子として八条殿に引き取りたいと隆信を相談の使者として派遣した可能性が高い。両家の利害を調整する話し合いなので、四位院司として重きをなした腹心藤原隆信と九条兼実が相互の利害を見据えた話をした可能性が高い。そのあとの展開をみれば、兼実は生まれてくる男子(良輔《よしすけ》)が八条院と九条家の両方に属すること、養育は八条殿でおこなうこと、八条院は遺産相続の際に良輔の相続分を分与することで了承した可能性が高い。

九条良輔が八条院の養子となったことで、八条院と九条兼実は協力しながら朝政にかかわっていくことになる。『玉葉』をみていると、八条院は祖母として良輔を可愛がっている。良輔は八条院御所に賑わいを与える男の子である。八条院御所でおこなわれた良輔の真菜《まな》始儀《はじめのぎ》は、兼実が摂関家のおこなう儀式が貧弱と思えるほど贅沢なものであったと書き残している。この日、八条院は自ら口に含んだ物を咀嚼して良輔に与えている（『玉葉』）。家族をもたない未婚の皇女八条院は、腹心三位局を母とする子供たちを養子として八条殿に迎え、擬制親族とすることで家族を形成した。九条家も、そのなかにはいったことになる。

このことはまた、別の効果を生んでいる。三位局を母とする異父兄弟（以仁王の子供たち）との交流に始まり、九条家が以仁王の遺児も保護することになった。この交流は兼実から嫡子良経《よしつね》、良経のつぎは良輔へと継承されていく。天台座主《てんだいざす》慈円《じえん》（兼実の同母兄弟）は、以仁王の遺児真性《しんしょう》（安井《やすい》門跡《もんぜき》道尊《どうそん》の異母兄）を高弟として天台密教を伝授し、天台座主に昇る道を開いていく。また、兼実は仁和寺御室《おむろ》守覚法親王《しゅがくほっしんのう》（三位局の子道尊の師）とも八条院つながりで交流を始める。八条院が九条兼実を信頼のおける相談相手として選んだことで、八条院の人脈と九条家の人脈が密接に結びつき始める。

春華門院

八条院の後継者は三条宮姫宮であったが、後白河院が高倉宮以仁王を追討で討たれた刑人としてゆるさなかったため、朝廷は木曽義仲入京でおこなった東国の源氏に対する罪科取り消しの対象に以仁王を含めなかった。関白九条兼実が動いても、後鳥羽天皇は八条院が三条宮姫宮に所領を譲ることは認めても、女王から内親王への昇叙は認めない方針を示した（『玉葉』）。

新たな後継者が必要となった八条院は、九条兼実の娘宜秋門院《ぎしゅうもんいん》（後鳥羽天皇中宮任子《にんし》）の娘昇子《しょうし》内親王（春華門院）を養女として八条殿に迎えた（『玉葉』・『猪隈関白記』）。昇子内親王家の家司《けいし》は九条家と八条院から出し、八条殿で養育されることになった。九条兼実の外孫である。九条家は、兼実の子良経の時代になっている。昇子内親王の家政は、八条院別当藤原長経《ながつね》と九条家がつけた葉室宗頼《はむろむねより》(八条院別当を兼務、葉室光頼《みつより》の子)が兼務で家政を運営することになる。八条院の後継者春華門院は、八条院と九条家の合流によって将来の院司が形成される道がつくられた。春華門院の養育は、八条院中納言がつとめた。後宮《こうきゅう》の運営は、八条院中納言がおこなうことになる。八条院の世界は、春華門院が継承したことで継続していくはずであった。しかし、春華門院は建暦元(一二一一)年十一月八日、八条院薨去から半年後に薨去した。春華門院領は順徳天皇が継承し、後白河の皇統とは別相伝されていた王家領荘園が統合された。八条院の世界の終焉である。

3　八条院の群臣

葉室家

朝廷のなかに、蔵人頭《くろうどのとう》と弁官を兼務して参議《さんぎ》に昇っていく公卿《くぎょう》の家勧修寺流《かじゅうじりゅう》藤原氏と呼ばれる人々がいる。勧修寺《かんしゅうじ》を菩提寺とする人々である。勧修寺は、真言密教小野流勧修寺流の本山としても知られている。この一流は、朝廷の有能な事務官を輩出する集団として、多くの家を成立させていた。美福門院《びふくもんいん》・八条院《はちじょういん》母子の周辺では、殿上始《てんじょうはじめ》で別当に加任された葉室光頼《はむろみつより》(鳥羽院の重臣葉室顕頼《あきより》の子)とその兄弟の子孫と、藤原得子《とくし》が皇后となったときに皇后宮権大進に補任《ぶにん》された藤原顕時《あきとき》の家が登場してくる。

この家が美福門院・八条院母子と接点をもつのが、永治元(一一四一)年に藤原得子を皇后としたときで、皇后宮職を運営する事務官として藤原顕時・葉室惟方《これかた》が選任された。光頼・惟方・成頼《なりより》は藤原俊忠《としただ》娘(俊《とし》成《なり》の姉妹)を母とする同母兄弟で、二条天皇の乳母子《めのとご》である。俊成もまた葉室顕頼の養子となり、国司を歴任した。俊成・成家《なりいえ》は、葉室家の縁者という枠組みにはいる。

美福門院院号宣下(久安五〈一一四九〉年)のとき、別当に光頼、判官代《ほうがんだい》に惟方と藤原顕時が補任された。顕時は、のちに美福門院別当に昇格している。八条院別当は、光頼と弟成頼、従兄弟の重方《しげかた》がみえる。鳥羽院政から二条天皇親政を支える廷臣として重代《じゅうだい》の縁が形成されていたことがみえる。

平治《へいじ》の乱(平治元〈一一五九〉年)では、葉室光頼が議定《ぎじょう》の席で藤原信頼《のぶより》を抑え込んで政権運営の力がないことを露呈させ、弟惟方が大炊御門経宗《おおいのみかどつねむね》とともに二条天皇を平清盛《きよもり》の六波羅亭《ろくはらてい》に脱出させている。光頼は議定の席に臨む前に藤原顕時から状況を聞いているので、平治の乱という事件の成り行きを決定する場面で葉室家が動いていることが透けてみえる。二条天皇と中宮(のちの高松院《たかまついん》、美福門院の娘)は保護するが、後白河院を放置するのは鳥羽院政派の廷臣ならうなずける行動である。『平治物語』の作者は、藤原時長《ときなが》や藤原伊通《これみち》の縁者といった二条天皇親政派の末裔であるとする説は、本文が葉室家の動きをよく伝えていることからも納得がいく。

平治の乱の翌年、六波羅行幸を計画した大炊御門経宗・葉室惟方は、平治の乱で無視された後白河院の報復によって配流《はいる》(永暦元〈一一六〇〉年)とされた。後白河院は、前関白藤原忠通《ただみち》が権臣として頭角をあらわしてきた大炊御門経宗を摂関家を脅かす存在になると警戒していたことを見逃さず、二条天皇親政派から強い反論は出ないと読んだうえで強行している。惟方は京都に戻ることがゆるされても、出家入道して宮廷には戻らなかった。惟方の子惟基《これもと》は五位の官人《かんにん》として宮仕えし、八条院判官代として八条院の世界に属していた。『たまきはる』に出てくる八条院少納言は、惟基の縁者と推測している。

惟方が失脚しても、剛直の臣として知られた葉室光頼と弟成頼が美福門院・八条院の側におり、太政大臣藤原伊通が中心になって集団をまとめていた。二条天皇親政派は、主流派を維持した。葉室成頼妻（摂関家政所《まんどころ》別当《べっとう》藤原邦綱《くにつな》娘）が六条天皇御乳《おち》（授乳をする乳母《めのと》）となり、六条天皇にそば近く仕えた（『山槐《さんかい》記《き》』）。

ただ、葉室成頼が六条天皇を支える公卿として地位をあげてきたときには、主導権は後白河院《ごしらかわいん》に移りかけていた。二条天皇崩御《ほうぎょ》に前後して、関白藤原忠通・太政大臣藤原伊通が亡くなり、権大納言葉室光頼が出家したことで、六条天皇を支持する重臣は摂政近衛基実《このえもとざね》と内大臣花山院忠雅《かざんいんただまさ》ぐらいになった。二条天皇親政派の終わりとともに、葉室家は弁官をつとめて昇進していく大納言の家に戻っていく。この時期の政局は、花山院忠雅の弟中山忠親《なかやまただちか》の日記『山槐記』に詳しい。

九条家と八条院が親しくなった時期、光頼の子宗頼《むねより》が九条家政所別当と八条院別当を兼務し、両家の橋渡しをつとめている。宗頼は、兄葉室光雅《みつまさ》が後白河院の側近として源義経《よしつね》挙兵に関与した罪を源頼朝から問われ、文治元（一一八五）年十二月に失脚したのち、勧修寺流《かじゅうじりゅう》藤原氏の長者として勧修寺北家八講をつとめたことが説話として残っている（『古事談《こじだん》』）。

この時期、八条院は政治の中心からは離れているが、八条院が御給《ごきゅう》としてもつ人事の推挙権や八条院領として形成された王家領荘園の領家《りょうけ》は廷臣や女房が名を連ねている。公家社会のなかで生きていくためには、八条院を本所《ほんじょ》として仰ぎ、交流を継続させることが好ましい状況が続いていた。また、八条院は、密儀として八条殿でおこなう行事に参列する人に制限をかけ、贅沢な儀式をおこなった。八条院御所の家政運営にかかわることができるのは、後日精算や官位昇進というかたちで返ってくる恩賞で満足のできる人々で、経済的に豊かな廷臣に限られていた。その重職を担ったのが、源通資、葉室宗頼、藤原実清《さねきよ》・長《なが》経《つね》父子といった人々である。宗頼もまた孫の資頼《すけより》の叙爵(従五位下、初任の位階)に八条院御給を給わっている。葉室光頼・惟方兄弟に始まる美福門院・八条院母子との関係は、光頼・宗頼・宗方《むねかた》・資頼と四代の縁になっていた。

平忠盛・頼盛・保盛

伊勢平氏が、白河院政・鳥羽院政のもとで受領《ずりょう》国司《こくし》として富を蓄え、殿上人《てんじょうびと》に列したこと、平忠盛《ただもり》が受領国司の昇進の道を順当に歩んで、従三位の位階が視野にはいっているところで亡くなったことは、高橋昌明『清盛以前』(平凡社選書、一九八四年)に詳しい。

美福門院との関係は、平忠盛が藤原忠隆《ただたか》の後任として藤原得子の皇后宮亮《こうごうぐうのすけ》に補任《ぶにん》された久安五(一一四九)年に始まる。皇后宮の職員として仕えるようになったことが、交流の始まりである。私家集《しかしゅう》「忠盛集」の詞書《ことばがき》をみると、「六条顕輔家《ろくじょうあきすけけ》にて」や、「左京大夫顕輔家歌合《うたあわせ》」など、六条藤家との和歌のやりとりがみえる。ほかにも、中宮大夫《たいふ》藤原成通《なりみち》(伊通《これみち》弟)や葉室顕頼《はむろあきより》(光頼父)とのやりとりもあり、鳥羽院・美福門院の側に属する人々とやりとりしている。皇后宮藤原得子が院号宣下《せんげ》で美福門院となったとき、忠盛は皇后宮亮から美福門院年預《ねんよ》別当《べっとう》に役職変更となった。美福門院の財務を預かる四位院司に立場を変えたのである(『院号定部類記』)。忠盛が受領《ずりょう》国司《こくし》として蓄えた富を、美福門院庁の運営に使いたいという意図があるであろう。八条院における藤原実清《さねきよ》・長経《ながつね》父子の立場である。この縁を重んじれば、保元《ほうげん》・平治《へいじ》の乱で平清盛《きよもり》が美福門院を支持する側で動くのも、忠盛からの流れとして理解できる。

平清盛が二条天皇を取り巻く人々と距離をおくようになった原因を考えれば、平治の乱(平治元〈一一五九〉年)において、二条天皇親政派の人々が清盛を朝敵になるかもしれない立場に追い込んだ人々の責任を問うべきであろう。清盛が二条天皇親政派に全幅の信頼を寄せなくなり、後白河院に接近することに保険をかけるのも無理はない。応保元(一一六一)年に八条院が院号宣下をうけると、清盛・重盛《しげもり》父子が八条院別当に名を連ねた。

そののち、上西門院《じょうさいもんいん》少弁《しょうべん》(のちの建春門院《けんしゅんもんいん》、清盛の義妹)が後白河院の寵愛をうけ、後白河院と平氏が合流して高倉天皇即位へと画策を始める。そのなかで、重盛の小松家《こまつけ》は八条院とのつながりを維持して出仕を続け、八条院の乳母宰相殿《さいしょうどの》を姑とする平頼盛《よりもり》は八条院の重臣として残っていく。

寿永二(一一八三)年七月の平氏都落ちのとき、源頼朝と話し合っている後白河院は八条院が平頼盛を保護するように取り計らい、八条院は宰相殿の申次ぎをうけて平頼盛と対面、しばらくかくまうので、時期をみて源頼朝を頼って鎌倉に下ることを勧める(延慶本『平家物語』)。後白河院は木曽義仲《よしなか》入京後の最初の議定で平頼盛の罪を問わないことを決定し、官職を解く解官《げかん》のみとする(『吉記』)。翌年には、頼盛とその家族の官位を元に戻している。

頼盛の子供たちは、朝廷の仕事をつとめながら、八条院に出仕する公家として非参議公卿に昇っていく。『明月記《めいげつき》』から八条院御所に出仕していたことがわかる平保盛《やすもり》は、八条院が薨去《こうきょ》した建暦元（一二一一）年には正三位の非参議公卿に昇っていた。八条院が薨去した翌月の八月十四日、出家をしている。

頼盛の所領の三割は八条院を本家とした八条院領であり、八条院御給による子供たちの昇進と、所領の維持で公卿の家として存続することができた。頼盛の遺領は婚姻関係を通じて村上源氏久我家《こがけ》に伝領されていくので、『久我家文書』によって所領の継承を知ることができる。

土岐一族と源頼政

美濃源氏土岐《とき》氏が鳥羽院のそばに近寄ったことがはじめてわかるのは、鳥羽院最後の寵姫《ちょうき》女房土佐（土岐光保《みつやす》娘）が、鳥羽院崩御（保元元〈一一五六〉年）に立ち会っていたと記す『愚管抄《ぐかんしょう》』である。このとき、崇徳上皇が最後の対面のために参上しようとするのを止めようとした鳥羽院判官代平親範《ちかのり》ともみ合いになり、怪我をした親範の報告を鳥羽院に伝えている。土岐光保は葬儀のおこなわれる鳥羽の警固についていて、京都で起きた保元の乱（保元元〈一一五六〉年）の合戦に参加していない（『兵範記《ひょうはんき》』）。平治の乱では、宇治田原《うじたわら》に逃れた信西《しんぜい》入道を発見し、その遺骸を京都に送っている（『平治物語』）。京都にいるのは確かであるが、源頼政《よりまさ》とともに源義平《よしひら》の軍勢と戦ったのは一族の土岐光基《みつもと》で、合戦に光保の名は出てこない。合戦の圏外にいるので、美福門院・暲子内親王《しょうしないしんのう》の警固についていた可能性が高い。この二人がいたと考えられるのは八条殿・仁和寺常磐殿《にんなじときわどの》・鳥羽であるが、どこにいたのかを明記する史料はない。

土岐光保は、娘が二条天皇の乳母であることを理由に二条天皇昇殿がゆるされ、殿上人《てんじょうびと》となっている（『禁秘抄考証《きんぴしょうこうしょう》』）。しかし、永暦元（一一六〇）年六月十四日、後白河院から謀反《むほん》の嫌疑をかけられて薩摩国に配流《はいる》となり、現地で殺された（『百錬抄《ひゃくれんしょう》』・『尊卑分脈《そんぴぶんみゃく》』）。二条天皇親政派と後白河院との対立のなかで起きた事件であるが、土岐光保は信西入道の死に関与する人物なので、後白河院にうらまれていた可能性を考えてよい。

土岐光保が非業の死を遂げたのち、土岐氏の嫡流は光基に移った。治承四（一一八〇）年の以仁王《もちひとおう》事件では、光基の子光長《みつなが》が追捕使《ついぶし》として以仁王追捕に向かった（『玉葉《ぎょくよう》』他）。同年冬に近江源氏山本義経《よしつね》が反平氏の挙兵をすると、美濃源氏の一人として反平氏の軍勢に加わり、寿永二（一一八三）年七月の木曽義仲入京の軍勢の一人として京都に戻っている。同年十一月の法住寺合戦《ほうじゅうじかっせん》では、木曽義仲の軍勢とまともに戦った数少ない院方の武者として光長とその子供たちの討死が『平家物語』で語られる。八条院に仕えた在京する武家土岐氏は、ここで終わる。

摂津源氏源頼政《よりまさ》の家は、父仲正《なかまさ》の私家集《しかしゅう》「仲正集」、頼政の「従三位頼政集」、娘二条院讃岐の「二条院讃岐集」などの歌集を残している。武家歌人として通る家であり、六条藤家の人々や平経盛《つねもり》・経正《つねまさ》父子などと和歌の贈答をしたり、歌会で詠んだりと交流している。また、後白河院の近臣源資賢《すけかた》とも和歌での交流があり、歌人の交流は複雑な政局による分断を越えて広がる（中村文編著『歌人源頼政とその周辺』青簡舎、二〇一九年）。

武家の棟梁《とうりょう》としての源頼政をみると、京と周辺の武力としては摂津国渡辺党があり、地方の有力者としては遠江国在庁井伊介や八条院領下総国下河辺庄《しもこうべのしょう》の下河辺氏などがあり、ある程度の武力を京都に駐屯させることのできる武家である。また、摂津国渡辺党のように郎党《ろうとう》も都の習いに通じているので、公家からみても、信頼のおける武家である。しかし、源頼政は以仁王事件で反乱軍として討死した。このとき、頼政の和歌を受け継いでいた嫡子仲綱《なかつな》も討死したので、歌人としての摂津源氏はここで終わる（『古今著聞集《ここんちょもんじゅう》』）。寿永二年七月に生き残った源頼兼《よりかね》を始めとした遺族が木曽義仲とともに入京し、大内守護の役職に戻ることができた。しかし、頼兼は殿上人として振る舞う教養がなく、五位の武官に終わった。

頼政の孫慈賢《じけん》が、慈円《じえん》の弟子となって天台座主《てんだいざす》まで昇った（『門葉記《もんようき》』）。天台座主慈円は、以仁王の遺児真性《しんしょう》、源頼政の孫慈賢、平教盛《のりもり》の子忠快《ちゅうかい》ら、敗者の遺族を重く用い、天台の高僧に育てた。慈円は、度量の大きな人物である。

治承寿永の内乱が終わってみると、八条院に残された武家は平頼盛のみとなった。ただ、頼盛に残された武力の規模ははっきりわからない。

藤原親忠を中心とした家族

美福門院の乳母夫《めのと》藤原親忠《ちかただ》（一〇九五〜一一五三年）は国司を官職の上限とする五位の官人で、美福門院の家政を運営する家として宮廷社会のなかに地位を確立した。『尊卑分脈』は親忠の系図を二カ所に記すが、『洞院廿巻部類《とういんにじゅっかんぶるい》』が親信《ちかのぶ》の子と記すので、本書は親信の子と考える。親忠は妻に迎えた女房伯耆局《ほうきのつぼね》の縁で、藤原得子《とくし》の養育者となった。招婿婚の時代に権中納言藤原長実《ながざね》が、平凡な公家は婿にしないと得子に厳しい監視をつけたので（『長秋記《ちょうしゅうき》』・『今鏡《いまかがみ》』）、親忠は藤原長実の館《やかた》八条殿に出仕して得子の面倒をみていたのであろう。親忠は山城・筑前・摂津・若狭と国司を歴任した受領国司で、鳥羽院・美福門院を財政的に支えた。『洞院廿巻部類』は親忠を八条院庁年預と記すが、亡くなったときにはまだ暲子内親王が院号宣下をうけていないので、親忠と考えるなら暲子内親王庁の年預、親忠を誤記と考えるなら親弘《ちかひろ》か親行《ちかゆき》を誤記したことになる。「八条院関係文書群」から、親忠の子孫が八条院庁の庁務で現場を預かる人々とわかるので、この家が五位判官代の立場で暲子内親王庁から八条院庁の日常的な家政を執った家と考えてよいであろう。

朝廷とのやりとりをする公卿別当、儀式の運営や家政を束ねる四位別当、日常的な業務や担当者同士のやりとりで前面に出る五位判官代、庁務に関する文書管理や文書作成をする五位主典代、女院庁のおおまかな役割分担はこのようなものだが、親忠の家は五位判官代で日常的な家政運営をつとめる年預ということである。同じ年預でも、年預別当のように庁務をとる年預とは違う。式部省預《しきぶのしょうあずかり》を御厨子所預《みずしどころあずかり》紀氏の一族がつとめたように、日常的な物資の調達や費用の支出といった仕事であろう。

親弘の子親長《ちかなが》は、久安二（一一四六）年十二月二十一日に、皇后藤原得子御給で修理亮《しゅりのすけ》に補任《ぶにん》された（『本《ほん》朝世紀《ちょうせいき》』）。四位に昇らない家なので、公卿の家と位階を競合することはない。公家社会のなかで活動するための肩書きとして、官職を求めている。『たまきはる』が八条院の側近と記す「親行」は、親忠の孫である。親忠の嫡子親弘は、『明月記』治承四（一一八〇）年十月八日条に亡くなったことが記されている。

「安楽寿院古文書《あんらくじゅいん》」は、保元三(一一五八)年二月の美福門院庁下文写《くだしぶみうつし》にみえる「相模守藤原」に、親行の傍注を記す。仁平二(一一五二)年正月二十八日に相模守に補任されて重任《ちょうにん》した藤原親弘の子で、親忠の孫である。「高山寺文書《こうざんじ》(六曲一双屛風貼付)」は村上源氏が領家職《りょうけしき》をつとめる山城国久世庄《くぜのしょう》に関することと、大通寺《だいつうじ》阿弥陀如来像像内納入文書で平光盛《みつもり》(頼盛の子)の所領播磨国石作庄《いしづくりのしょう》に関することを書状でやりとりしている。八条院領の経営に関する問題で、担当者同士の情報のやりとりを残した人物である。八条院庁の庁務を執る人物としては藤原実清・長経父子が知られているが、この父子の指示をうけて、現場でやりとりをしたのが藤原親行のような五位判官代である。八条院判官代は名誉職としても発給されるので多くの人が肩書きとして使うが、親行は八条院庁運営の実務をつとめる判官代である。史料は、この家が八条院庁側の担当者として、荘園の管理者とのやりとりをしていたことを伝える。荘園の経営に関する多くの仕事は、荘園から報告があがってくる領家や預所《あずかりどころ》が第一次的な対応をするが、訴訟として八条院庁が受理したあとは八条院庁内部で動く担当者に引き継がれる。この家は、八条院庁のなかで現場とのやりとりを担当した。八条院中納言が、八条院のそば近くで仕事をするのは「隆範《たかのり》(隆信《たかのぶ》の子)・親行」と『たまきはる』に記している。八条院御所に参上して優雅に過ごしている「なり清げ」なる人々の陰で、八条院御所の運営に関わる仕事をしていたのが、親忠の子・孫たちである。

美福門院加賀を通じてみた縁者の世界

親忠の娘に、美福門院加賀《かが》として知られた歌人がいる。前夫美福門院判官代藤原為経《ためつね》(法名寂超《じゃくちょう》)とのあいだに、歌人で、似絵《にせえ》の名手として知られた藤原隆信(一一四二〜一二〇五年)が誕生している。隆信は、久安六(一一五〇)年十二月三十日に八条院の姉叡子《えいし》内親王未給で、六位蔵人《くろうど》から従五位下に昇進した(『本朝世紀《ほんちょうせいき》』)。その後、美福門院の院宮分国《いんぐうぶんこく》若狭守をつとめている。美福門院の抜擢によって院分受領《いんぶんずりょう》の経歴をつけたのち、美福門院・八条院二代に仕えた正四位下の位階まで昇った八条院別当である。とくに、八条院が政治の中枢から離れた後半生においては、八条院庁で重きをなした。八条院の腹心女房三位局《さんみのつぼね》の件について九条兼実《くじょうかねざね》と話し合い、九条家を八条院の家族に迎え入れる話をまとめたのは隆信である。生没年から、八条院とともに老いた同世代の人物であることもわかる。美福門院の乳母伯耆局《ほうきのつぼね》の外孫であり、三位局と同様の腹心であったと推測される。その意識でみると、八条院にとって重要な要所要所で出てくる人物である。隆信の父為経が、八条院の幼少時代の逸話を収めた『今鏡』の作者として有力視されている。為経の旧妻は美福門院加賀、為経なら加賀が美福門院から聞いた話を伝えたり、あるいは加賀がその情景を見ていたということになるであろう。

美福門院加賀は、のちに藤原俊成の妻となり、成家・定家《さだいえ》の母となった。日記『明月記』を残し、御子左《みこひだりけ》家を和歌の家として確立させた定家のほうがさまざまな事績が今日に伝わり、よく知られているが、俊成が家を継ぐ者として八条院御給で昇進させ、公卿に昇らせたのは兄成家である。

美福門院薨去後は、御子左家は国司をつとめられなくなり、成家は近衛府の次将(中将・少将)に在任しながら、八条院御給と近衛府労《このえふろう》(近衛府の推挙)で従三位に昇っている。成家は、八条院の使者として『玉葉』にみえ、八条院庁の催促に応じて役をつとめていたことが、「高山寺文書(六曲一双屏風貼付)」に残る藤原成家書状からわかる。従三位に昇ったのちは、八条院の儀式で公卿の座に着座している。俊成は藤原顕頼《あきより》の養子として葉室家とも行動を共にし、従三位に昇るまでは国司を歴任している。女院に奉仕しても、成家・定家の二人を公卿にするほどの働きをしていないので、成家の昇進を優先させたということであろう。

定家に八条院御給を授けるように動いていたのは、姉の八条院中納言である(『明月記』)。定家は、八条殿の格子戸の上げ下げから仕事が始まるので、出仕した当初は上北面《じょうほくめん》である。定家は、宜秋門院《ぎしゅうもんいん》(九条兼実の娘、春華門院《しゅんかもんいん》母)の別当を兼務している(『院号定部類記《いんごうさだめぶるいき》』)。九条兼実のところで説明したように、八条院・九条家・宜秋門院は密接に結びついている。定家の経歴をみると、九条家や宜秋門院の推挙がないので、定家の昇進は八条院に任せたということにある。定家自身が、八条院御給による昇進が難しい状況になり、姉から八条院は複数いる候補者を同時に昇進させることを考えているので他の人の御給を融通してもらう交渉をしていると伝えられたときに、他の申請者では身の恥になると断っている。姉の八条院中納言と同様、定家もまた八条院御所を居場所と考えていた。

『明月記』をみている限り、定家は八条院御所でおこなわれる儀式の差配を重荷に感じている。定家が出仕して四位にあがってきた頃の八条院庁は、俊成の後継者は公卿に列した成家、定家は藤原親弘の縁者としてはいってきたので、八条院庁の仕事を割り振ろうとしている。姉の八条院中納言は、八条院少納言の跡を継いで八条院御所・春華門院御所の後宮《こうきゅう》を仕切っていた。『明月記』と『たまきはる』の情報を重ねて読まないといけないのは、この姉弟の情報交換が盛んで、関連したり、補い合う記載があるためである。『明月記』は姉から聞いた話をいろいろと書いているので、上品に書かれた『たまきはる』が記さないどろどろした後宮の女房の争いを伝える。得てして、八条院に出仕する家の争いであったりもする。定家は、八条院から信頼された八条院中納言の弟として、八条院政所別当として活動することを求められていた。そして、八条院の跡を継ぐ春華門院の側近となることも期待されたので、春華門院殿上人となっている。八条院は、藤原定家に歌人としての才能を求めていない。歌人藤原定家の才能を評価していたのは、『新古今和歌集《しんこきん》』撰者の一人に加えた後鳥羽院や、詩歌会に定家を招く九条家である。

八条院からみた廷臣・女房

本書では、八条院に仕える重代の廷臣・女房という表現を繰り返し使用してきた。最後に、八条院からみたらどう区分されるのかを整理したい。

この人脈が形成される布石を打ったのは、六条顕季《ろくじょうあきすえ》である。白河院の近臣としてつくった人脈と、和歌の家六条藤家《ろくじょうとうけ》のつきあいのなかで拡大された人脈が基礎である。有足の蛇の吉徴《きっちょう》は晩年の事件なのでその人脈のもつ意味を強める効果はあっても、六条藤家の発展する予徴が示されたからつながるという話にはならない。

重代の家の筆頭格は、藤原得子(美福門院)を推すことで政治的優位を確保しようとした村上源氏である。雅定《まささだ》・雅通《まさみち》・通資《みちすけ》・雅親《まさちか》の四代の関係を形成し、美福門院・八条院・高松院・春華門院の御給を駆使して一族の人々の位階をあげ、雅定の子の代からつぎつぎと分家を成立させていった。後白河院とは仕事のつきあい以上の関わりをもとうとせず、鳥羽・美福門院・二条・八条院・高松院・建春門院・平氏とつないで距離をおき続けた点では、みごとな政界遊泳術である。嫡流が九条家と対立関係になって宣陽門院《せんようもんいん》支持にまわっても、八条院からは離れなかった。村上源氏は、いくつもの女院御所で廷臣の首座を占めた。女院の推挙で授かる位階は大臣を家格とする家を存続させていくために必要である。また、女院を本家《ほんけ》とする所領が少なくないであろう。本書でも、八条院が本家として対応した村上源氏の所領争いを紹介している。八条院は、村上源氏が大臣家としての政治的な判断から一時的に疎遠となっても、離れられない関係が形成されていることを知っている。村上源氏のような力をもたなかったが、三条家も三条公清《きみきよ》が最後まで仕えている。同様に考えてよいであろう。

八条院が直接面談し、話し合って指示を出しているのは、非参議公卿や四位別当である。彼らは、八条院御所を出仕の場所としているので、大臣や議政官《ぎせいかん》の公卿のように使者の往来で仕事のやりとりをし、顔を合わせるのは儀式のときというような関係ではない。美福門院の甥藤原実清とその家族、美福門院乳母夫藤原親忠の外孫として美福門院・八条院二代に仕えた藤原隆信が代表格である。八条院が苦楽を共にし、話が通じる相手として交流した腹心は、この階層から出てくる。家政を動かす人材であると同時に八条院と本音の話ができる腹心でないと、八条院の側にたって最適の選択肢を選ぶような判断はできない。

八条院と語り合える廷臣と八条院に忠実に仕える廷臣は、分けて考える必要がある。そこに、八条院御所の日常を運営する重代の五位官人、美福門院乳母夫で暲子内親王の時代から年預《ねんよ》として日常的な御所の運営をしてきた藤原親忠の子孫、親弘・親行・忠弘《ただひろ》といった五位判官代も加えてよいのであろう。八条院の意向や嗜好を詳しく知らなければ仕事のできない人々である。語り合える廷臣は、八条院の意中を推し量って動くことができ、八条院と時間を共有してきた廷臣でる。三位局や藤原隆信のように、年齢も近く、苦楽を共にしてきた廷臣は強い絆があると考えてよいであろう。忠実に仕える廷臣は、八条院の指示を忠実に履行するが、八条院の意を理解しているかは疑問符がつく。八条院を明確に上とみるので、八条院から指示されたことは忠実におこなうが、意中を理解しているかはわからない。八条院御所は、忠実な廷臣が多いように思える。八条院を崇め、八条院に守られる人々である。

八条院の女房をみると、腹心の筆頭は三位局になる。美福門院判官代高階盛章《たかしなのもりあき》の娘、盛章の弟清章《きよあき》は皇后時代から美福門院に仕えた。清章の娘は藤原実清の妻である。家族で美福門院・八条院に仕えている。

三位局がとくに結びつきが強いのは、八条院の側につねにあり、三位局を母とする子供たちを八条院が養子に迎えて八条御所で育てたことである。八条院が後継者に考えていた最初の人物は三条宮姫宮《さんじょうのみやひめみや》（父以仁王）で、八条院は建久七（一一九六）年に大病したときに後鳥羽天皇と九条良輔《よしすけ》に譲与する分を除く大半を三条宮姫宮に譲るつもりでいた。この所領は単なる女院が継承する王家領荘園という以上に、領家職《りょうけしき》は八条院に出仕する廷臣・女房がもつので、所領の継承は八条院御所に出仕する人々を継承することと一体になる。三条宮姫宮に束ねられるかが問題となるが、八条院が信頼する源通資・葉室宗頼・藤原長経・三位局・八条院中納言といった八条殿のなかにいる腹心と、後見の立場にたつことになる九条兼実でまとめきれるかどうかである。八条院の女房は今までの経緯を知っているのでまとまっても、対外的な関係が維持できるかという問題である。八条院が三位局を分身のように考えていたことはわかるが、かなり危険な継承であった。

三位局につぐ存在が、少納言(葉室家)や中納言(御子左家)である。少納言は父の家(葉室惟方《これかた》の家)が没落しているので、八条殿が居場所である。八条院の意向を忠実に履行し、信頼を得ている。中納言は、建春門院御所に出仕した経験者で、八条院と建春門院の御所の気風の違いを感じている。八条院から有能と認められ、三条家出身の女房と対立して退下《たいげ》しても、八条院の意向で戻された経緯をもつ。春華門院のことも託されており、身体の動かなくなった八条院の世話をし、仁和寺常磐殿から嵯峨の蓮華心院《れんげしんいん》に遺体を送り出すところまで見届けたのも中納言である。八条院が信頼していたことは、間違いがない。

惜しいのは、春華門院右衛門督は八条院中納言の悲しみが癒えない段階で回想を聞いているので、八条院の最期に関する生々しい情報を『たまきはる』は伝えているが、八条院御所であったいろいろなことが語られていない点である。建春門院時代のように記憶として昇華されたものを読むのは心地よいが、抑えが効かなくなれば泣き出しそうな話を聞くのは読んでいて辛いものもある。中納言は建春門院以上に八条院を慕っていたと語るのは本音であろう。八条院からみると、自分を慕って仰ぎ見る部下は信頼しても、話し相手とするのはためらう。気兼ねなく話すには、どこかで対等という意識を共有する必要がある。八条院中納言は信頼してあとを託せる部下ではあっても、八条院三位局のように話し相手として選べるかという判断基準になると難しい。下の立場から仰ぎ見られると、相談には乗れても、相談はしないものである。そういう意味で、建保六(一二一八)年まで存命した三位局は特別な存在であった。

八条院の世界

王朝貴族の世界における位階

王朝貴族は、働かずに優美な儀式の世界を生きる気楽な人々というのは、『源氏物語』などの王朝文学から形成された近代のイメージである。つぎは武士の時代であり、武士を高く評価するためには、王朝貴族に対する評価を下げたいという明治時代の政治的な意図の影響が再生産されながら、今だに残っている。平安・鎌倉時代の朝廷を知る人からみるとんでもない誤解であり、いい加減に消えてほしい虚構である。しかし、虚偽が虚偽を再生産するので、なかなか消せないのも現実である。

王朝貴族は、現代の国家公務員のように勤務評定があり、昇進の条件を満たさなければ、上にあがれない。摂関家《せっかんけ》の嫡子であっても、殿上人《てんじょうびと》相当の正四位下の位階を初任とする。初参《ういざん》から始まる殿上人の登録の手順を踏まなければ、地下公達《じげのきんだち》から殿上人にはあがれない。初任の位階は、上流貴族で従五位下、最後に貴族の地位に到達する非参議《ひさんぎ》公卿《くぎょう》なら正六位上の家もある。日本の貴族は貴族に認定される官職や位階に到達して先例をもつ家という意味で、「地位としての貴族」に分類される。摂関家とは、摂政・関白の地位まで昇れる家という意味である。親と同じ地位に就きたければ、そこまで出世しなければならない競争の世界である。

この前提が理解できれば、三宮《さんぐう》(中宮・皇后・皇太后)や女院がもつ御給《ごきゅう》(叙位の推挙権)が人をつなぎとめておく強い力をもつ権限であることが理解できる。公家や官人《かんにん》の世界は現代の公務員と同じように先任・後任の順があり、一日の差でもどちらの昇進を優先させるかの判断材料となる。八条院《はちじょういん》の周りにいる人々は、朝廷の官人として働いた功労による昇進に、八条院の推挙を加えることで昇進が加速される。

位階の推挙権のない権門に仕えるより、昇進が有利になる。まず位階(現代は級位)があり、その位階でつとめるべき役職が対応する組織づくりになっている。朝廷の官人は、位階をもたないことには、官人としての活動が始まらない世界に住んでいる。八条院は、自分に仕える廷臣や女房を通して推挙を望む人のなかから、誰を推挙するか決めている。本書をお読みいただければわかるように、御給の数が足りず、廷臣たちが争っている場面もある。官職には献金の功績に対して報いる成功《じょうごう》の制度があるが、位階は宮廷社会を生きるためにはもっていないといけない地位の指標なので、廷臣や廷臣が推薦する縁者に割り振っている。個人というより、家に割り振っているという感じで考えてよい。

八条院は、家政を預けることのできる信頼できる親族として源通資《みちすけ》や藤原実清《さねきよ》の家族を重く用いた。彼らは、公卿の家として存続していくために必要な位階を八条院の御給で獲得している。ほかにも、八条院御給がなければ殿上人止まりとなる公卿は何人もいる。家を存続させるためには院宮や女院の御給が必要と考える人々が美福門院《びふくもんいん》・八条院に代々仕える廷臣になっていく。

女院が継承していく所領は領主も継承する

今一つの重要な要素といえるのが、所領である。八条院領荘園群の一つ、鳥羽の安楽寿院《あんらくじゅいん》領荘園は領主の一覧が残っているので、八条院を本所《ほんじょ》とする領家《りょうけ》の多くが院司《いんじ》や女房であることがわかる。八条院のもとに集まっている人々は、後白河院《ごしらかわいん》と対立した経緯があるので、後白河院やその縁者を本家《ほんけ》としたら、所領を守ってもらえるであろうかという危惧をもっている。本書でも何度か出てくるが、八条院領荘園や八条院御願寺《ごがんじ》は、相論になると八条院が守り抜こうと強い意志を示している。鳥羽院政派や二条天皇親政派としての立場を貫いた人々は、対立した後白河院を本家としたくない。八条院領荘園が膨脹していく理由を求めれば、後白河院を信用しないから八条院に寄進するという理由がみえてくる。所領は、政治と不可分なのである。村上源氏が、美福門院から高松院《たかまついん》が継承した所領を後白河院に渡したくないから、皇后宮時代に仕えた建春門院《けんしゅんもんいん》に継がせようとする奇策を平氏とまとめたことは見落としてはならない。八条院のもとに集まる人々は、後白河院に関与させないで動いたのである。それが、王家領荘園が後白河院の束ねる荘園群と、八条院の束ねる荘園群に分かれ続けた理由である。後白河院や八条院の意思もあるが、そのもとで領家をつとめる有力貴族の意向も相当に強いのである。八条院を本家として仰ぐ人々が形成した小宮廷ともいうべき世界が、八条殿である。

八条院には廷臣たちを離れさせない人事権と経済基盤があり、後白河院の関与できない独自の世界が形成されたのである。

美福門院という人

つぎに、これら重代《じゅうだい》の廷臣が仕える美福門院・八条院とはどのような人であったのかをみていこう。仕えるに値する主人であったのかどうかという問題である。

本書は、第1章で、六条顕季《ろくじょうあきすえ》の家で起きた有足の蛇の吉徴《きっちょう》を紹介している。この怪異の真偽は不明であるとしても、怪異は朝廷に報告され、六条顕季の家から天恵をうけた女子が誕生して家を起こすと文《もん》章道《じょうどう》・明経道《みょうぎょうどう》の専門家が吉徴の意味を解釈したことは事実である。大外記《だいげき》中原師元《なかはらのもろもと》と富家殿《ふけどの》藤原忠実《ただざね》の対話では、この天恵の女子が近衛《このえ》天皇の母藤原得子《とくし》と判断されていることがわかる。六条顕季が白河院の近臣として富を誇ったとしても、同じ非参議公卿の家と婚姻を重ねるのではなく、大臣や大納言・中納言といった議政官《ぎせいかん》をつとめる上級貴族の家と婚姻関係を重ねている。白河院の腹心であること、和歌の家として人脈を広げたことが背景にあるが、そのなかで成立した嫡子長実《ながざね》と村上源氏源俊房《としふさ》の娘方子《まさこ》との結婚が、二人のあいだに得子を誕生させた。吉徴で示されたのが方子の子と理解されたことが、村上源氏を動かす原動力の一つとなる。

源方子と嫡流の源雅定《まささだ》が協調して得子を鳥羽院の後宮《こうきゅう》に入れ、皇后まで押し上げていったことは、吉徴の解釈の当否ではなく、村上源氏がその結果になるように動かしてしまったことを意味する。村上源氏が外孫藤原得子(のちの美福門院)を推したのは、待賢門院《たいけんもんいん》の実家三条家《さんじょうけ》に対抗するためという極めて現実的な理由がある。吉徴を示された天恵の子は、他との差別化という意味で有効な主張になる。村上源氏はこの勝負に勝ち、美福門院は鳥羽院正妃《せいひ》の待遇をうけるようになり、待賢門院は出家に追い込まれた。待賢門院の皇子は崇徳《すとく》上皇一代限りとされ、美福門院を母とする近衛天皇が正嫡とされた。

後宮での争いに決着がついたときには、鳥羽院と美福門院が鳥羽院政の中心におり、関白藤原忠通《ただみち》、源雅定、三条公教《きみのり》(六条顕季の娘婿)が朝政の中枢にいた。美福門院と暲子内親王《しょうしないしんのう》の周囲には、藤原伊通《これみち》・葉室《は むろ》家《け》の人々・平忠盛《ただもり》が配置された。

美福門院の政治的な役割りは、鳥羽院の遺志を継いで二条天皇の時代をつくっていく名目のもとに、鳥羽院政派を解体させず、二条天皇親政派となるまでのつなぎをつとめたことである。関白藤原忠通や太政大臣藤原伊通、花山院忠雅《かざんいんただまさ》・葉室光頼《みつより》といった朝廷の重臣が美福門院を支持しているので、二条天皇親政を軌道に乗せることができた。鳥羽院政の時代の継続を望む廷臣たちの願望をかなえたという点では、美福門院は鳥羽院のよき妻であった。廷臣からみても、二条天皇の御世を本番と考えて安心してついていける主人であった。

八条院という人

八条院暲子内親王は、鳥羽院鍾愛《しょうあい》の娘として、鳥羽院と行動を共にした。公家の日記は鳥羽院の御幸《ごこう》のときに、鳥羽院・美福門院・暲子内親王(のちの八条院)を連名で記すことが多い。三人は、同じ御所で暮らしている時間が長い。鳥羽院が手元に置いて離さなかった愛娘《まなむすめ》である。この話は、美福門院判官代《ほうがんだい》で、美福門院加賀《かが》を妻とする藤原為経《ためつね》が作者の最有力候補と考えられている『今鏡《いまかがみ》』が典拠なので、加賀がその場にいて見たものか、美福門院から聞いた話と推測してよい。

暲子内親王の勅別当《ちょくべっとう》が太政大臣まで昇る藤原伊通《これみち》である。賢才であるが、変わり者という評判もある。頭はよいが、思い通りにならないと激しい対応をしてしまう頭のよすぎる人なのであろう。和歌も漢詩も詠む教養人で、頭脳明晰な暲子内親王の後見として申し分のない人である。伊通は、暲子内親王勅別当として家政を執っただけではなく、二条天皇親政派の重鎮となり、先例のない暲子内親王院号宣下(八条院)を押し通した。それまで、女院は三宮(中宮・皇后・皇太后)が院号宣下をうけて移る地位で、三宮を経ない女院は八条院がはじめてである。先例のないことを押し切った藤原伊通は、八条院の前半生を支えた重臣である。

幼少期の暲子内親王は、鳥羽院と同宿する日々を過ごしていた。鳥羽院が政務から離れたときの遊び相手として、鳥羽院の日常に欠くことのできない存在であった。日記『兵範記《ひょうはんき》』を残した平信範《のぶのり》は、鳥羽に行った折は、鳥羽院・美福門院・暲子内親王の三人に顔出しをしている。暲子内親王と政務の話をすることはないが、いずれ仕えることになる人として顔つなぎをしていた。用件は、美福門院や藤原伊通と話していたと思われる。この二人がしっかりしているあいだは、暲子内親王は交渉の表に出る必要がない。

『今鏡』は、暲子内親王と鳥羽院の会話が当意即妙であり、暲子内親王が利発な人であったと伝える。これが小賢《こざか》しいだけのおしゃべりでないのは、八条院御願《ごがん》の醍醐寺院家《だいごじいんけ》に関する訴訟で応対した摂政九《く》条兼実《じょうかねざね》が、八条院から受け取った回答を読んで、理路整然としていたと感心していることからもうかがえる。八条院別当と摂関家政所《まんどころ》別当《べっとう》を兼ねる葉室宗頼《はむろむねより》が両方の事情を知っていてうまくいくように調整しているのであろうが、博識のうえに真面目で口うるさい九条兼実が理路整然と誉めるのであるから、よほどの切れ者である。

一方で、八条院御所に出仕する八条院中納言は、八条院のことを豊かな暮らしをしていて物惜しみすることなく、鷹揚に構えている人と回想している。九条兼実には外の敵に向かうときの容赦しない政治家としての姿を示し、八条院中納言にみせているのは八条殿の主人としての姿である。八条院の世界を侵そうとする者は容赦なく反撃するが、八条院の世界に属する者には寛容な主人である。重代の廷臣・女房に囲まれて鳥羽院の時代を八条殿という小さな世界で継続させている八条院と、首の皮一枚でかろうじてつながっているような激しい権力抗争を幾度となく繰り返して生き残ってきた後白河院、平安時代末期の京都には相反する道を歩んでいる二人の大物が存在していた。

治承寿永の内乱の頃

二条天皇親政までの八条院は、政治の中枢にいるので多くの人が語る。そののちの八条院を語るのは、「八条院関係文書群」や『たまきはる』を研究する人ぐらいであろう。八条院本人を間近で見ていて、後世に伝えた人は日記『玉葉《ぎょくよう》』を記した九条兼実と『たまきはる』を残した八条院中納言、八条院院司として出仕して見聞きしたことを『明月記《めいげつき》』に書き残した藤原定家《さだいえ》のほかにいない。しかも、八条院中納言は八条院が亡くなった悲しみが癒えぬうちに、春華門院右衛門督《しゅんかもんいんうえもんのかみ》に請われて回想を語っている。記憶が昇華される前の語りなので、ほかに書き残した人のいない生々しい話が出てくる。『たまきはる』は、八条院という人を考えるうえで、貴重な素材なのである。

八条院は未婚の皇女で、家族を形成していない。養子・猶子《ゆうし》はいるが、八条院の跡を継承するのは八条殿で育てられた子、腹心三位局《さんみのつぼね》を母とする子に限定されていた。この子供たちに、八条院は母や祖母に近い感覚で接している。八条院・三位局・三位局の夫・三位局の子で疑似的な家族が形成されている。最初の家族は、高倉宮以仁王《もちひとおう》の子である。以仁王は、皇位継承にかかわらない王子として延暦寺《えんりゃくじ》にはいり、城興寺《じょうこうじ》領を継承していた。しかし、師最雲法親王《さいうんほっしんのう》(鳥羽院の弟)が亡くなったことで高僧への道が閉ざされ、還俗《げんぞく》して九条院《くじょういん》のもとで元服《げんぷく》した。二条天皇も中宮姝子《しゅし》内親王も病弱で後継者が誕生せず、皇位継承が気がかりになっていた時期である。

九条院が太政大臣藤原伊通の娘であることを考えれば、以仁王は二条天皇の周辺が予備として用意した可能性は否定できない。皇位継承を主張でき、かつ、後白河院の影響をうけない人物が選定の条件である。世俗の世界を離れて延暦寺にいた以仁王は、後白河院が後継候補に考えていない。押し切る理由がたてば、二条天皇親政派の候補となりうる。

三位局と以仁王の接点は、皇位継承問題が絡んでいる時期であれば、八条院への申次ぎであろう。申次ぎが相手と仲良くなって結婚してしまうのは、九条兼実と同じパターンである。八条院は、三位局の子を養子として八条殿に引き取り、三位局とともに養育した。治承四(一一八〇)年の以仁王事件で、八条院は平清盛《きよもり》が派遣した使者平頼盛《よりもり》の軍勢に八条殿を囲まれても粘り、三条宮姫宮《さんじょうのみやひめみや》は手元に残すこと、男子は僧籍に入れて命はとらないことで折り合いをつけた。頼盛が八条院別当であり、かつ乳母子《めのとご》八条院大納言の夫である縁から強硬手段には出ないと読んで、粘りをみせている。八条殿で育てた子供は家族として守り抜くが、八条殿に出入りする資格として猶子に迎えた以仁王は切り捨てている。

この事件は八条院に大きな心の傷として残り、八条院御所の人々も弛緩した状態になった。寿永二(一一八三)年春に八条院御所に出仕を始めた八条院中納言は、ほこりの積もった御所にあきれて掃除から始めたら、ほかの女房はもとから緩んでいるわけではないので、活気を取り戻して一緒に掃除を始めたと出仕を始めたころの思い出を回想している(『たまきはる』)。八条院中納言は、八条院に出仕する女房たちの身なりを「なり清げ」と表記しているので、生活には困っている様子はない。女院の周囲がどんよりと沈み込み、動きを鈍らせていたのである。

一方で、外向きのことを担当している廷臣たちは、落ち込んでなどいられない。八条院の院宮分国《いんぐうぶんこく》丹後国は内乱の影響が少なく、平氏に兵粮米《ひょうろうまい》を賦課されて軍役で持って行かれる分を天引きされた程度の税収減で確保されていたと思われる。一方で、「八条院関係文書群」には追討のための兵粮米が徴収され、所定の額が納められないと報告する荘官の文書が残っている。この報告が八条院庁にあがってくることは、最上位にいる八条院の歳入が落ち込むだけではなく、領家となる公家や女房も収入が厳しい状況を伝えている。ただ、荘官の報告はまったく払えない滞納とは言っていない。定数を納めることはできないと伝える減額要求である。庁務を預かる廷臣たちは、定額納入できないのが偽りではないと知っているだけに、状況を伝えてくる人々の要求にどう対応するか、厳しい条件のなかでのやりとりが続いていた。

木曽義仲《よしなか》入京後は、戦いは西国に移り、畿内は安定に向かっている。全国規模で長い内乱になったが、首都京都が孤立して完全に物流が寸断されたことはなく、軍役を徴収されるものの、連絡がとれて年貢を京都に送ることのできる土地は変わりながらも維持され続けていた。八条院庁の歳入は激減したであろうが、途絶してはいない。八条院御所に出仕する人も少なくなり、八条院が催す儀式も密儀にして小規模化している。縮小均衡で、豊かさを維持したということのなのであろう。八条院御所の富裕な日常を知った八条院中納言は、『たまきはる』に「八条院の御陰にかくれたるならば」と八条院に出仕する人々が庇護されている様子を表現している。

後継者は昇子内親王

八条院御所の女房は、八条院への申次ぎをつとめている。九条兼実の申次ぎをつとめたのが、三位局である。以仁王の死から五年、三位局は兼実と親しくなり、結婚している。八条院は、院司の藤原隆信《たかのぶ》を使者として九条兼実のもとに派遣し、今後のことを決めている。生まれてくる九条良輔《よしすけ》を八条殿に引き取って育てることとの了解である。八条院からみると、久々に御所で育てることのできる男子をみつけたということである。以後、兼実は三位局と逢い、九条良輔の成長の儀礼に参列するために、八条殿を訪れている。八条院は、密儀で儀式をおこなうことが多いので、兼実の書き残したものは貴重である。

兼実が目にしたのは、摂関家生まれの彼でさえ場違いと感じた贅沢な儀式である。八条院中納言が「世に疎き」と『たまきはる』で表現しているのは、八条院が生まれ育った鳥羽院政の時代感覚で儀式をおこなっていることを指している可能性が高い。鳥羽院・美福門院の遺産は、八条院と高松院に分割された。高松院領は、高松院から建春門院を経て高倉院に継承されて旧鳥羽院政派から離れていったが、八条院領は暲子内親王がそのままもち続けた。王家領荘園のなかで最大規模の荘園群をもちながら、領家職は八条院御所に出仕する廷臣・女房が継承している。ここだけが別世界のような、小さく閉じた豊かな世界が形成されている。後白河院が、朝儀をおこなう際に足りない調度を八条院御倉《みくら》から持ち出していくのも、八条院の手元ならあると考えているためである。

九条家は、良輔を八条院の養子とすることで、八条院と親密な交流を始めている。八条院は、後鳥羽院中宮となった九条兼実の娘任子《にんし》（宜秋門院《ぎしゅうもんいん》）の子昇子《しょうし》内親王（のちの春華門院）を養子として八条殿に迎え入れた。これは、昇子内親王が八条院の後継者となることを示していた。昇子内親王は、九条家から派遣された人々と、八条院の廷臣・女房を継承し、八条院領を継承する女院となるべき人であった。昇子内親王の養育係には八条院中納言をつけ、昇子内親王の別当には八条院年預《ねんよ》別当《べっとう》藤原長経《ながつね》を入れた。八条院は信頼のおける縁者として九条家を選び、八条院が信頼する部下をつけて、昇子内親王にのちのことを託したのである。

八条院の世界

鳥羽院・美福門院の皇女として誕生した八条院暲子内親王は、母の跡を継いで二条天皇親政派を支える女院となり、旧鳥羽院政派の公家や廷臣をまとめる立場についた。仁安元（一一六六）年の憲仁《のりひと》親王（高倉天皇）立太子によって、鳥羽嫡系の皇統が王位からはずれることが決定的になったのち、八条院は独自の世界を形成し始める。

八条院が形成した世界は、政局とかかわらない中立勢力である。後白河院政と対峙したために冷遇されている廷臣や没落した家の生き残りを庇護するため、後白河院の介入をゆるさない独自の世界であった。それは、八条殿を中心として朝廷のなかに小さな宮廷社会をつくるような営みとなった。

それを可能としたものの一つが、八条院がもつ人事の推挙権御給である。八条院庁に出仕する廷臣は、朝廷の官人として家格相応の官職につき、八条院の推挙による叙位を加えることで、公卿の位階従三位まで昇っていった。議政官の公卿となって栄達はできないが、公卿の家として存続できる地位にあげる人事権はもっていた。

今一つが、父母から継承した所領に、新規の所領が加わり続けて膨脹していく八条院領荘園である。八条院は、自ら敵をつくって攻撃しないが、その明晰な頭脳ゆえに、しかけられてきた訴訟や侵入に対しては、理路整然と反撃する。八条院領荘園に関する訴訟は、対象となった土地がその土地を所領とする廷臣や御願寺の僧侶たちと結びつくので、反論して守り通さなければならない。八条院の世界を侵す者はゆるさない態度で、後白河院と対峙している。その強さが、廷臣や女房が八条院のもとを離れない理由であり、この人々が手にした所領の本家に八条院を選ぶ理由である。後白河院よりも、八条院のほうを安全と考える人々が八条院領荘園を増やし続けたのである。

八条院が治承《じしょう》寿永《じゅえい》の内乱でうけた打撃が小さいとは考えがたいが、ほかの人々よりはましな状況にあったと考えられる理由が、院宮分国丹後国は内乱の影響が小さく、現存する古文書に、兵粮米の徴収に悩んではいても、所定の員数が届けられない減額で済んでいるとあることから推測できる。内乱の激しい地域の知行国主のように、皆損という状況にはなっていない。院宮分国の収入が届いていれば、ほかの人々よりははるかに状況がよい。八条院も、八条院のもとを離れなかった廷臣・女房も、治承寿永の内乱が終わると、八条院御所で贅《ぜい》をつくした儀礼をおこなう小宮廷を復活させていった。源通親《みちちか》のように栄達を望む権臣は一時疎遠になったが、家の例に倣って公卿や殿上人の地位を維持できれば十分と考えている人々は、八条院から受け取ることのできる恩恵を享受するため、八条院に出仕していった。

八条院には、相談相手となる朝廷の重臣はいるものの、八条院が従わなければならない有力者はいない。八条院御所運営の実務を握っているのは、重代の廷臣と女房であり、強力な政治権力の介入をゆるしていない。晩期の例で表現すれば、八条院、親密な交流を続ける九条家、源雅親《まさちか》や藤原長経といった重代の廷臣、三位局・中納言典侍・八条院中納言といった腹心の女房で固めていた。このような人々で運営できる独自の世界をつくった女院は、八条院だけの可能性がある。八条院は、建暦元(一二一一)年六月二十六日に亡くなった。後継者は九条兼実の外孫春華門院、春華門院の腹心には八条院が指名した養育係八条院中納言と八条院の家政を動かしてきた藤原長経の弟清季《きよすえ》をつけた。

予想もしなかったことと推測されるが、春華門院は八条院薨去《こうきょ》から半年後の十一月八日に薨去した。八条院の世界は、春華門院庁の解散で突然終わりを告げることになる。春華門院が継承した八条院領は、順徳天皇が継承した。

あとがき

筆者が八条院の世界と関わりをもったのは、大学院時代に書いた「十二世紀中後期の御給と貴族官人」(『國學院大學大学院紀要　文学研究科』一七号、一九八六年)であるから、三十五年前である。この論文名から、内容が美福門院・八条院院司の研究であると連想できる人はいないであろう。書いた当初は、時野谷滋『律令封禄制度史の研究』(吉川弘文館、一九七七年)を強く意識していたので、年爵の研究であり、美福門院・八条院は研究の素材として選んだものであった。中世国家史研究を志向していたので、高い権威をもつにもかかわらず、政治的に自立した存在として認識されていない女院が、その宮廷を維持するためにもつ求心力を女院領荘園だけとする考え方に説得力はないと考えていたためである。年爵にかかわったのは、公家の家を活かすも殺すも叙位の人事権は武器になるのではないかと気付いたところにある。この研究論文の後、年爵が公家社会における家の再生産を支える有力な要素であると認識された。

予想外に八条院の研究が伸びていったのは、石井進氏が「高山寺文書〈六曲一双屏風貼付〉」に出てくる人名と合致することから、この史料群を「八条院関係文書群」と認識し、大学院生の書いた稚拙な文章なので本論はとっくに死に体であるにもかかわらず、本文を説明するために作成した表・図を基礎データとして活用してくださったことである。誤植も多く、増補する情報も多い図表であるが、これを使わずに八条院研究はできない基礎データとして今日も有効であろう。

筆者はというと、その後、神奈川県立金沢文庫に就職して金沢北条氏と格闘することになり、学位論文『金沢北条氏の研究』（八木書店、二〇〇六年）へと進んでいった。八条院との関係は、金沢北条氏領の中核ともいうべき荘園下総国下河辺庄《しもこうべのしょう》が八条院領であることから、『春日部市史』『吉川市史』『平成19年度〜21年度科学研究費補助金　基盤研究(C)研究成果報告書　金沢北条氏領下総国下河辺庄の総合的研究（課題番号19520593）』と、八条院・摂津源氏・下河辺氏のラインで関わりつづけることになった。今一つの線は、金沢文庫本との関係である。『たまきはる』は展覧会で展示するために展示解説を書いたり、『たまきはる』の面白さを伝える講演を行ったりと、何度も読むことになった。金沢文庫旧蔵本『院号定部類記』は江戸時代の写本が各所に残る。『院号定部類記』は続群書類従に翻刻があるが、これは金沢貞顕《かねさわさだあき》の奥書のある金沢文庫旧蔵本とは別系である。金沢文庫旧蔵本は局務中原家の中原師兼《もろかね》が部類したものに増補を加えたものを、金沢貞顕が京都で書写した奥書を持つ。『図書寮典籍解題』（宮内庁書陵部）で本書の存在を知ったときは、漢籍の家金沢家の金沢貞顕がこの本を書写したのかという驚きと、こちらは八条院が項目に立っているという関心であった。八条院は金沢文庫の管理する資料群に先例としてよく出てくるので、名前が出てくれば気になる存在であった。

本気で調べてみるかと考えたのは、拙著『源頼政と木曽義仲―勝者になれなかった源氏―』(中公新書、二〇一五年)で八条院を中心とした第三の『平家物語』という評価を得たことである。今なら、八条院の世界に属した人が原型をつくった書物なので本末転倒と思うが、当時は周辺ばかりやっていて、中核をやっていないなと八条院を本気で調べてみる転機になった本である。続いて、拙著『平氏が語る源平争乱』(吉川弘文館歴史文化ライブラリー、二〇一九年)では、小松家や池大納言頼盛といった八条院御所に出入りする平氏の人々を扱った。この本を書いているとき、そろそろ、八条院を通しで書けるかなと漠然と思えるようになった。

以前、『北条高時と金沢貞顕―やさしさがもたらした鎌倉幕府滅亡―』(日本史リブレット人35、二〇〇九年)でお世話になった山川出版社にお話ししたところ、この企画が通ることになった。打ち合わせは、新型コロナウィルスの流行が広まっていて、小池都知事が何か緊急の要請を出すのではないかと懸念されていた二〇二〇年三月下旬に山川出版社でおこなわれた。そこから八カ月、大学もオンライン授業となり、私がオンデマンドの形式をとったことから、一週間単位での時間配分の自由度が高まった。ステイ・ホームにより、必要以上の外出に自粛がかかったことも原稿執筆の好条件となった。

二〇二〇年は、八木書店から『鎌倉僧歴事典』、勉誠出版から『金沢文庫古文書喫茶関係編年史料集』と『アジア遊学　中世日本の茶と文化』(編著)を刊行することができた。本書も、勉誠出版の書物の合間を縫って書き始め、九月から一気呵成に書き上げた。集中すれば、この早さで書けるのだなと自らも驚いているが、あれと関連するものはこれと頭の中に浮かんでくるので、八条院というテーマは熟した柿だったと実感する。
八条院は、鳥羽院政の栄華を幼いときに体験し、後白河院とは対立しないが親しく交流して中に入ってくることは拒みつづけて政界の中立勢力を形成し、自らが形成した世界に侵入を試みる者は厳しい態度で排除する強靱な精神をもった理知的な女性である。一方で、腹心三位局《さんみのつぼね》を母とする子を八条殿に養子として迎え入れることで擬制家族をつくり、孤独を癒やしていた側面もみられる。後継者は、親しく交流した九条兼実《くじょうかねざね》の外孫を養子として八条殿に迎え入れた。見た目は華やかな世界を生きているがさみしい人なのだろうなと軽々に思うことはできるが、彼女の心の深淵は私には理解も想像もできない。締まらない締めであるが、学問上のつきあいとして四十年対話してきた八条院という女性の心の奥に迫ることはできなかったというのが本書の締めである。

二〇二一年四月

永井　晋

◆ 付　　録

◆ 人名索引

凡例

①女性の名は原則音読みとしたが、訓読みが一般的な場合は、訓読みとした。

②下記の人名は頻出するので、採録していない。

「八条院(暲子女王・内親王)」・「美福門院(藤原得子)」・「鳥羽天皇(上皇・院・法皇)」・「後白河天皇(院、雅仁親王)」・「白河天皇(院)」

● さ

● た

◆ 参考文献

秋山喜代子「乳母について」(『史学雑誌』99-7号, 1990年)

石井進『石井進著作集　第7巻　中世史料群の現在』第三部「八条院庁文書」(岩波書店, 2005年)

上島享「国司制度の変質と知行国制の展開」(『日本中世社会の形成と王権』名古屋大学出版会, 2010年)

大隅和雄『愚管抄を読む－中世日本の歴史観－』(平凡社選書, 1986年)

神奈川県立金沢文庫特別展図録『仏像からのメッセージ－像内納入品の世界－』(同, 2011年)

川上新一郎『六条藤家歌学の研究』(汲古書院, 1999年)

菊池紳一「長講堂領について」(古代学協会編『後白河院』吉川弘文館, 1993年)

栗山圭子「乳母から見る二条天皇親政期」(『神戸女学院大学論集』65号, 2018年)

栗山圭子「城興寺領のゆくえ」(『中世王家の成立と院政』吉川弘文館, 2012年)

河野房雄『平安末期政治史研究』(東京堂出版, 1979年)

日下力「平治物語　解説」(『新日本古典文学大系　保元物語・平治物語・承久記』岩波書店, 1992年)

國學院大學図書館『國學院大學図書館　貴重書解題　1』4-(ロ)-1「高山寺文書」(國學院大學図書館, 2000年)

五味文彦『院政期社会の研究』(山川出版社, 1984年)

五味文彦『藤原定家の時代－中世文化の空間－』(岩波新書, 1991年)

五味文彦「八条院関係文書群」(『国立歴史民俗博物館研究報告』45集, 2005年)

佐伯智広『中世前期の政治構造と王家』(東京大学出版会, 2015年)

高橋昌明『清盛以前－伊勢平氏の興隆－』(平凡社選書, 1984年)

谷山茂「親忠家と俊成」(『大阪市立大学　人文研究』12巻6号, 1961年)

筒井早苗「高松院と澄憲－表白の検討を中心に－」(『国立歴史民俗博物館研究報告』188号, 2015年)

角田文衛『待賢門院璋子の生涯－椒庭秘抄－』(朝日選書, 1985年)

永井晋「十二世紀中後期の御給と貴族官人」(『國學院大學大学院紀要　文学研究科』17号, 1986年)

永井晋「高倉宮以仁王の家族と縁者」(『古代文化』66巻4号, 2015年)

永井晋「以仁王事件の諸段階－嗷訴から挙兵への段階的発展－」(『鎌倉遺文研究』36号, 2015年)

永井晋『源頼政と木曽義仲－勝者になれなかった源氏－』(中公新書, 2015年)

永井晋『平氏が語る源平争乱』（吉川弘文館　歴史文化ライブラリー，2019年）
西井芳子「若狭局と丹後局」（古代学協会編『後白河院』吉川弘文館，1993年）
野口華世「院政期の恋愛スキャンダル―「叔父子」説と待賢門院璋子を中心に―」（『日本歴史』860号，2020年）
橋本義彦『源通親』（吉川弘文館　人物叢書，1992年）
樋口健太郎「八条院領の伝領と八条良輔」（『年報中世史研究』40号，2015年）
兵藤裕己「ものがたりテクストの政治学」（『物語の近代―王朝から帝国へ―』岩波書店，2020年）
福田以久生「安楽寿院領荘園について」（『古文書研究』9号，1975年）
前田雅之「アヴァンギャルドと伝統―孤語「ゑごゑご考」―」（『なぜ古典を勉強するのか』文学通信社，2018年）
松薗斉『中世禁裏女房の研究』（思文閣出版，2018年）
松薗斉「『百錬抄』にみえる中世人の歴史認識」（『日本歴史』861号，2020年）
村山修一『藤原定家』（吉川弘文館　人物叢書，1974年）
元木泰雄『藤原忠実』（吉川弘文館　人物叢書，2000年）
元木泰雄『保元・平治の乱を読み直す』（日本放送出版協会，2004年）
山田邦和「保元の乱の関白忠通」（朧谷寿・山中章編『平安京とその時代』所収，思文閣出版，2009年）
山本信吉「史料紹介　文化庁保管高山寺文書　六曲一双屏風貼付」（『古文書研究』10号，1976年）

◆ 年爵一覧・関係年表

表1　美福門院年爵

年　月　日	西暦	名　前	位　　　階	出　典
皇后宮の時期				
保延６年11月14日	1140	藤原光頼	従五位下→従五位上（自小六条行幸土御門　皇后職事）	公卿補任
康治元年１月３日	1142	藤原季通	従四位上→正四位下（皇后宮傅賞　内大臣譲）	本朝世紀
元年１月３日	1142	藤原雅教	従五位上→正五位下（皇后宮御給）	本朝世紀
元年11月14日	1142	藤原俊盛	従五位下→従五位上（大嘗会叙位　皇后宮・丹後守）	本朝世紀
２年１月３日	1143	藤原季行	従五位上→正五位下（朝覲行幸　皇后宮）	本朝世紀
２年１月３日	1143	高階泰兼	従四位下→従四位上（朝覲行幸　皇后宮大進）	本朝世紀
２年１月３日	1143	高階為基	正五位下→従四位下（朝覲行幸　皇后宮大進）	本朝世紀
２年１月３日	1143	藤原顕時	従五位上→正五位下（朝覲行幸　皇后宮権大進）	本朝世紀
２年１月３日	1143	藤原為経	従五位上→正五位下（朝覲行幸　皇后宮少進）	本朝世紀
２年１月６日	1143	藤原俊教	従五位下叙爵（皇后宮御給）	本朝世紀
２年４月３日	1143	藤原俊盛	従五位上→正五位下（皇后宮行啓押小路殿賞　造作功）	公卿補任
天養元年１月６日	1144	藤原信頼	従五位下叙爵（皇后宮御給）	公卿補任
久安元年１月４日	1145	藤原実長	従五位上→正五位下（朝覲行幸賞　皇后宮）	公卿補任
元年11月23日	1145	藤原俊成	従五位下→従五位上（皇后宮御給）	公卿補任
２年２月１日	1146	平清盛	従四位上→正四位下（中務大輔　皇后宮御給）	本朝世紀
３年１月２日	1147	藤原季行	従四位下→従四位上（朝覲行幸　皇后宮御給）	本朝世紀・公卿補任
３年１月５日	1147	高階清章	従五位上→正五位下（皇后宮少進）	本朝世紀
３年８月11日	1147	藤原伊実	従四位上→正四位下（鳥羽御堂供養行事賞　皇后宮御給・宮職事）	本朝世紀・公卿補任
４年１月５日	1148	藤原雅長	従五位下叙爵（皇后宮当年御給）	公卿補任
４年７月17日	1148	源定房	従五位上→正五位下（法性寺行幸行事賞　皇后宮御給）	公卿補任

久安4年7月17日	1148	藤原定隆	従五位下→従五位上(法性寺行幸行事賞　皇后宮御給)	公卿補任
5年2月13日	1149	藤原俊盛	従四位下→従四位上(皇后宮御給)	本朝世紀・公卿補任
5年2月13日	1149	藤原宗家	従五位下→従五位上(皇后宮御給)	本朝世紀・公卿補任
5年3月20日	1149	藤原季行	従四位上→正四位下(武蔵守　皇后宮御給)	本朝世紀
5年3月20日	1149	源雅範	従五位上→正五位下(皇后宮御給)	本朝世紀

美福門院院号宣下後

久安6年1月6日	1150	藤原俊成	従五位上→正五位下(美福門院当年御給)	公卿補任
6年1月20日	1150	藤原俊盛	従四位上→正四位下(朝覲行幸　美福門院)	公卿補任
6年10月2日	1150	藤原兼長	従三位→正三位(金泥一切経供養日　美福門院御給)	公卿補任
6年10月2日	1150	藤原俊通	従四位下→従四位上(金泥一切経供養日　美福門院御給)	公卿補任
6年10月2日	1150	平頼盛	従五位下→従五位上(金泥一切経供養日　美福門院御給)	公卿補任
6年10月2日	1150	頼通(姓未詳)	一階を加える(金泥一切経供養日　美福門院御給)	台記
仁平元年1月2日	1151	高階清章	従四位下→従四位上(高松殿行幸　美福門院御給)	台記・本朝世紀
元年1月6日	1151	藤原俊成	正五位下→従四位下(美福門院当年御給)	公卿補任
2年1月3日	1152	源定房	従四位下→従四位上(美福門院御給)	兵範記·本朝世紀·公卿補任
2年1月5日	1152	藤原俊教	従五位下→従五位上(美福門院御給)	兵範記
2年3月8日	1152	藤原基実	正四位下→従三位(院御賀賞　美福門院)	公卿補任
2年3月8日	1152	藤原経宗	正四位下→従三位(院御賀賞　美福門院)	公卿補任
2年9月9日	1152	藤原忠親	従五位上→正五位下(美福門院未給)	公卿補任
3年1月2日	1153	藤原信盛	従五位上→正五位下(美福門院御給)	兵範記
3年1月5日	1153	平頼盛	従五位上→正五位下(美福門院御給)	公卿補任
3年1月7日	1153	藤原光盛	従五位上→正五位下(美福門院御給)	本朝世紀
3年3月5日	1153	藤原雅教	正五位下→従四位下(美福門院御給)	公卿補任
久寿元年1月5日	1154	藤原雅教	従四位下→従四位上	兵範記・

			（美福門院御給）	公卿補任
久寿２年１月６日	1155	源定房	従四位上→正四位下 （美福門院御給）	兵範記・ 公卿補任
２年５月24日	1155	源光宗	従五位下叙爵（美福門院臨時御給）	兵範記
２年10月23日	1155	藤原俊成	従四位下→従四位上 （御即位叙位　美福門院）	兵範記・ 公卿補任
２年11月22日	1155	藤原長重	従五位下→従五位上 （大嘗会叙位　美福門院）	兵範記・ 為親朝臣記
保元元年１月５日	1156	藤原通重	従五位下→従五位上（美福門院御給）	兵範記
３年１月６日	1158	藤原宗家	従四位上→正四位下 （美福門院当年御給）	兵範記・ 公卿補任
３年12月17日	1158	源雅範	従四位下→従四位上（美福門院御給）	兵範記
平治元年１月６日	1159	藤原実清	従五位上→正五位下（美福門院御給）	公卿補任
崩御後				
長寛元年１月５日	1163	藤原家通	従四位上→正四位下 （大嘗会叙位　美福門院未給）	公卿補任
２年10月20日	1164	源兼忠	従五位下叙爵 （前美福門院保元２年未給）	公卿補任

表２　八条院年爵

年　月　日	西暦	名　前	位　　階	出　　典
暲子内親王時代				
康治２年１月３日	1143	藤原家明	従五位上→正五位下 （朝覲行幸　暲子内親王）	本朝世紀・ 公卿補任
２年１月３日	1143	藤原惟方	従五位下→従五位上 （朝覲行幸　暲子内親王）	本朝世紀・ 公卿補任
天養元年１月６日	1144	藤原頼実	加一階	台記
久安２年２月１日	1146	藤原信頼	従五位下→従五位上 （小六条行幸賞　暲子内親王）	公卿補任
准后時代				
久安３年１月２日	1147	藤原家明	従四位下→従四位上 （朝覲行幸　暲子内親王）	公卿補任
３年１月５日	1147	藤原保澄	従五位下叙爵（暲子内親王御給）	本朝世紀
３年８月11日	1147	藤原隆輔	従五位下→従五位上 （鳥羽御堂供養御幸　暲子内親王）	台記・ 公卿補任
５年２月13日	1149	藤原公光	従五位下→従五位上 （朝覲行幸　暲子内親王）	本朝世紀・ 公卿補任

久安5年3月20日	1149	藤原家明	従四位上→正四位下 (延勝寺供養　暲子内親王)	本朝世紀・公卿補任
6年1月20日	1150	藤原実長	従四位上→正四位下 (朝覲行幸　暲子内親王)	公卿補任
6年10月2日	1150	藤原頼憲	加一階	台記
仁平元年1月2日	1151	藤原実定	従五位上→正五位下 (朝覲行幸　暲子内親王)	台記・本朝世紀・公卿補任
元年1月6日	1151	藤原兼雅	従五位下叙爵(暲子内親王)	公卿補任
2年1月3日	1152	藤原実国	従五位下→従五位上 (朝覲行幸　暲子内親王)	兵範記・本朝世紀・公卿補任
2年3月8日	1152	藤原成頼	従五位上→正五位下 (御賀行幸賞　暲子内親王)	兵範記・公卿補任
3年1月2日	1153	藤原定隆	従五位上→正五位下 (行幸院　暲子内親王)	兵範記・公卿補任
3年1月5日	1153	丹波資康	従五位下叙爵(姫宮)	兵範記
久寿2年2月25日	1155	藤原長明	従五位下叙爵(暲子内親王当年給)	兵範記
保元2年3月26日	1157	藤原成家	従五位下叙爵(久寿2年大嘗会未給　暲子内親王)	兵範記・公卿補任
3年1月6日	1158	源親雅	従五位下叙爵(暲子内親王)	兵範記
3年1月14日	1158	源通能	従五位上→正五位下(姫宮)	兵範記
3年4月6日	1158	源通資	従五位下叙爵(暲子内親王御給)	公卿補任・兵範記
3年12月17日	1158	藤原季能	従五位下叙爵 (御即位叙位　暲子内親王)	公卿補任
平治元年1月14日	1159	藤原光雅	従五位下叙爵(暲子内親王)	公卿補任
院号宣下以後				
応保元年1月26日	1161	藤原家光	従五位下叙爵 (八条院永暦2年未給)	山槐記除目部類
2年1月5日	1162	藤原顕時	従三位→正三位 (行幸院賞　八条院御給)	公卿補任
2年1月10日	1162	藤原実清	正五位下→従四位下 (朝覲行幸　八条院御給)	公卿補任
長寛元年12月28日	1163	津守国長	従五位下叙爵(八条院御給)	津守氏古系図
2年10月26日	1164	藤原宗頼	従五位下叙爵(八条院合爵)	公卿補任
永万元年7月25日	1165	藤原公重	従四位上→正四位下 (御即位叙位　八条院)	山槐記
仁安元年1月12日	1166	藤原清通	正五位下→従四位下 (八条院長寛2年未給)	
元年11月14日	1166	藤原実清	従四位下→従四位上 (大嘗会叙位　八条院)	兵範記・公卿補任

仁安2年10月20日	1167	藤原為賢	従五位下叙爵(八条院合爵)	兵範記
2年12月13日	1167	橘光長	従五位下叙爵(八条院未給)	兵範記
3年1月6日	1168	藤原実清	従四位下→正四位下(八条院御給)	兵範記・公卿補任
3年1月6日	1168	源国雅	従四位下→正四位下(八条院仁安元年未給)	兵範記
3年1月11日	1168	中原良景	従五位下叙爵(八条院去年給)	山槐記除目部類
3年3月15日	1168	藤原長重	正五位下→従四位下(御即位叙位　八条院)	兵範記
嘉応元年1月7日	1169	藤原家光	従五位上→正五位下(八条院御給)	兵範記
承安3年4月27日	1173	藤原行俊	従五位下叙爵	綸旨抄
安元2年1月30日	1176	平光盛	従五位下叙爵(八条院安元元年未給)	公卿補任
治承元年1月5日	1177	藤原成家	従五位下→従五位上(八条院御給)	公卿補任
元年11月12日	1177	藤原実清	正四位下→従三位(家賞　八条院)	玉葉・公卿補任
2年1月5日	1178	平保盛	従四位下→従四位上(八条院当年御給)	玉葉・公卿補任
2年1月28日	1178	平光保	従五位下→従五位上(八条院御給)	公卿補任
4年4月21日	1180	藤原長房	従四位下→従四位上(御即位叙位　八条院)	山槐記・公卿補任
養和元年3月29日	1181	藤原隆信	従四位下→従四位上(八条院治承4年未給)	吉記
寿永元年11月16日	1182	藤原清季	叙爵(暲子内親王平治元年未給)	公卿補任
元年12月30日	1182	源雅親	従五位下叙爵(八条院臨時御給)	公卿補任
2年8月26日	1183	藤原範宗	従五位下叙爵(八条院合爵)	公卿補任
2年12月9日	1183	源雅親	従五位下→従五位上(八条院御給)	公卿補任
元暦元年1月6日	1184	藤原宗隆	従五位上→正五位下(八条院承安元年御給)	公卿補任
元年1月7日	1184	源兼保	従五位下→従五位上	愚昧記
元年7月24日	1184	藤原忠良	従三位→正三位(御即位叙位　八条院)	山槐記・公卿補任
文治元年1月6日	1185	藤原重実	従五位下→従五位上(八条院御給)	吉記
3年9月28日	1187	津守経国	従五位下叙爵(八条院御給)	津守氏古系図
4年1月24日	1188	平光盛	従四位下→従四位上(八条院御給)	公卿補任
建久2年1月5日	1191	源雅親	従五位上→正五位下(八条院御給)	公卿補任
2年2月5日	1191	藤原長経	従四位下→従四位上(八条院治承2年未給)	公卿補任
3年1月5日	1192	藤原清季	従五位下→従五位上	公卿補任

			（八条院当年御給）	
建久4年12月9日	1193	藤原隆宗	従五位下→従五位上 （八条院仁安2年未給）	公卿補任
7年1月4日	1196	源雅親	正五位下→従四位下（八条院御給）	公卿補任
7年1月6日	1196	源師季	従五位下叙爵（八条院臨時御給）	公卿補任
8年1月5日	1197	源雅清	従五位下→従五位上 （八条院臨時御給）	公卿補任
9年2月26日	1198	源雅親	従四位下→従四位上（八条院御給）	明月記・ 公卿補任
正治元年1月6日	1199	藤原長季	従五位下→従五位上（八条院御給）	明月記・ 公卿補任
2年1月5日	1200	藤原顕俊	従五位上→正五位下 （八条院当年御給）	公卿補任・ 明月記
2年1月22日	1200	藤原実宣	従四位下→従四位上 （八条院建久9年大嘗会御給）	公卿補任
2年4月1日	1200	源通光	従四位下→従四位上 （八条院建久6年未給）	公卿補任
2年9月14日	1200	藤原資頼	従五位下叙爵（八条院合爵）	公卿補任
建仁元年1月6日	1201	源雅清	従五位上→正五位下 （八条院当年御給）	公卿補任
2年1月5日	1202	藤原能季	従四位上→正四位下（八条院御給）	公卿補任
3年1月5日	1203	藤原清季	従五位上→正五位下（八条院御給）	公卿補任・ 明月記
元久元年1月6日	1204	藤原隆兼	従五位下→従五位上（八条院御給）	明月記
2年1月5日	1205	藤原隆範	従五位上→正五位下（八条院御給）	明月記
建永元年1月6日	1206	藤原実俊	従五位下→従五位上（八条院御給）	公卿補任
承元元年1月5日	1207	高階遠章	従五位下→従五位上（八条院御給）	明月記
元年1月5日	1207	藤原資家	従四位下→従四位上 （八条院元暦元年大嘗会未給）	明月記・ 公卿補任
2年1月5日	1208	菅原為長	従四位下→従四位上（八条院御給）	公卿補任
建暦元年1月5日	1211	藤原清季	従四位上→正四位下（八条院御給）	公卿補任
没後				
建暦2年1月5日	1212	藤原長清	従四位下→従四位上（八条院御給）	公卿補任
建保5年1月12日	1217	藤原経範	従五位下叙爵（前八条院合爵）	公卿補任
仁治3年1月5日	1242	源盛長	従四位下→従四位上 （八条院建久5年未給）	民経記

表3　高松院年爵

年　月　日	西暦	名　前	位　　　階	出　　典
保元3年1月10日	1158	藤原公房	従五位下→従五位上(春宮姫御前)	兵範記
3年11月17日	1158	藤原頼経	従五位下叙爵(姝子御給)	兵範記
応保元年10月17日	1161	鴨長明	従五位下叙爵(中宮御給)	河合社神職鴨県主系図
長寛元年1月5日	1163	藤原頼定	従四位下→従四位上(高松院応保2年未給)	公卿補任
元年12月27日	1163	藤原頼実	従五位下叙爵(高松院応保元年未給)	公卿補任
2年1月5日	1164	藤原雅長	正五位下→従四位下(高松院御給)	公卿補任
永万元年7月26日	1165	藤原雅長	従四位下→従四位上(高松院御給)	山槐記・公卿補任
仁安元年11月17日	1166	源国雅	従四位下→従四位上(高松院御給)	兵範記
2年1月30日	1167	藤原定能	従四位上→正五位下(高松院当年御給)	公卿補任
2年12月16日	1167	平維清	従五位下叙爵(高松院長寛2年朔旦叙位未給)	兵範記
3年1月12日	1168	源有通	従五位下叙爵(高松院合爵)	公卿補任
3年3月15日	1168	藤原公俊	従五位下→従五位上(御即位叙位　高松院)	兵範記
承安3年11月21日	1173	藤原隆輔	正四位下→従三位(最勝光院供養　高松院分)	公卿補任
寿永2年1月5日	1183	源兼定	従五位上→正五位下(高松院安元2年御給)	公卿補任
建久6年12月20日	1195	藤原伊時	従五位上→正五位下(高松院永万元年御給)	公卿補任
9年1月20日	1198	藤原信雅	従四位上→正四位下(前高松院永万元年御給)	公卿補任
9年11月21日	1198	藤原家衡	従五位上→正五位下(高松院久寿2年御即位御給)	公卿補任
建保4年1月6日	1216	高階為定	従五位下→従五位上(高松院長寛2年御給)	明月記

表4　春華門院年爵

年　月　日	西暦	名　前	位　　　階	出　　典
建久9年1月6日	1198	藤原資季	従五位下叙爵(一品内親王当年給)	明月記
正治2年1月6日	1200	藤原行家	従五位下叙爵 (一品昇子内親王当年給)	明月記
建仁元年1月6日	1201	藤原忠頼	従五位下叙爵 (一品内親王建久9年大嘗会叙位)	公卿補任
元年1月23日	1201	藤原資頼	従五位下→従五位上(一品宮給)	猪隈関白記
2年11月19日	1202	藤原為家	従五位下叙爵 (一品昇子内親王朔旦叙位)	公卿補任
元久元年1月5日	1204	源通清	従五位上→正五位下 (一品昇子内親王)	明月記
2年1月5日	1205	藤原教家	正五位下→従四位下 (一品内親王御給)	明月記・ 公卿補任
承元元年1月5日	1207	藤原清季	従四位下→従四位上 (一品昇子内親王当年給)	公卿補任
3年1月5日	1209	藤原家嗣	正五位下→従四位下(皇后宮御給)	公卿補任
4年1月6日	1210	源通平	従五位下→従五位上 (春華門院当年御給)	公卿補任
建暦元年1月19日	1211	源守通	正三位→従二位(春華門院御給)	猪隈関白記・ 公卿補任

表5　関係年表

年　月　日	西暦	事　　項
永久5年	1117	藤原得子誕生
保安3年5月14日	1122	美福門院に関係づけられる怪異が藤原親子白河堂で起こる
4年9月6日	1123	六条顕季薨去，69歳
天治2年	1125	藤原忠実の意向で，忠通が頼長を養子とする
長承2年8月19日	1133	八条長実薨去，59歳
保延元年12月14日	1135	叡子内親王誕生
2年4月19日	1136	藤原得子，従三位に叙す
3年4月8日	1137	暲子女王誕生
4年4月14日	1138	暲子が内親王宣下をうける。勅別当は藤原伊通
5年5月18日	1139	近衛天皇誕生
5年8月17日	1139	躰仁親王(近衛天皇)立太子
5年8月27日	1139	藤原得子，女御となる
5年11月22日	1139	暲子内親王着袴
6年9月2日	1140	崇徳天皇皇子，重仁誕生

永治元年３月７日	1141	藤原得子，准后となる
元年11月22日	1141	重仁王，親王宣下をうける
元年12月７日	1141	崇徳天皇から近衛天皇への譲位がおこなわれた
元年12月27日	1141	藤原得子，皇后となる
康治元年１月19日	1142	待賢門院の従者が近衛天皇呪詛により土佐配流となる
元年２月26日	1142	待賢門院出家
２年	1143	藤原忠通の嫡子近衛基実が誕生
久安元年８月22日	1145	待賢門院薨去
２年４月16日	1146	暲子内親王，准三宮となる
２年10月４日	1146	源方子，生前に正一位を授けられる
５年８月３日	1149	藤原得子，院号宣下をうけて美福門院となる
６年１月19日	1150	徳大寺公能の娘多子が女御となる
６年３月14日	1150	藤原多子，皇后となる
６年４月10日	1150	藤原伊通の娘呈子(のちの九条院)が入内
仁平元年	1151	勅撰和歌集『詞花和歌集』成立，撰者六条顕輔
２年３月21日	1152	源方子薨去，87歳
３年２月	1153	源頼政が美福門院昇段をゆるされる
久寿２年７月23日	1155	近衛天皇崩御
２年７月24日	1155	後白河天皇践祚
２年９月23日	1155	守仁親王(二条天皇)立太子
保元元年３月５日	1156	姝子内親王(高松院)が春宮妃として春宮御所にはいる
元年４月６日	1156	源通資が暲子内親王御給で叙爵
元年５月19日	1156	土岐光長を春宮主馬首に補任
元年６月12日	1156	美福門院出家
元年７月２日	1156	鳥羽院崩御
元年７月９日	1156	鳥羽院初七日法要，以後鳥羽で法要がおこなわれる
元年７月11日	1156	保元の乱
元年７月19日	1156	藤原忠通が，忠実から摂関家家長の地位を譲りうける
元年８月23日	1156	鳥羽院六七日供養を宝荘厳院でおこなうため，美福門院が京都に戻る
元年９月13日	1156	藤原伊通が内大臣に昇進。暲子内親王勅別当が源雅通に交替
元年閏９月17日	1156	保元新制発布
２年２月23日	1157	姝子内親王，准三宮となる
２年５月21日	1157	暲子内親王，鳥羽で出家
３年８月11日	1158	後白河天皇から二条天皇へ譲位がおこなわれる 同日，藤原忠通が辞任し，嫡子基実が関白となる
平治元年２月21日	1159	姝子内親王，二条天皇中宮に立后
元年12月	1159	平治の乱
永暦元年２月10日	1160	後白河院が平清盛に命じ，大炊御門経宗と葉室惟方を捕縛。のちに，配流
元年６月14日	1160	土岐光保が謀反の嫌疑で薩摩配流。現地で殺害

永暦元年７月23日	1160	後白河院が，美福門院に近侍する側近５人を二条天皇殿上人から除籍
元年８月19日	1160	姝子内親王が御悩危急により出家。中宮職を解散しない異例の処置が執られる
元年11月23日	1160	美福門院薨去，44歳
応保元年９月３日	1161	後白河院の皇子憲仁王(高倉天皇)誕生
元年９月17日	1161	平時忠と平教盛が解官される
元年12月16日	1161	暲子内親王が院号宣下をうけて八条院となる
２年２月５日	1162	姝子内親王が院号宣下をうけて高松院となる
２年２月16日	1162	以仁王が皇太后藤原育子のもとで元服
２年２月19日	1162	藤原育子，中宮となる
２年６月８日	1162	前関白藤原忠通出家
２年６月23日	1162	二条天皇を呪詛したとして，源資賢・平時忠が除籍
２年12月25日	1162	憲仁王が親王宣下をうける
長寛２年２月19日	1164	前関白藤原忠通薨去
永万元年２月５日	1165	太政大臣藤原伊通辞表，15日薨去
元年６月25日	1165	二条天皇から六条天皇へ譲位
元年８月３日	1165	二条院崩御
仁安元年７月26日	1166	関白近衛基実薨去，摂関家が相続争いで分裂
元年12月30日	1166	源頼政が六条天皇の昇殿をゆるされる
３年２月19日	1168	六条天皇から高倉天皇への譲位がおこなわれる
３年３月14日	1168	皇太后藤原呈子が院号宣下をうけて九条院となる
３年３月20日	1168	平滋子が皇太后立后，皇太后宮大夫は源雅通
嘉応元年	1169	八条院の養女となる三条宮姫宮誕生
承安４年２月23日	1174	八条院新造の蓮華心院供養がおこなわれる
安元元年２月27日	1175	源雅通薨去
２年６月13日	1176	高松院薨去，36歳
２年７月８日	1176	建春門院薨去
２年７月18日	1176	六条院崩御
治承元年６月１日	1177	鹿ヶ谷事件発覚
元年６月12日	1177	高倉天皇，八条殿に行幸。行事賞で藤原実清が従三位昇進
元年６月20日	1177	六条藤家の家学を継ぐ藤原清輔が亡くなる
元年６月21日	1177	八条院御所が放火されるも，小規模で鎮火
３年11月17日	1179	平清盛，後白河院政を停止し，除目で人事を一新する
３年11月20日	1179	平清盛，後白河院を鳥羽に幽閉する。高倉親政開始
４年４月９日	1180	源行家，八条院蔵人に補任
４年４月22日	1180	安徳天皇即位。高倉院政開始
４年５月10日	1180	平清盛，軍勢を率いて京都を武力で抑える
４年５月15日	1180	高倉宮以仁王の罪科決定，以仁王は逃走
４年５月16日	1180	平頼盛が八条院御所を囲み，以仁王の子の引き渡しを求める
４年５月26日	1180	宇治川合戦，以仁王・源頼政以下の人々討死

治承4年10月20日	1180	追討使平維盛，富士川合戦で甲斐源氏に敗れる
4年12月	1180	美濃源氏土岐氏が反平氏の挙兵に加わる
養和元年3月15日	1181	藤原定家，はじめて八条院御所に出仕。上北面に祗候
寿永2年春	1183	八条院御所に女房中納言が出仕を始める
2年7月25日	1183	平氏都落ち
		平頼盛は，後白河院・八条院を頼って京都に戻る
2年7月27日	1183	木曽義仲が与党の源氏を引き連れて入京
2年8月16日	1183	藤原長経，八条院分国の丹後守に補任
2年8月17日	1183	後白河院が八条院御所を訪れ，後鳥羽天皇即位の密談をする
2年8月20日	1183	後鳥羽天皇践祚
2年10月10日	1183	平頼盛，鎌倉に下る
2年11月29日	1183	法住寺合戦
元暦元年1月20日	1184	粟津の戦い。木曽義仲討死
元年2月7日	1184	一ノ谷合戦
元年2月19日	1184	朝廷が一ノ谷合戦の勝利で天下静謐を宣言し，兵粮米徴収を禁ずる官宣旨を出す。平氏追討が続くので効力なし
元年3月23日	1184	源頼朝が，近衛基通の摂政を止め，九条兼実を補任することを奏上したことを，兼実は中原広季から聞かされる
元年4月1日	1184	八条院が院司藤原隆信を派遣し，九条兼実と三位局の結婚のことを話し合う
元年6月5日	1184	平頼盛とその家族が，除目で元の官位に戻される
文治元年1月8日	1185	八条三位藤原実清薨去
元年3月24日	1185	壇ノ浦の戦い。平氏滅亡
元年7月9日	1185	文治の大地震。八条殿が使用不能になる被害が出る
元年9月20日	1185	八条院の養子となる九条良輔が誕生
元年12月6日	1185	源頼朝が弟義経の謀反に加担した廷臣の解任を求める奏上を京都に送る。この奏上で九条兼実を摂政に推薦
2年2月4日	1186	八条院が，九条良輔を養子として八条殿に引き取る
2年2月	1186	後白河院が，源頼朝に対し，治承寿永の内乱で未納となった東国荘園の年貢未納状態をまとめた書類を束で送りつけ，対応を求める。八条院領荘園もその中にあり
2年3月6日	1186	九条兼実が摂政に就任
2年6月26日	1186	八条院が仁和寺で以仁王七回忌供養を密儀でおこなう
3年1月10日	1187	八条院の養子道性が入滅，18歳
4年4月22日	1188	藤原俊成，『千載和歌集』を後白河院に奏覧
4年5月	1188	八条院，美福門院・八条院御願の醍醐寺院家の権利をめぐり，後白河院の支持をうけた醍醐寺座主勝賢と争って勝訴
建久元年1月11日	1190	九条兼実の娘任子，後鳥羽天皇に入内
3年1月30日	1192	九条兼実，八条院三位局が後白河院を呪詛したとの噂を聞く
3年3月13日	1192	後白河院崩御
5年1月5日	1194	中宮藤原任子が八条殿を訪問，八条院と対談する

建久５年２月７日	1194	八条殿で九条良輔の元服がおこなわれる
５年８月17日	1194	八条殿焼失，八条院は鳥羽歓喜光院に避難
６年10月16日	1195	昇子内親王宣下。家司に藤原長経がはいる
６年12月５日	1195	昇子内親王が八条殿にはいり，八条院の猶子となる。八条院中納言が養育係につく
７年１月	1196	八条院の大病が死にいたると考えられ，九条兼実・守覚法親王・藤原長経で手配がおこなわれ，八条院領を三条宮姫宮に譲る申請を朝廷におこなう。八条院の病気が快方に向かい，沙汰止み
７年11月	1196	建久７年の政変で，関白九条兼実が失脚
９年１月11日	1198	後鳥羽天皇が土御門天皇に譲位し，院政を始める
９年１月	1198	この年，八条院御所には昇進該当者が４名あり，御給で推薦する２名が絞り込めず，大もめとなる
正治元年３月28日	1199	前年の叙位をめぐる争いで八条院中納言は三条家との対立が激しくなり，八条院御所を退下。八条院は病気理由とするよう伝える
元年６月20日	1199	八条院の懇望により，八条院中納言出仕を再開する
元年８月４日	1199	八条院の指示で，藤原定家は昇子内親王の日吉参籠に供奉
元年11月29日	1199	八条院の催しにより，八条殿で昇子内親王の着袴をおこなう
元久元年２月27日	1204	三条宮姫宮死去
元年３月26日	1204	勅撰和歌集『新古今和歌集』完成の竟宴が開かれる
元年３月	1204	藤原定家の所領近江国吉富庄をめぐり，八条院庁と新熊野社が争う。八条院領のなかに旧新熊野社領が３カ所ある。その１つか
承元２年８月８日	1208	昇子内親王，皇后として立后
２年９月26日	1208	藤原長経，出家
３年４月25日	1209	昇子内親王，春華門院の院号宣下をうける。この日，八条殿から白河押小路殿に移る
建暦元年５月10日	1211	この日には，春華門院は新御所から仁和寺常磐殿に移っている
元年６月26日	1211	八条院薨去
元年８月14日	1211	平保盛出家
元年11月８日	1211	春華門院薨去
建保６年３月30日	1218	八条院三位局亡くなる

注：事項欄のゴチックは美福門院・八条院に関する事績，それ以外は，重要な事件や周辺に関すること。

◆系図集

六条藤家（八条家）

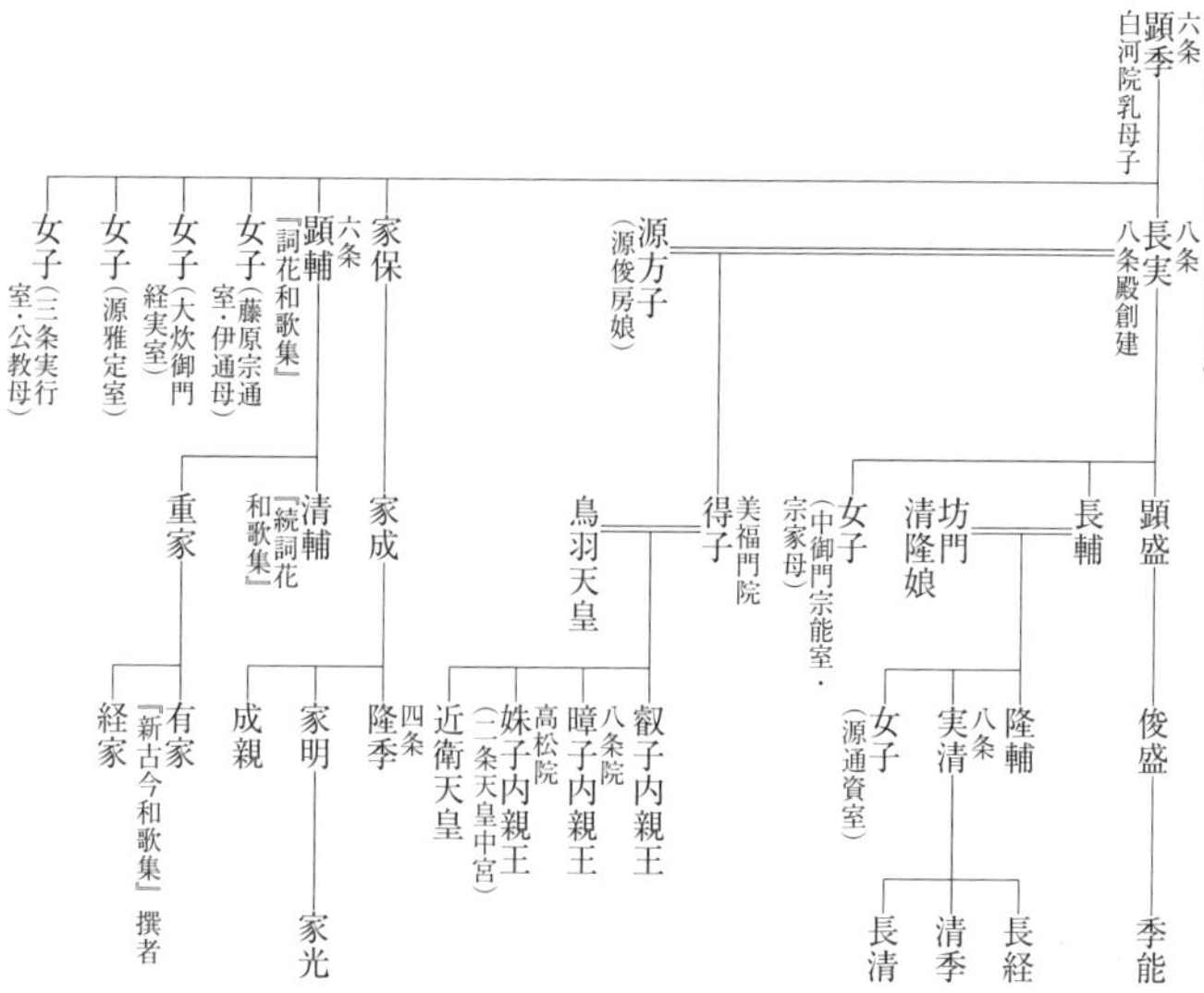

天皇家

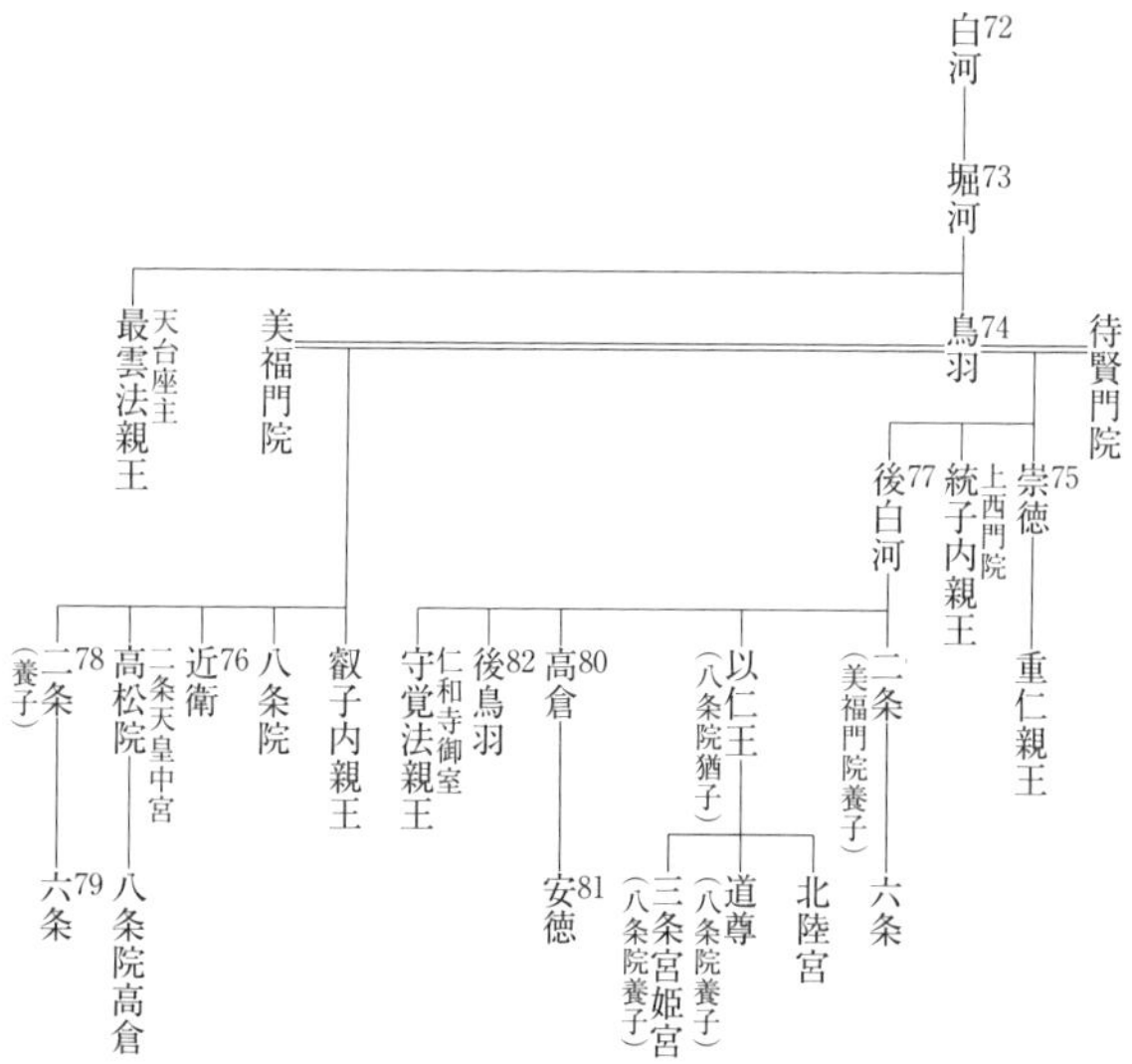

村上源氏

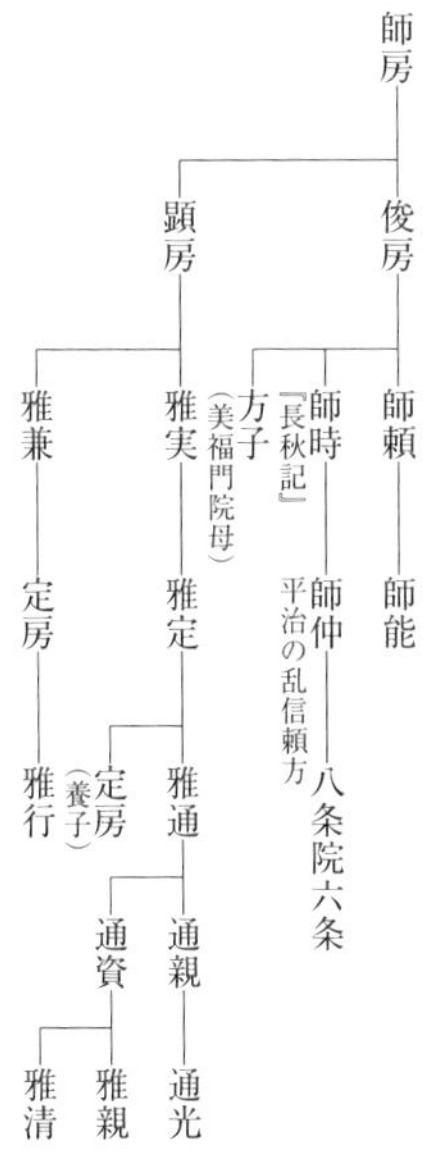

摂関家

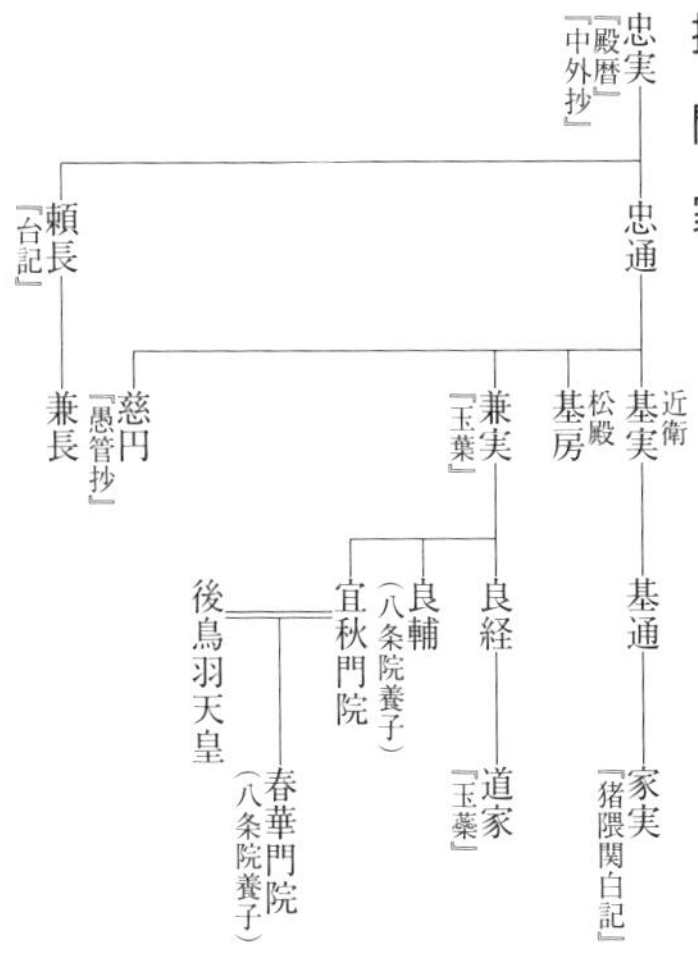

大宮家(九条家)

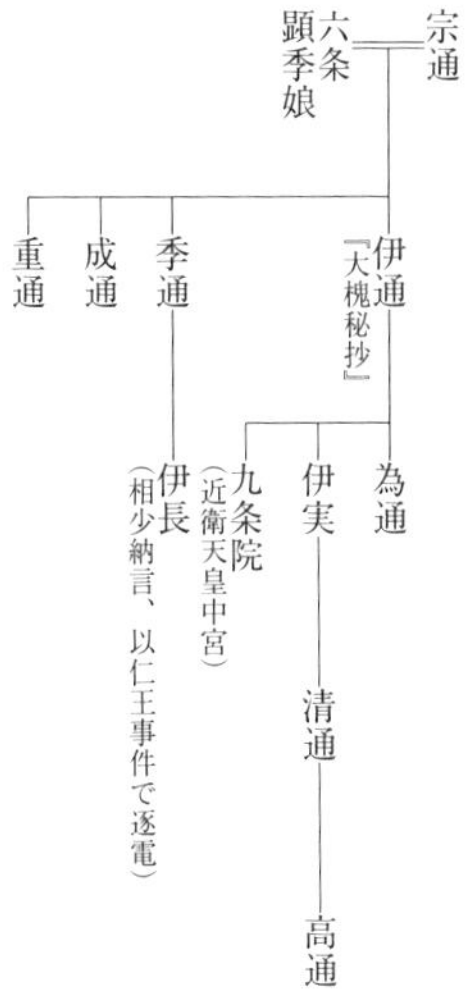

葉室家

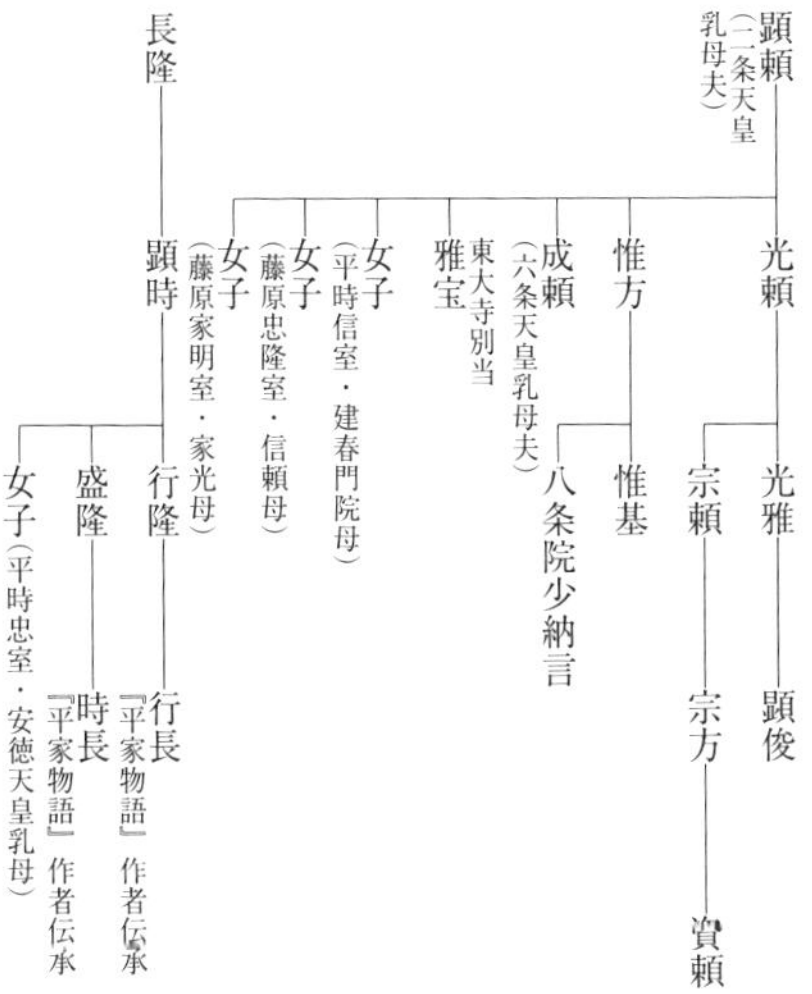

藤原親忠の縁者

- 親信
  - 親忠（美福門院乳母夫／八条院庁年預？）
    - 親弘
      - 親長
      - 親行
        - 忠弘
    - 女子（美福門院加賀／八条院五条）
      - ＝為経『今鏡』作者
        - 隆信
          - 隆範
      - ＝俊成『千載和歌集』
        - 八条院三条
        - 高松院新大納言
        - 八条院按察
        - 成家
        - 定家『新古今和歌集』撰者『明月記』
        - 八条院中納言『たまきはる』

桓武平氏

- 正盛
  - 忠盛
    - ＝池禅尼 女子（重仁親王乳母）（藤原宗兼の女）
    - 清盛
      - 重盛
        - 資盛
      - 女子（花山院兼雅室）
      - 建礼門院（高倉中宮・安徳母）
      - 盛子（近衛基実妻・基通養母）
    - 教盛
      - 女子（源通親室・通具母）
    - 頼盛（姑八条院乳母宰相局）
      - 保盛
        - 頼清
        - 保教 承久の乱京方
      - 光盛

- 藤原宗兼
  - 女子（池禅尼）

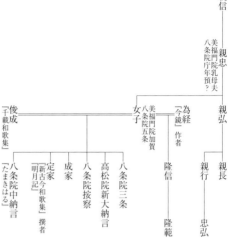

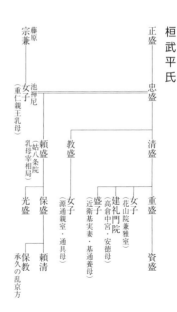

写真所蔵・提供者一覧(敬称略)

カバー　浜口俊裕

p. 37上　(公財)京都市埋蔵文化財研究所

　下　宮内庁書陵部桃山陵墓監区事務所・美馬弘(撮影)

p. 60　美馬弘(撮影)

カバー写真解説

鷲尾隆長《わしおたかなが》筆「新時代不同歌合」色紙《しきし》

左　八条院高倉《はちじょういんたかくら》

いかゝふく　身にしむ色の　かはるかな　たのむる暮の　松かせのこゑ

鷲尾家は，美福門院《びふくもんいん》の実家六条藤家《ろくじょうとうけ》の末裔《まつえい》にあたる家。鷲尾隆長(1673～1736年)は，権大納言まで昇った江戸時代前期の公家《くげ》。和歌と大和絵《やまとえ》をたしなんだ。この和歌は，『若宮三十六歌仙』に収録されたもの。

永 井　晋　ながい　すすむ

1959年生まれ
國學院大學大学院博士課程後期中退(文学修士)
國學院大學博士(歴史学)　専攻，日本中世史
神奈川県立金沢文庫主任学芸員を経て，現在，関東学院大学客員教授

〈主要著書〉

『鎌倉幕府の転換点―吾妻鏡を読み直す―』(NHK 出版，2000年／吉川弘文館，2019年復刊)
『人物叢書　金沢貞顕』(吉川弘文館，2003年)
『金沢北条氏の研究』(八木書店，2006年)
『源頼政と木曽義仲―勝者になれなかった源氏―』(中公新書，2015年)
『平家が語る源平争乱』(吉川弘文館，2019年)
『鎌倉僧歴事典』(八木書店，2020年)
『金沢文庫古文書　喫茶関係編年資料集』(勉誠出版，2020年)
『アジア遊学　中世日本の茶と文化　生産・流通・消費をとおして』(編著，勉誠出版，2020年)

八条院《はちじょういん》の世界《せかい》　武家政権成立《ぶけせいけんせいりつ》の時代《じだい》と誇《ほこ》り高《たか》き王家《おうけ》の女性《じょせい》

2021年6月20日　第1版第1刷印刷　　2021年6月30日　第1版第1刷発行

著　者　永井《ながい》　晋《すすむ》

発行者　野澤　武史

発行所　株式会社　山川出版社
〒101-0047　東京都千代田区内神田1-13-13
電話　03(3293)8131(営業)　03(3293)8135(編集)
https://www.yamakawa.co.jp/　　振替　00120-9-43993

印刷所　株式会社　太平印刷社

製本所　株式会社　ブロケード

装　幀　長田年伸

　ISBN978-4-634-59122-6